本书的出版得到

安徽省重点文物保护经费资助

主　编：阚绪杭　唐更生

整　理：朱传贤　朱　江

　　　　阚绪杭　余建民　孙　洋

　　　　刘　欣　张善玲　袁　媛

照　相：王维凤　阚绪杭

拓　片：金春刚

绘　图：吴伟东

凤阳明中都

石雕刻艺术遗存考古调查报告 （上）

凤阳县文物管理所　编著

阚绪杭　唐更生　主编

文物出版社

北京·2019

图书在版编目（CIP）数据

凤阳明中都石雕刻艺术遗存考古调查报告 / 凤阳县
文物管理所编著；阚绪杭，唐更生主编. -- 北京：文物
出版社，2019.11

ISBN 978-7-5010-6254-6

Ⅰ.①凤... Ⅱ.①凤... ②阚... ③唐... Ⅲ.①石雕—
美术考古—调查报告—凤阳县 Ⅳ.①K879.35

中国版本图书馆CIP数据核字（2019）第188287号

凤阳明中都石雕刻艺术遗存考古调查报告

编　　著：凤阳县文物管理所

主　　编：阚绪杭　唐更生

责任印制：张　丽

责任编辑：黄　曲

美术编辑：王文娴

出版发行：文物出版社

社　　址：北京市东直门内北小街2号楼

邮　　编：100007

网　　址：http://www.wenwu.com

邮　　箱：web@wenwu.com

经　　销：新华书店

印　　刷：河北鹏润印刷有限公司

开　　本：889mm×1194mm　1/16

印　　张：40.5

版　　次：2019年11月第1版

印　　次：2019年11月第1次印刷

书　　号：ISBN 978-7-5010-6254-6

定　　价：720.00元（全二册）

内容简介

　　《凤阳明中都石雕刻艺术遗存考古调查报告》分为四章十五节和绪言、后记、插图、附表、彩色图版。本书首次对至今尚保存在凤阳明中都皇城内的三件巨大型石雕刻蟠龙云纹石柱础、午门须弥座的石雕刻遗存和凤阳县文物管理所与博物馆征集的大量流散的明中都建筑上的石雕刻遗存进行分了类整理与研究，以考古调查报告的形式编撰出版，是首部凤阳明中都石雕刻艺术遗存基础材料整理研究专著。

　　明初营建凤阳明中都城时使用了大量的石雕刻纹饰构件，其规格最高，创中国都城石雕刻艺术之最。明中都城石雕刻遗存所选择的纹饰图案是在继承传统吉祥寓意的基础上，突出象征皇权的思想理念。纹饰画面有龙、凤凰、云朵、方胜、牡丹、莲花、西番莲、菊花、山景、梅花鹿、麒麟、狮子、老虎、大象等，图案线条圆润流畅，构图清晰，形象逼真，充分体现了明初工匠们娴熟、精湛的石雕刻技艺。这些纹饰图案生动、灵气，象征国家美好，突显皇家建筑的恢宏气势，在中国石雕刻艺术遗产中具有代表性和典型性。该著作的出版为研究明代石雕刻艺术提供了典型且具代表性的实物范例，为中国石雕刻艺术史研究提供了新资料，是明中都城保护与考古遗址公园建设中的又一项重要专题研究成果。

　　本书供研究明代史学、中国美术考古学、中国石雕刻艺术、民俗文化、石雕刻技术工艺等工作者参考。

阚绪杭

1949 年 1 月生，安徽省明光市（原嘉山县）柳巷乡里涧村人。中共党员，安徽省文物考古研究所二级研究员，中国大运河保护与申遗专家组成员，安徽省文物学会副理事长兼玉器专业委员会主任。享受国务院特殊津贴和安徽省政府特殊津贴，为省直宣口"四个一批"拔尖人才。

1968~1971 年参军，1972~1975 年就读于南京大学历史系考古专业，毕业后一直在安徽省从事田野考古工作，担任安徽省文物考古研究所考古二室副主任和考古领队。20 世纪 70 年代以来，一直深入田野考古调查与发掘研究，确立了薛家岗文化、双墩文化、侯家寨文化等新石器时代考古学文化，取得柳孜中国隋唐大运河考古及春秋钟离国墓葬等重大考古新成果，这些具有安徽考古里程碑式的考古发掘和研究成果，填补了安徽这块考古处女地的多项空白，揭开了安徽省考古事业的新篇章。柳孜大运河考古获 1999 年度"全国十大考古新发现"；蚌埠双墩春秋钟离君柏墓考古获 2008 年度"全国十大考古新发现"和中国社会科学院最具科学价值"六大考古新发现"以及国家文物局田野考古技术三等奖，并走上"中国考古学论坛"，两次受到安徽省政府通报表彰；合作开展的"应用磁法勘探地下文物研究"项目获国家文物局三等奖；完成国家文物局"苏鲁豫皖先秦考古重点课题"中的春秋钟离国墓葬、双墩文化和侯家寨文化遗址等三项考古发掘研究项目；合作完成三项国家社科基金课题项目（项目编号 11BZS009、12BKG007、16AKG001）等。2009 年退休后仍坚守考古一线，为进一步推动安徽文博研究进程和考古学科发展尽一份微薄之力。受聘为凤阳县文博专家顾问，从事博物馆展览与文物整理研究以及文物保护工作指导等工作，同时还为蚌埠、滁州、明光等市新建博物馆陈列展览深化文本和指导陈列设计、布展等。

主编《淮北柳孜——运河遗址考古发掘报告》（获安徽社科二等奖）《蚌埠双墩——新石器时代遗址发掘报告》（获安徽社科一等奖）《凤阳大东关与卞庄》《钟离君柏墓》《凤阳明皇陵建制与石刻艺术》《凤阳明中都字砖》和《凤阳明中都石雕刻艺术遗存考古调查报告》七部著作。在国家级期刊上发表《试论淮河流域的侯家寨文化》《安徽淮河流域的史前文明——双墩文化及其序列的初步探讨》《隋唐运河柳孜唐船及其拖舵的研究》《繁昌县骆冲窑遗址的发掘及其青白瓷的创烧问题》《淮河流域春秋时期钟离国墓葬的发现与价值》《春秋钟离国墓的发掘收获》《春秋钟离君柏墓发掘报告》《安徽定远谷堆王九座汉墓的发掘》《蚌埠双墩新石器时代遗址发掘》《望江汪洋庙新石器遗址》《潜山公山岗战国墓群发掘报告》《安徽定远侯家寨新石器时代遗址发掘》等多篇重要考古学报告和研究论文，为中国和安徽省考古事业做出了重要奉献。

唐更生

1963 年生，安徽省凤阳县府城镇人。中共党员，凤阳县文物管理所所长、博物馆馆长、文博馆员，原大明旅游总公司董事长，中国紫禁城学会会员，中国名师学会会员，安徽省文物学会常务理事，安徽省博物馆学会理事，安徽省考古学会常务理事，朱元璋研究会副秘书长等。1980 年参军，1984 年退伍后一直在凤阳县文物管理所从事文博研究和业务管理工作。参加了凤阳县卞庄钟离墓和金董大古堆新石器时代至商周时期遗址等重要考古发掘，参加第二次、第三次全国不可移动文物普查和第一次全国可移动文物普查等工作。配合和完成了国家级和省级文物保护单位的申报，参与或配合制定凤阳县明中都城与明皇陵大遗址保护规划及诸多文物修复方案的编制与施工管理。为凤阳县新建博物馆陈列布展进行了一系列文物整理研究工作。先后获得滁州市劳动模范称号和滁州市第二、三届"文化百优先进个人"等称号。

主编《凤阳明皇陵建制与石刻艺术》《凤阳明中都字砖》《凤阳明中都石雕刻艺术遗存考古调查报告》，参加《凤阳大东关与卞庄》的整理与编撰。发表在国家级期刊上的考古报告与论文有《安徽定远侯家寨新石器时代遗址发掘》《凤阳明中都城石雕刻艺术遗存》《大遗址考古让古都重现六百年前的恢宏——安徽凤阳明中都遗址近年来考古思路、实践与收获》《凤阳明中都城罢建探讨》，发表在省级刊物上的有《朱元璋三返家乡凤阳考述》《凤阳明中都布局》《凤阳明皇陵石像生凉皮次树立之谜》，另有《明中都皇城内外金水河》《浅析明中都兴废与凤阳花鼓的形成》《刍议明中都历史价值和明中都皇城城墙申报世界文化遗产的意义》等十余篇论文。

目　录

插图目录

彩版目录

绪　言

一

　　凤阳县位于淮河中游河道南侧，自古就是淮河中游地区政治、文化、经济中心和通道。从新石器时代历商周、汉唐、明清延续发展至今，一直是诸侯国和州、府、县级等行政建制所在地。如：金董大古堆、卫前古堆桥等诸多新石器时代至商周时期遗址，东周春秋时期的钟离国，汉代的钟离县，隋唐时期的濠州，明代的中都城，明清时期的凤阳府，如今的凤阳县等。在凤阳县境内，至今尚遗留有大量的地上、地下文化遗存，最重要的有春秋钟离国古城遗址、钟离国诸侯王墓葬、明中都城遗址和明皇陵遗址等。

　　明朝开国皇帝朱元璋在南京称帝后的第二年，即洪武二年（1369 年）九月，"诏以临濠为中都"，即在他少年生活过的家乡凤阳营建明代第一座规模宏大的都城——中都城（彩版一）。中都，取"中天下而立，定四海之民"寓意。

　　中都城坐落在今凤阳县西北部淮河南岸的高地上，地势高敞，占地面积 50 多平方千米。规划宏伟，三道城墙范围广阔，建筑工程浩大。其规划遵循《周礼·考工记》王城制度，上承商周唐宋，下启明清，其规模、形制集中国历代都城之大成，在中国古代都城建设史上占有极其重要的地位。

　　中都城修筑有三道城郭。外城平面基本呈方形，土城墙高 3 丈，周长 50 里 443 步（周长约 29808 米，东城墙长约 6277 米，南城墙包括凤凰嘴长约 8458 米，西城墙长约 7322 米，北城墙长约 7751 米），南开洪武门和南左甲第、前右甲第共三道门，北开北左甲第、后右甲第两道门，东开长春、朝阳两道门，西开涂山一道门。中间为皇城，平面呈南北向长方形，周长 6 里（周长约 3703.2 米，南北长 966.8 米，东西宽约 884.8 米），规模比北京故宫大。砖城墙"高三丈九尺五寸，女墙高五尺九寸五分，共高四丈五尺四寸五分"。每边城墙开一门，南曰午门（彩版二），北曰玄武门，东曰东华门，西曰西华门。皇城之外二道城禁垣，周长 13 里半（周长约 7748.4 米，东城墙长约 2091.3 米，南城墙长 1645.8 米，西城墙长约 2278.9 米，北城墙长约 1732.4 米），平面呈南北向长方形，"砖石修垒，高二丈"。每边城墙亦开一门，南曰承天门，北曰北安门，东曰东安门，西曰西安门。两城的东、西华门和东、西安门，位置皆设在东、西两墙的南部，使得宫阙在守卫上更加严密。

　　明中都城规制严格遵循传统的中轴对称原则，着重突出都城方正的市井功能规划，特别是贯穿都城中间的南北中轴线和午门前禁垣内的东西中轴线上门、桥、宫、阙、衙署的建筑布局。纵贯全城的中轴线，南起凤阳桥，跨涧水进中都城的洪武门，踏上洪武街，横穿云霁街，经大明门，穿过宽阔的"凸"字形广场，入禁垣的承天门，再经端门，过外金水桥，进皇城的午门，过内金水桥，入奉天门，穿过三殿，进后宫，出皇城的玄武门，经苑囿，越凤凰山巅，出禁垣的北安门，下凤凰山，上玄武街，直至中都城正北门（未建）。在这条全长近7千米的南北中轴线两侧，规整对称地排列着许多建筑。皇城内正殿左右为东西二宫，两翼为文武二楼和文华、武英二殿；后宫两侧序列六宫。皇城午门南面，左为中书省、太庙，右为大都督府、御史台、社稷坛。这种布局体现了几千年来封建社会中王、皇权至上的传统，且比历代王朝宫殿安排得更为森严。不仅如此，大明门广场东西两侧，左为城隍庙，中为国子学，右为功臣庙、历代帝王庙。广场前垂直于大明门的洪武街两旁，为左右千步廊。平行于大明门的云霁街东西两端，遥相对称的是鼓楼和钟楼。这不仅进一步加强了从外城到禁垣之间在建筑上的层次和深度，而且把宫阙衬托得更加雄伟壮丽。

明中都城的营建可谓兴师动众，倾国家之力，消耗巨大。建筑所用木材，不仅"令天下名材至斯"，还遣使到尚未归入图籍的附属国"求大木"。建筑墙体先用白玉石须弥座或条石作基础，上面再垒砌大城砖。这种硕大的大城砖长多为40厘米，宽20厘米，厚11～13厘米，误差在1～3厘米之间，重40～50斤左右。由历代小砖改制为统一的大青砖，开创了一代青砖先例，是明代大型青砖最具典型的代表，创中国烧砖新品种新类型。所有的木构建筑"穷极侈丽"，画绣的彩绘鲜艳夺目；所有的石构建筑"华丽奇巧"，雕镂的图案精美绝伦。"中都丰镐遗，宫阙两京陕。千里廓王畿，八屯拱宸极。"这首诗形象地描绘了明中都当年的盛况。

明中都城经过连续六年的大规模营建，到洪武八年（1375年）四月丁巳，朱元璋"亲至中都验功赏劳"，后以"劳费"下令罢建"功将完成"的中都营建工程。中都城虽最终未能成为明代国家的政治中心——京城，但在都城规划布局设计上的创新，特别是宫殿布局，为后来改建南京都城宫殿和营建北京都城绘制了蓝图样本，在中国古代都城建筑发展史上占有非常重要的位置。

二

明中都虽然是一座尚未完工即遭废弃的都城，但其在中国古代城市规划史上具有重要的地位。可惜这座都城在近代并未受到足够重视，如果不是因为一位学者，明中都城或许早已完全被湮灭在历史的洪流之中了。

1969年至1975年，凤阳教育部五七干校里有一位来自教育出版社的王剑英先生，他在凤阳的这六年时间里，除了当好他的猪倌（养猪）外，最重要的是他利用休息时间不辞辛苦地坚持前往20千米以外的凤阳县城关镇附近，对明初营建的中都城遗址进行实地寻访和全面考察，并到北京、南京和合肥等地图书馆查阅、收集大量有关明中都城的历史文献资料，对明中都城设计规划和建筑群的兴废、变迁等方面做了详实地考证和论述。他于1975年至1976年先后油印两版《明中都城考》书稿，1981年他再次对中都城遗址考察，并对书稿进行增补修订后正式出版《明中都》（中华书局，1992年），使得这座几乎被遗忘的明代中都城建筑遗址得以重新面世。与王剑英同时期参加明中都城遗址考察、至今仍致力于研究和保护工作的凤阳县原人大副主任陈怀仁先生和原文化干部夏雨润先生，也为明中都城遗址的保护做了大量工作，后修订出版了《明中都研究》（中国青年出版社，2005 年）。

1975 年秋，凤阳县政府在王剑英先生考察研究的感召下举办了明中都城遗址文物保护学习班。笔者有幸受凤阳县文化局文物干部刘剑桥先生邀请为学习班学员授课，首次培养一批当地青年村民业余文物保护员，对明中都城文化遗产保护起到了一定的作用。之后的四十多年，在配合明中都城和明皇陵的文化遗产保护规划与修复工作中，笔者不间断地在凤阳进行了一系列考古调查与发掘研究工作。2007 年，我受安徽省文物主管部门和安徽省文物考古研究所的委派，受凤阳县政府和原文化局及凤阳县文物管理所唐更生所长的邀请，担任凤阳新城区建设用地考古钻探领队，完成了西华门至涂山门政务区考古钻探工作。同时配合卞庄基建工程，对卞庄春秋钟离康墓进行考古发掘，完成资料整理并编撰出版了《凤阳大东关与卞庄》考古报告。该墓出土镈钟上"钟离"铭文的发现意义重大，首次揭开了淮河中游地区春秋钟离国神秘的面纱。由此，凤阳县政府聘我为文化顾问。2012 年以来，应凤阳县文物管理所唐更生先生的邀请，我们共同完成了新建凤阳县博物馆展览陈列大纲的深化、展厅布局等工作，共同对馆藏明中都城字砖、石雕刻遗存、墓志等文物进行拍照、文字记录等初步整理工作，先后编辑出版《凤阳明皇陵建制与石刻艺术》《凤阳明中都字砖》等著作，2018 年编撰完成《凤阳明中都石雕刻艺术遗存考古调查报告》书稿，并申请出版经费待出版。上述成果为研究明代历史及明中都城提供了重要的新资料和新成果。

在这里要说一句，凤阳县文物管理所唐更生先生邀请我来凤阳共同开展文博基础研究工作以来，取得显著成果，得到凤阳县政府和文化局历任领导的首肯，并从 2008 年起聘我为凤阳县政府文博专家组成员，这不失为创文博单位改革开放的科研型典范，值得提倡。

三

明中都皇故城及皇陵石刻于 1982 年被国务院公布为全国重点文物保护单位，明中都皇城城墙与全国多地明代古城墙列入世界文化遗产预备名单，明中都皇故城是安徽省最早经国家批准的大型国家考古遗址公园。近两年政府加大工作力度和资金投入，征用二道城以内的土地，搬迁城内所有的村庄住户和工厂、养殖场、种植户。目前正处在考古遗址公园建设期，不久将向公众开放展示（彩版三）。

2016 年，在明中都城大遗址公园建设考古钻探中，在皇城西华门护城河外南侧 50 米的禁苑内，发现一处大型灶坑群遗迹。从目前发掘的三座灶坑来看，有两座是烧火间连着一口锅灶坑，另一座是较大的烧火间连着两口锅的双灶坑。三座灶坑残深 0.7~0.9 米，口径 1.8~2 米，这种大口径的锅灶坑实属稀见。仅从这一灶坑群地点共发现有 200 余座灶坑就可以估算出，当时可容纳一两万人在这里劳作吃饭，说明修建中都城的人特别多，可设想当年营建中都城时人山人海的繁忙场景。2017 年 7 月，笔者通过多次发掘现场考察和反复研究，认为这处灶坑群是我国目前发现最大的灶坑群，属于重大考古新发现，并建议加强保护。这一处灶坑群是明中都城原地原汁原味的文化遗存，充分证明了当年千军万马建中都城的事实。这一珍贵的实物资料也是建设国家考古遗址公园旅游项目最好的地上复原展示景点。

时过境迁，600 多年前矗立在凤阳的这座当年集全国之力、历时六年营建的宏伟中都建筑群现已颓废殆尽，地面上的建筑几乎荡然无存，除皇城南城墙西部和西城墙残垣断壁及城内鼓楼台基等尚依稀可见外，只留存有为数不多的大型建筑夯土台基，如皇城内奉天门和奉天殿台基、禁苑的承天门、外城西门涂山门基址、城外天坛与地坛基址等尚高于地表。另外就是大量流散在民间的建筑砖块、瓦砾和石雕刻构件。石雕刻构件是凤阳明中都皇城建筑最重要的基础建筑材料，在构件上使用了大量的雕刻纹饰和图案，尽显都城建筑群的宏伟气势和皇家尊严。

在这里，我们可以追溯一下石雕刻艺术的前世今生。石头是自然界赐予人类最容易得到的取之不尽的自然资源，万物石中生。利用和改造石头是人的发明创造，最初打制石块工具使动物变成了人，即劳动创造人，这是恩格斯界定的人与动物的本质区别。考古学证明，几百万年以来制作石器工具艺术，是人类本身进化的基础和社会发展最大的生产力，由石器时代过渡到金属时代再到机器时代再到如今的现代化时代，伴随着人类走过了漫长的猿人、古人、新人、现代人的体质进化和群居、母系、父系、国家等各个社会发展阶段。石雕刻纹饰构件是人们在制作建筑石块的基础上附加上去的最初视觉美的观念，是人类进步而发生审美观的视觉产物，并随着社会的发展而不断发展，它不仅仅是满足人们的审美观念，所选择的纹饰图案还再次升级，附加了隐喻象征等级、吉祥和憧憬的思想理念。

石头质地坚硬且有韧性，雕刻艺术纹饰图案具有自然之美和灵性之美以及保存久远的优点。石雕刻艺术伴随人类一路走来不断地有所创新，发挥它的非凡作用，是人类社会发展离不掉的伴侣。除了作为工具和建筑材料外，更重要的是成为近几千年来记录人类历史的载体和美化人们生活的饰件，如摩崖石刻、画像石、石造像、石像生、石碑塔、石墓志、石匾额、玉石饰件等等。在石头这个载体上，以或抽象或具体的形象语言表达着人们思想意识形态的方方面面，不失为一部传承人类社会思想意识的历书。

从工具、用具到摩崖石刻、画像石、石窟寺、石塔、石亭、石牌坊类石建筑，再到琳琅满目的石雕工艺品、装饰品，以至到近现代的都城、园林景观、花园别墅等建筑，无处不透露着石雕刻艺术独有的魅力。随着石材加工技术的提高，石雕刻艺术手法越来越多，工艺越来越精湛。秦汉时出现的大型墓园石雕像，气魄雄浑，富有动感，刀法洗练，风格古朴。汉代石雕刻则为大量的祠堂碑刻和墓葬石雕刻画像，题材内容多为历史人物、神话故事、祥禽瑞兽等。汉代墓葬画像石上的雕刻纹饰图案，在中国石雕刻艺术历史上最具代表性，其纹饰画面从阳间人类的生活、生产、出行、战争场景，到阴间地府和天上仙境，无一不是那个时代人类思想意识形态的真实反映。魏晋南北朝时期，随着道教和佛教的盛行，掀起了凿窟建寺的高潮，佛造像、佛塔、经幢等石雕刻艺术大量出现。隋唐时期遗留下来的大型石窟佛造像尤其引人注目，其精湛的雕刻技术为后世留下了大量珍贵的石雕刻艺术文化遗产。五代两宋时期，寺庙雕塑多为夹贮造像和铜雕造像，石雕刻艺术主要是石柱、柱础、门鼓石、石窗等建筑构件。明清时期石雕刻艺术遗存最重要的是明中都城建筑构件和明皇陵陵墓石像生群，同时在传统的古民居、祠堂、庙宇、牌坊、亭、塔、桥梁等古建筑中也大量使用石雕刻艺术构件，如石牌坊、抱鼓石、台基须弥座、栏杆、华表柱等。随着科学技术的不断发展和雕刻工艺水平的不断提高，其雕刻技法有圆雕、浮雕、沉雕、透雕、线雕、影雕、微雕、阴刻、阳刻等多种形式，极大地丰富了石雕刻艺术的应用范围。特别是近几年来不断在私人别墅宅院上的应用，那古典高雅的石雕罗马柱头，精美的石雕窗套门框，风格各异的欧式别墅石材外墙等无一不在证明石雕刻艺术早已与人们的生活息息相关，并不断美化着人们的生活空间，也为后人留下独有的石雕刻文化宝藏。

朱元璋举国家之力营建中都城，从外地采运大木，在江西浮梁县烧制琉璃瓦，征调江苏、江西、安徽、湖南、湖北所属各州县大量民工和中都留守司所属凤阳、长淮、怀远等卫所军队建窑烧砖、开采石材，在凤阳附近留下了许多当年烧砖的窑群遗址和采石坑遗迹。凤阳附近的丘陵山地石料质地非常好，结构紧密坚韧，颜色白净如玉，是皇家建筑不可多得的首选石材。中都城所用石料均产自凤阳当地栗山、独山两处，石料质地为白色花岗岩，统称汉白玉，至今在凤阳栗山和独山两处还遗存有废弃的石料和大型采石坑遗迹（彩版四、五）。

规模宏大的中都城和皇陵两大建筑群，石材用量非常大，石构件种类庞大而繁杂，雕刻工艺要求精湛，从选点开采石料，到琢坯雕刻成型，再到运输安装等，是一项浩大的工程。石构件有大小不同规格的石柱础、大型建筑须弥座及桥梁、台阶、护栏等各部位构件。最引人注目的是这些各种石构件几乎都雕刻纹饰，这在中国都城建筑史上首开工程石雕刻最多、最豪华的先例，前无蓝本，后无仿者。

明中都石雕刻遗存种类有须弥座上的枭枋、束腰、圭角、护栏、柱础、螭首和皇陵的石像生群等。特别值得一提的是，在明中都城奉天殿大殿台基西北一处小水塘边发现的三件巨大型石雕刻蟠龙云纹柱础，实属罕见的稀世珍宝（彩版六、七）。从其裸露和严重的风化破坏情况分析，可能是明代运到这里就没有被移动过，一直遗存至今。笔者十几年来无数次到现场考察，真不忍心让这三件稀世珍宝继续遭受风化或破坏，多次建议就地围栏建棚保护。此外，水塘四周还散布有众多的素面大石柱础亦亟待保护。

明中都城石雕刻构件至今还保存在原建筑上的仅有午门须弥座。午门须弥座因埋地下年久，目前揭露出来的大部分石雕刻纹饰表面多有一层钙化污垢或已损毁，纹饰画面绝大多数模糊不清。午门东、西两观须弥座多被破坏损毁或缺失，修复时用一些征集来的带雕刻纹饰的束腰构件或新刻的素面构件填补，发现少数修补时错用不是午门束腰的纹饰构件来填补的现象。本书中有很大一部分石雕刻构件是凤阳县文物部门在民间征集的流散文物，其中有相当一部分为残件。今天我们可以到凤阳县明中都遗址公园实地参观、考察午门须弥座石雕刻艺术遗存，也可以到凤阳县博物馆展厅及南北院内欣赏展示出来的部分流散明中都城石雕刻艺术精品（彩版八～一六）。

建筑基础须弥座、护栏、柱础等构件上雕刻的一幅幅纹饰图案，构成石雕刻艺术的主要部分。其雕刻方法主要是应用传统石雕刻方法中的平面减地雕刻技法，在平面内多采用减地阳刻或少数叠加部分阴刻线、半透雕，还有半圆雕、圆雕、部分镂空雕等手法。如须弥座束腰和栏板平面上采用减地阳刻技法，纹饰画面突显视觉效果；大型台基上的螭首则采用抽象的圆雕手法；护栏柱头多采用圆柱体满阳线雕刻加部分透雕手法，柱头以下的方形柱体则采用阴刻线手法；须弥座下层圭角多采用阳刻叠加阴线刻的手法刻出卷云纹。雕刻的纹饰图案有各种花卉、山水、神兽动物、龙、凤、云朵、方胜、万字等。这些精湛的雕刻纹饰作品线条圆润流畅，构图清晰，形象逼真，充分体现了明初工匠们娴熟的雕刻技艺。各类雕刻纹饰画面形象生动有创意，寓意深刻有灵气，在继承传统的基础上进行精选，多选择突出皇权思想、体现皇家尊严的纹饰图案，如只有皇帝才能用的龙纹图案和皇后用的凤纹图案，其他的纹饰图案也大多象征着吉祥、美好和憧憬。明代中都城石雕刻上的纹饰图案是在继承中国石雕刻艺术传统上的又一典型辉煌杰作，其寓意和象征性较之汉墓画像石更加深刻地记录了当时人们的思想意识形态。

第一章　柱础类石雕刻遗存

石柱础是古代木构建筑中衬垫在柱子底部的构件，对木柱起到防潮防腐的保护作用。凤阳明中都城庞大的木构建筑群所需要的石柱础可能达数千或万数的惊人量级。因此，虽历经六百多年风雨，今天在凤阳明中都范围内还可以见到当年建筑废弃后的石柱础，这些石柱础不仅尺寸大、数量多，而且形制规整、雕刻精美。最值得关注的是，在皇城午门前后地上、地下发现有很多石柱础被随处遗弃或被破坏、损毁的现象。其中特别重要的是在皇城内奉天殿基址西北约150米处、一个小水塘东北侧发现的三块巨大型蟠龙云纹石雕刻柱础（图1–1）。在塘埂周边还发现五六块素面覆盆形大石柱础，其中在1号蟠龙云纹石柱础西侧边上有一块，北侧塘埂中段有两三块，塘埂西南侧裸露两块。凤阳县文物管理所曾在裸露的蟠龙云纹大石柱础北侧农田里进行过一次小范围的清理，共发现四块石柱础，其中有一块大型石柱础面朝下，用手摸似没有雕刻纹饰，其他三块为素面石柱础。根据当地村民老者回忆说：这个水塘很深，中间有2米多深，在一次枯水季节看见中间曾经露出过一块很大的石柱础。有没有可能也是一块蟠龙云纹大石柱础？有待今后考古工作弄清这个小水塘里及四周究竟有多少块石柱础。

明中都石雕刻柱础数量很多，这里重点介绍皇城内的三件巨大型蟠龙云纹石雕刻柱础，以及另两件被遗弃在荒野中的素面石柱础。

第一节　蟠龙云纹石雕刻柱础

明中都皇城遗址内发现的三件蟠龙云纹石柱础，出土的具体位置在奉天殿夯土台基遗址西北约150米处的农田水塘（沟）埂上（见图1–1；彩版六，1、2）。这三件蟠龙云纹石雕刻柱础似乎几百年来一直裸露在这里，因年久出现严重风化腐蚀、裂损现象。其中一件（HPLS∶1）搬迁陈列在凤阳县新建博物馆序厅里。留在原地的两件，HPLS∶2保存较好，中间突出的柱圈上三条蟠龙纹保存基本完整，略有裂损；HPLS∶3柱圈上的蟠龙云纹雕刻遭受严重风化腐蚀，损毁殆尽。

这三件柱础均为正方体，所用石料规格、大小基本一致。均为一块硕大的方体毛坯石料，在其上雕琢出方形础面。中间柱圈高出方形础面约10厘米，方形础面高出毛坯石料约8厘米，以下方形石坯料未作整体修整。础面制作规整，中间柱圈满刻半浮雕蟠龙云纹图案，柱圈外础面四周采用阴线雕刻云纹，整体画面大气恢宏，雕刻精湛，实属国内罕见。

HPLS∶1，蟠龙云纹。石柱础全身有多处裂碎或缺损，础面中间柱圈雕刻的蟠龙云纹风化腐蚀比较重。中间的圆形柱圈采用半浮雕方法雕刻三条蟠龙前后追逐腾飞在云层中，动感

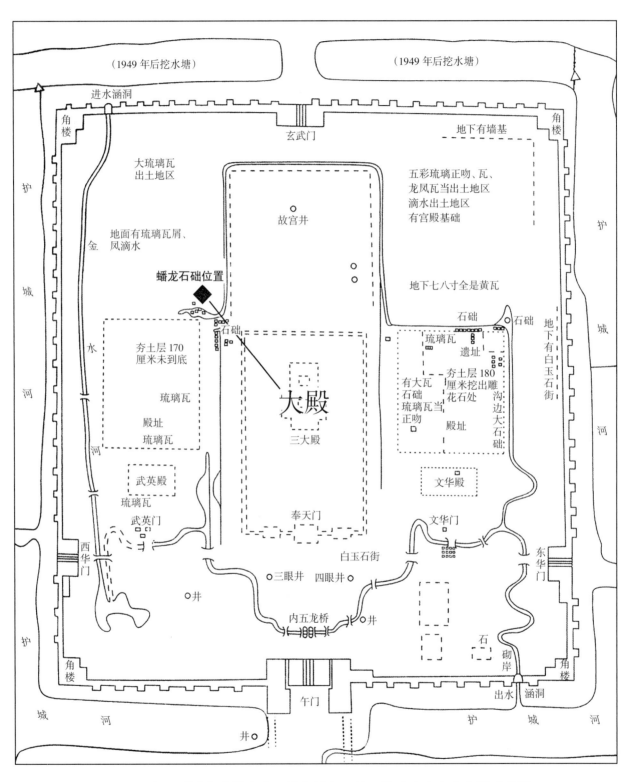

图 1-1　凤阳明中都皇城内奉天殿与蟠龙云纹石柱础遗存出土位置示意图

（采自王剑英《明中都研究》第 243 页，中国青年出版社，2005 年）

强烈，蟠龙有双角、鳞和鳍。大面积的柱础台面采用阴线雕刻云纹，衬托中间柱圈半浮雕蟠龙云纹，画面雄伟，雕工精湛。础面长 262、宽 252 厘米，通高 125 厘米。中间圆形柱圈槽内直径 120、内高 23 厘米。重达 22.2 吨（彩版一七～一九）。此件石柱础于 2014 年搬迁至凤阳县博物馆序厅中展出，对缺损部分用玻璃钢修复。2016 年滁州市博物馆复制此件展出。

　　HPLS：2，蟠龙云纹。形制、大小与 1 号相同。出土时，与 1 号石柱础紧挨，两者东西相距仅 80 厘米左右。从出露的柱础面来看，因长期裸露而遭受严重的自然风化，有些地方开裂破损。柱础坯料呈不规则的方形，尺寸约 270 厘米 ×295 厘米；柱础雕刻面基本呈方形，235 厘米 ×250 厘米；高度因没有发掘不清楚，参考 1 号石柱础，也应为 125 厘米左右。中间圆形柱圈槽外直径 186、内径 125 厘米，外高 22.5、内高 13~13.5 厘米。重量比照 1 号石柱础，约 22 吨。中间柱圈雕刻三条飞翔在云层中的龙，在龙纹空隙处均填补大朵如意云纹，画面生动活泼；柱圈外的础面上亦雕刻如意云纹，整体画面精致、恢宏，大气磅礴，彰显皇家的气势和威严（图 1-2；彩版二〇～二二）。此件是三件蟠龙云纹石柱础中保存最好的一件。早年应该裸露地表，此次现场调查发现，已被埋在地下 60~120 厘米的深处，2017 年 5 月 27、28 日请民工将柱础表面以上的土层进行清理，拍照和测量数据后，为使其不再继续遭受裸露损毁，就地覆土掩埋保护。

图 1-2　蟠龙云纹石柱础（HPLS：2）雕刻纹图案俯视示意图

HPLS：3，蟠龙云纹。形制、大小与1、2号相同。出土时与2号石柱础东西相距100厘米左右。因长期裸露，础面雕刻纹遭受严重的自然风化和人为因素破坏，础面裂痕累累，柱圈石雕刻损毁残缺殆尽。础坯料呈不规则的方形，因被埋于地下没有清理和测量数据；裸露的础面呈方形，边长270厘米，因未发掘高度不清楚；中间圆形柱圈外直径185、内直径125厘米，外高24、内残高12厘米左右。重量比照1号石柱础，约22吨。柱圈雕刻损毁缺失，从残存的雕刻纹判断，也应为蟠龙云纹（彩版二三）。现场调查发现，其础面裸露在外，部分被水淹没，周边长满杂草。2017年5月28日，请民工将柱础表面以上的杂草清理、拍照、测量后，为使其不再继续遭受裸露损毁，就地覆土掩埋保护。

第二节　素面石雕刻柱础

明中都建筑群中大量被遗弃的石柱础，流散到中都城遗址的各个角落，多数遭到严重损毁，仅有少数保存比较完整。十年前，在明中都遗址范围内随处可见素面石雕刻大柱础，至今仍然在皇城内多处发现被遗弃的大石柱础。在历年对皇城午门四周堆积淤土清理和大遗址公园建设维修中，亦发现不少素面大石柱础（后又被掩埋掉了）。笔者一直建议县里征集、保护这批珍贵的明代石雕刻柱础，特别是对三件巨大型、罕见的蟠龙云纹石柱础和很多素面大石柱础遗存出土点，可作为大遗址公园建设中原汁原味的明代中都实物遗存点，采取原地建围栏盖大棚的保护措施。这次在明中都城考古遗址公园建设拆迁中和平整征地时不断发现素面大石柱础，除极少数运回凤阳县博物馆收藏，大多数仍然被埋入地下。在午门背后平整土地时出土的一批被损毁的石柱础，现仍裸露放置于路旁（彩版二四，3）。

2017年5月下旬，在对皇城内水塘埂两块蟠龙云纹石柱础作进一步调查时，在水塘西头塘埂南侧又发现两块裸露的素面大石柱础，均保存完好，现场拍照、测量。现收录在此，以佐证中都城素面大石柱础的形态。

HSSC：1，石柱础保存完整，有风化浅裂痕。整体为方形，厚重、硕大，素面，础面为覆盆式。方形石柱础边长113、厚40厘米，中间凸出圆形覆盆底础面直径102、覆盆高14.5、盆沿高4.5厘米（彩版二四，1）。

HSSC：2，位于1号柱础右侧。保存完整。方形，厚重、硕大，素面，础面为覆盆式。方形石柱础边长112、厚38厘米，中间凸出圆形覆盆底础面直径86、覆盆高13、盆沿高4厘米（彩版二四，2）。

从皇城内这个水塘边发现的蟠龙云纹大石柱础和素面大石柱础出土情况来看，这里可能是建筑皇城时水道运输的终点站。这里距离大殿仅有150米，证明这批大石柱础是建筑奉天殿用的柱础。或可说明皇城内大殿台基上的建筑尚处在建设中，后因朱元璋罢建中都城，致使运到这里的大石柱础至今还原封不动地放在这里。在遗址公园建设中，最好将其列入重点遗存点，在考古发掘的基础上保留现场环境就地保护、展示。

第二章　午门须弥座石雕刻遗存

　　皇城午门须弥座是至今唯一保留在中都城原建筑上的石雕刻艺术遗存（彩版二五～二八）。石雕刻须弥座结构，一般由下往上为土衬、圭角、下枋与下枭、束腰、上枭与上枋，上枋以上直接垒砌大城砖墙体（图2-1~2-3；图版二七，1~4）。午门须弥座束腰均精雕细刻各种题材纹饰图案，尽显华丽与皇家气势。束腰纹饰均采用传统平面减地阳线雕刻技法；圭角雕刻纹饰图案单一，均为减地阳纹叠加阴线卷云纹。这些石雕刻技艺娴熟老练，图案线条流畅，纹饰画面精美，为明代石雕刻艺术之典范，为中国石雕刻艺术史上又一个代表性的石雕刻艺术群。

　　皇城午门须弥座石雕刻随着中都城的废弃遭到后代严重破坏和自然风化损毁，特别是午门东观、西观和门洞内外须弥座的上枋枭和束腰缺失、损毁较多，保存最多的是圭角和土衬。午门前后两侧须弥座原建筑保存较多，但是，由于长期掩埋在土里，表层遭受自然风化严重，多凝结一层厚厚的钙化层，纹饰模糊不清。在对午门城墙的数次修复中，须弥座已进行了复原修复工作，对缺失的须弥座上枋枭构件多用新雕刻素面白玉石构件补齐；束腰多数保留有石雕刻纹饰构件，少数缺失部分采用新雕刻素面白玉石构件补齐，有的地方用征集到的形制相同且有石雕刻纹饰的构件填补。由此，打乱了局部须弥座原来石雕刻纹饰图案构件的排列次序，很难确定填补的征集构件是否是原来的纹饰构件。

　　午门须弥座总长870米左右，其中有石雕刻纹饰的须弥座总长约430米（图2-4）。

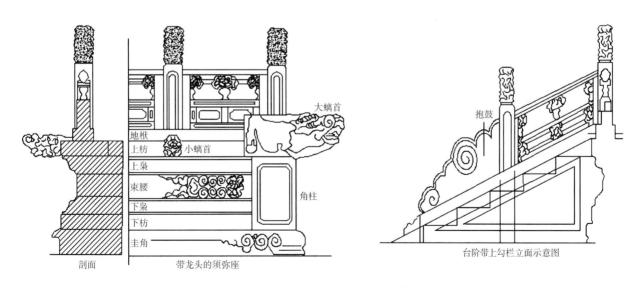

图2-1　清式带栏杆的石雕刻须弥座结构示意图

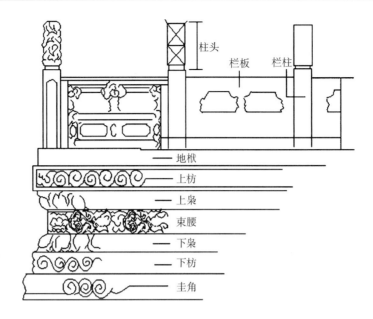

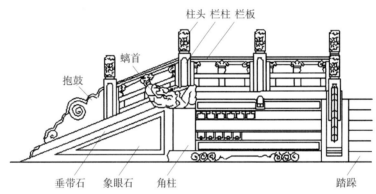

图 2-2　清式石雕刻栏杆与须弥座结构示意图

第一节　午门东观须弥座石雕刻遗存

午门东观须弥座遭受较大的破坏、损毁，有相当一部分缺失，如今按照原建筑形制全面修复。上枋枭全部用新的白玉石雕刻构件修补；下枋枭多数保存，仅在南面有一部分缺损，用征集老件修复；束腰石雕刻有 60 块，有一部分为原建筑构件，有一部分束腰为征集老件和新素面白玉石雕刻构件修复；圭角和土衬位于须弥座底部，基本没有遭到破坏，多为原物而保存至今。

一　东观南面

午门东观南面须弥座东西长约 35 米，从圭角底部至上枭枋顶部通高约 1.2 米。因城墙被扒拆而造成东观南面须弥座破坏严重，多有缺失，其中有 14 块石雕刻纹饰束腰，似多为征集老件填补修复上去的，其余均用新素面白玉石雕刻构件补齐。须弥座中间的束腰构件横向长度不一，约 30~96 厘米，高度基本一致，约 32 厘米（彩版二九）。

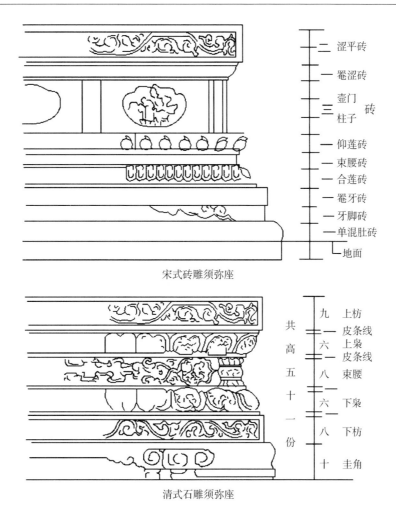

宋式砖雕须弥座

清式石雕须弥座

图 2-3　宋式砖雕与清式石雕须弥座结构与构件名称比较示意图

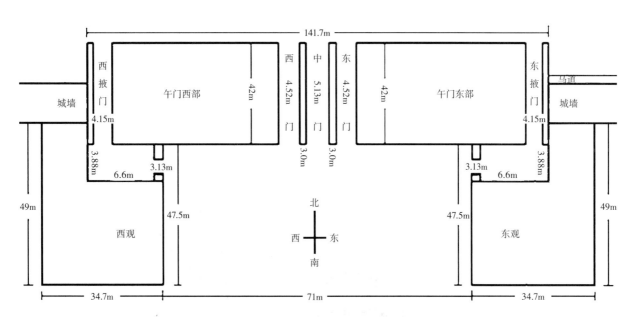

图 2-4　凤阳明中都午门结构平面示意图

（午门使用石雕刻构件须弥座总长约 430 米）

　　东观南面须弥座14块石雕刻纹饰束腰均集中在西段,东段全部缺失。雕刻图案主要以二连方胜、万字、折枝花卉、连枝花卉等纹饰间隔分布,还有双凤凰云纹和山景梅花鹿纹两幅精美图案(彩版三〇)。圭角均是相同的减地阳纹叠加阴线刻卷云纹。为便于叙述,由西向东顺序介绍如下。

　　WMSK:1,二连方胜纹。构件完整,表面有零星残损。纹饰画面清晰,为一幅二连方胜图案,两个菱形横向压角套叠连体成多菱形,在每个交点均有方孔圆钱形结。其下圭角雕刻卷云纹。长90、高32厘米(图2-5;彩版三一,1)。

　　WMSK:2,折枝菊花纹。构件完整。纹饰画面饱满清晰,为一幅折枝多花苞与花朵的菊花图案。图案精准优美,雕功精湛。其下圭角雕刻卷云纹。长80、高32厘米(图2-6;彩版三一,2)。

　　WMSK:3,二连方胜纹。构件完整,表面有零星残损。纹饰画面清晰,为两个菱形横向压角套叠连体成多菱形,在每个交点均有方孔圆钱形结。其下圭角雕刻卷云纹。长66、高32厘米(图2-7;彩版三二,1)。

　　WMSK:4,万字纹。构件基本完整。纹饰画面清晰,为两个“之”字横竖套叠组成的万字纹。其下圭角雕刻卷云纹。长32、高32厘米(图2-7;彩版三二,2)。

　　WMSK:5,云凤纹。构件完整。纹饰画面清晰,为一幅双凤凰云纹图案,构图为雌、雄两只凤凰头尾相连,展翅上下盘旋追逐飞舞在彩云间。雕刻精湛逼真,姿态优美喜庆,一派祥和的气氛。其下圭角雕刻卷云纹。长90、高32厘米(图2-8;彩版三三,1)。

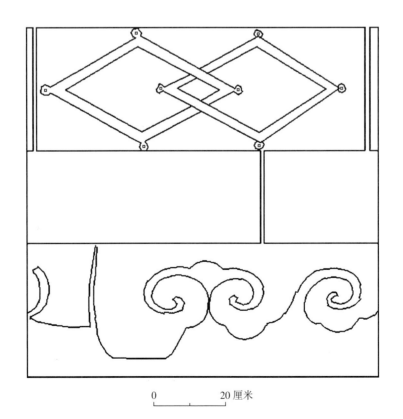

0　　　　20厘米

图 2-5　WMSK:1 二连方胜纹与圭角卷云纹

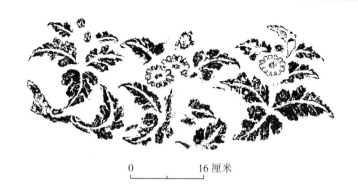

0　　　　　　16 厘米

图 2-6　WMSK：2 折枝菊花纹

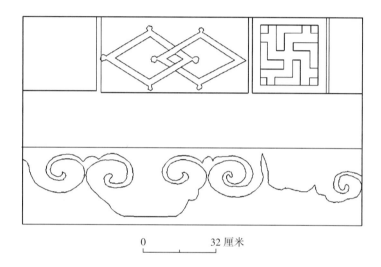

0　　　　　32 厘米

图 2-7　WMSK：3 二连方胜纹、WMSK：4 万字纹与圭角卷云纹

WMSK：6，二连方胜纹。构件基本完整，表面有零星残损。纹饰画面清晰，为两个菱形横向压角套叠连体成多菱形，在每个交点均有方孔圆钱形结。其下圭角雕刻卷云纹。长 65、高 32 厘米（彩版三三，2）。

WMSK：7，折枝牡丹纹。构件完整。纹饰画面中间有一段模

0　　　　　16 厘米

图 2-8　WMSK：5 云凤纹

糊，余皆清晰，为一幅折枝多枚花苞与花朵的牡丹纹图案。图案优美，雕刻精湛。其下圭角雕刻卷云纹。长 68、高 32 厘米（图 2-9；彩版三四，1）。

WMSK：8，二连方胜纹。构件基本完整。纹饰画面清晰，为一幅二连方胜纹图案，两个菱形横向压角套叠连体成多菱形，在每个交点均有方孔圆钱形结。其下圭角雕刻卷云纹。长 66、高 32 厘米（图 2-10；彩版三四，2）。

WMSK：9，万字纹。构件基本完整。纹饰画面清晰，为两个"之"字横竖套叠组成的万字纹。其下圭角雕刻卷云纹。长30、高32厘米（图2-11；彩版三五，1）。

WMSK：10，连枝西番莲纹。构件完整。纹饰画面清楚，为两朵连枝盛开的西番莲纹，中间底部有小型重叠山峰衬托。图案优美，雕刻精湛。其下圭角雕刻卷云纹。长83、高32厘米（图2-12；彩版三五，2）。

WMSK：11，二连方胜纹。构件基本完整，有残损。纹饰画面清晰，为一幅二连方胜纹图案，两个菱形横向压角套叠连体成多菱形，在每个交点均有方孔圆钱形结。长64、高32厘米（彩版三六，1）。

WMSK：12，山景梅花鹿纹。构件基本完整，略有残损。纹饰画面清晰，为一幅山景梅花鹿纹图案，两只梅花鹿在蓝天白云下的崇山峻岭中戏耍，山景中有盛开的老梅花树、灵芝仙草。图案生动活泼，美感性强，雕刻精湛。长96、高32厘米（图2-13；彩版三六，2）。

WMSK：13，二连方胜纹。构件完整。纹饰画面清晰，为一幅二连方胜纹图案，两个菱形横向压角套叠连体成多菱形，在每个交点均有方孔圆钱形结。长62、高32厘米（图2-14；彩版三七，1）。

WMSK：14，二连方胜纹。构件基本完整，有裂缝损伤。纹饰画面清晰，为一幅二连方胜纹图案，两个菱形横向压角套叠连体成多菱形，在每个交点均有圆钱形结。长62、高32厘米（彩版三七，2）。

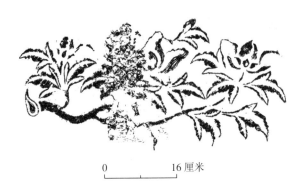

0 ———— 16厘米

图2-9　WMSK：7折枝牡丹纹

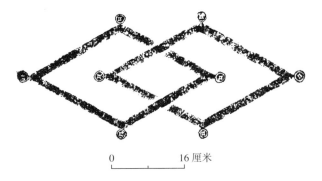

0 ———— 16厘米

图2-10　WMSK：8二连方胜纹

0 ———— 16厘米

图2-11　WMSK：9万字纹

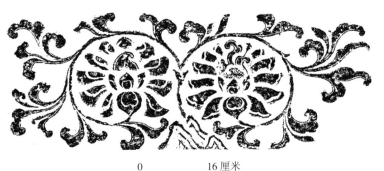

0 ———— 16厘米

图2-12　WMSK：10连枝西番莲纹

图 2-13　WMSK：12 山景梅花鹿纹

二　东观西面

午门东观西面须弥座南北长 47.5 米，从圭角底部至上枋枭顶部通高 1.2 米（彩版三八，1）。长短不一，长 28~118 厘米，高 32 厘米。

午门东观西面须弥座上枋枭几乎全是用新素面白玉石构件修复，下枋枭和圭角、土衬原建筑构件多保存，缺损构件在修复时使用部分征集的老件和新素面白玉石构件补齐（彩版三八，2）。

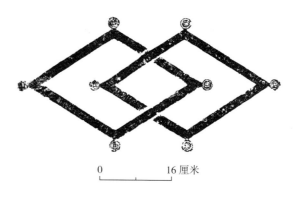

图 2-14　WMSK：13 二连方胜纹

石雕刻纹饰束腰多保存在须弥座中间偏北一段，南段多被破坏、缺失。雕刻图案主要以二连方胜、万字、折枝花卉、连枝花卉等间隔分布，还有少数山景梅花鹿、山景凤凰追麒麟、狮子耍绣球等精美图案。圭角均为相同的卷云纹。

东观西面须弥座保存各种不同石雕刻纹饰的束腰 46 块。为便于叙述，由南向北顺序介绍。

WMSK：15，万字纹。构件完整。纹饰画面清晰，为两个"之"字横竖套叠组成的万字纹。长 35、高 32 厘米（彩版三九，1）。

WMSK：16，狮子耍绣球纹。构件完整。纹饰画面清晰，为一幅狮子耍绣球图案，画面不完整，应为两块束腰构成双狮耍绣球图案，缺失另一块束腰上的狮子。由此可知，这块束腰似不是原建筑位置，而是修复时用征集老件填补的。图案为一头狮子口含绶带回首奔跑耍绣球。画面优美生动、热闹喜庆，雕刻精湛。其下圭角雕刻卷云纹。长 77、高 32 厘米（图 2-15；彩版三九，2）。

WMSK：17，连枝牡丹莲花纹。构件完整。为一幅开放的牡丹与莲花连枝组合纹图案，中间底部有尖山重叠小景衬托。纹饰画面优美，雕刻精湛。长 82、高 32 厘米（图 2-16；彩版三九，3）。

WMSK：18，二连方胜纹。构件基本完整。纹饰采用平面减地阳纹叠加双阴线雕刻技法。画面清晰，为一幅二连方胜纹图案，两个菱形横向压角套叠连体成多菱形，在每个交点均有圆钱形结。长80、高32厘米（彩版四〇，1）。

WMSK：19，折枝牡丹纹。构件基本完整，有裂损。纹饰画面清晰，以一朵折枝盛开的牡丹花为主，其前后配三朵待放的花苞和绿叶。画面优美，雕刻精湛。长63、高32厘米（彩版四〇，2）。

WMSK：20，山景梅花鹿纹。构件基本完整，略有残损。纹饰画面清晰，但画面似不完整。为一幅山景梅花鹿纹图案，一只梅花鹿一边快步行走在山岗草地，一边回首往后看，其后有一株灵芝仙草。画面生动活泼，雕刻精湛。长65、高32厘米（彩版四一，1）。

WMSK：21，山景梅花鹿纹。构件基本完整，边缘部分略有残损。纹饰画面清晰，为一幅山景梅花鹿纹图案，一只梅花鹿口含仙草一边奔跑在山岗上，一边回头看，前面有高出的山峰挡道。画面生动活泼逼真，雕刻精湛。长58、高32厘米（彩版四一，2）。

WMSK：22，万字纹。构件基本完整，略有残损。纹饰画面清晰，为两个“之”字横竖套叠组成的万字纹。长32、高32厘米（彩版四二，1）。

WMSK：23，二连方胜纹。构件基本完整。纹饰画面清晰，为一幅二连方胜纹图案，两个菱形横向压角套叠成连体多菱形，在每个交点均有圆钱形结。长69、高32厘米（彩版四二，2）。

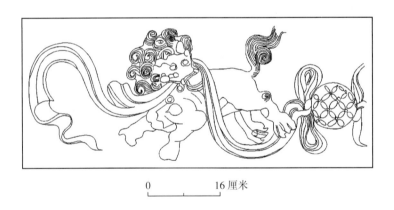

0　　　　　　16厘米

图 2-15　WMSK：16 狮子耍绣球纹

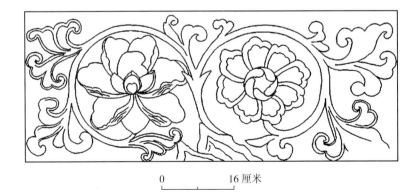

0　　　　　　16厘米

图 2-16　WMSK：17 连枝牡丹莲花纹

WMSK：24，连枝西番莲莲花纹。构件完整。纹饰画面清晰，为一幅连枝盛开的西番莲和莲花组合图案，配以连枝茎叶，中间底部有珊瑚石景衬托。其下圭角雕刻卷云纹。长72、高32厘米（图2-17；彩版四三，1、2）。

WMSK：25，二连方胜纹。构件完整。纹饰画面清晰，为一幅二连方胜纹图案，两个菱形横向压角套叠成连体多菱形，在每个交点均有方孔圆钱形结。长66、高32厘米（彩版四四，1）。

WMSK：26，万字纹。构件基本完整，略有残损。纹饰画面清晰，为两个"之"字横竖套叠组成的万字纹。长32、高32厘米（彩版四四，2）。

WMSK：27，二连方胜纹。构件完整，略有损毁。纹饰画面清晰，为一幅二连方胜纹图案，两个菱形横向压角套叠成连体多菱形，在每个交点均有方孔圆钱形结。长68、高32厘米（彩版四五，1）。

WMSK：28，连枝西番莲纹。构件基本完整，边缘略有残损。纹饰画面清晰，为一幅两朵盛开的连枝西番莲大花朵纹，配以枝叶，在大花下方添加一处重叠的山景衬托。画面优美，雕刻精湛。长107、高32厘米（图2-18；彩版四五，2）。

WMSK：29，二连方胜纹。构件基本完整，略有损毁。纹饰画面清晰，为一幅二连方胜纹图案，两个菱形横向压角套叠成连体多菱形，在每个交点均有圆钱形结。长60、高32厘米（彩版四六，1）。

WMSK：30，万字纹。构件基本完整，边缘有残损。纹饰画面清晰，为两个"之"字横竖套叠组成的万字纹。长28、高32厘米（彩版四六，2）。

0　　　　　　16厘米

图2-17　WMSK：24连枝西番莲莲花纹

　　WMSK：31，二连方胜纹。构件完整。纹饰画面清晰，为一幅二连方胜纹图案，两个菱形横向压角套叠成连体多菱形，在每个交点均有圆钱形结。长66、高32厘米（彩版四七，1）。

　　WMSK：32，折枝牡丹纹。构件完整。纹饰画面清晰，为折枝中间一朵盛开的牡丹花，前后配以繁盛的枝叶和多枚花苞。长91、高32厘米（图2-19；彩版四七，2）。

　　WMSK：33，二连方胜纹。构件完整。纹饰画面清晰，为一幅二连方胜纹图案，两个菱形横向压角套叠成连体多菱形，在每个交点均有圆钱形结，菱角结有缺损。长78、高32厘米（图2-20；彩版四八，1）。

　　WMSK：34，万字纹。构件完整。纹饰画面清晰，为两个"之"字横竖套叠组成的万字纹。长29、高32厘米（彩版四八，2）。

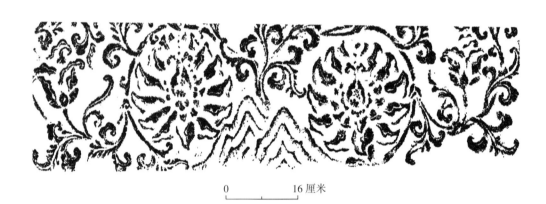

0　　　　16厘米

图2-18　WMSK：28连枝西番莲纹

0　　　　16厘米

图2-19　WMSK：32折枝牡丹纹

WMSK：35，连枝西番莲纹。构件基本完整，边缘略有损毁。纹饰画面基本清晰，为四朵连枝盛开的西番莲纹，在四朵大花中间下方添加一处重叠的山景衬托。长118、高32厘米（图2-21；彩版四九，1）。

WMSK：36，二连方胜纹。构件基本完整，有裂纹和残损。雕刻纹饰采用阳刻叠加阴线技法。画面清晰，为一幅二连方胜纹图案，两个菱形横向压角套叠成连体多菱形，在每个交点均有圆钱形结。长66、高32厘米（彩版四九，2）。

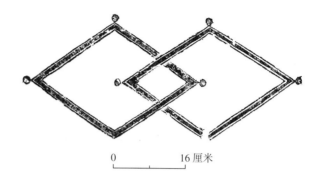

图2-20　WMSK：33二连方胜纹

WMSK：37，一束莲纹。构件基本完整，一端头有缺损。纹饰画面基本完整清晰，为一束多枝莲叶、莲花、花蕾、水草和菱角等组合花卉纹，画面突显莲花与莲叶的美丽，雕刻精湛。长84、高32厘米（图2-22；彩版五〇，1）。

WMSK：38，万字纹。构件基本完整，边角略有损毁。纹饰画面清晰，为两个"之"字横竖套叠组成的万字纹。长30、高32厘米（彩版五〇，2）。

WMSK：39，二连方胜纹。构件完整。纹饰画面清晰，为一幅二连方胜纹图案，两个菱形横向压角套叠成连体多菱形，在每个交点均有圆钱形结。长74、高32厘米（彩版五一，1）。

WMSK：40，连枝西番莲纹。构件基本完整，边缘略残损。纹饰画面遭受自然风化侵蚀有残损，基本清晰，为两朵连枝盛开的西番莲和茂盛的枝叶，在两朵大花中间下方添加一处重叠的山景衬托。画面优美，雕刻精湛。长76、高32厘米（图2-23；彩版五一，2）。

WMSK：41，二连方胜纹。构件基本完整，边缘与一下角有裂损。图案雕刻采用平面减地阳刻叠加阴线技法。纹饰画面清晰，为一幅二连方胜纹图案，两个菱形横向压角套叠成连体多菱形，在每个交点均有圆钱形结。长57、高32厘米（彩版五二，1）。

WMSK：42，万字纹。构件基本完整，边角有缺损。纹饰画面部分清晰，为两个"之"

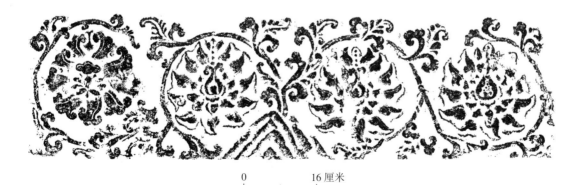

图2-21　WMSK：35连枝西番莲纹

图 2-22　WMSK：37 一束莲纹

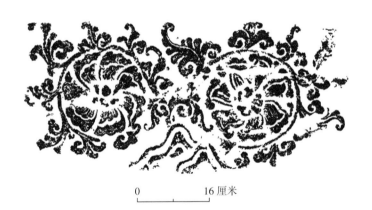

图 2-23　WMSK：40 连枝西番莲纹

字横竖套叠组成的万字纹。长 29、高 32 厘米（彩版五二，2）。

WMSK：43，折枝牡丹纹。构件基本完整，一端头有缺损。纹饰画面清晰，为一幅折枝牡丹纹图案，中间花朵盛开，周围配以茂盛的枝叶与多枚花苞。长 87、高 32 厘米（图 2-24；彩版五三，1）。

WMSK：44，折枝牡丹纹。构件修复，上端与一端头有缺损。纹饰画面部分清晰，为一幅折枝牡丹纹图案，中间花朵盛开，周围配以茂盛的枝叶与多枚花苞。画面优美，雕刻精湛。长 82、高 32 厘米（彩版五三，2）。

WMSK：45，万字纹。构件基本完整，边缘与上端缺损。纹饰画面部分清晰，为两个"之"

字横竖套叠组成的万字纹。长33、高
32厘米（彩版五四，1）。

WMSK：46，云朵纹。构件基本完整，
边缘残损。纹饰画面基本清晰，为一朵
横向如意云朵纹。长97、高32厘米（图
2-25；彩版五四，2）。

WMSK：47，二连方胜纹。构件完
整。雕刻纹饰采用减地阳刻叠加阴线技
法。画面清晰，为两个菱形横向压角套
叠成连体多菱形，在每个交点均有方
孔圆钱形结。长63、高32厘米（彩版
五五，1）。

WMSK：48，折枝牡丹纹。构件基
本完整，边缘有残损。纹饰画面基本清
晰，为一幅折枝牡丹纹图案，中间为
盛开的牡丹花，周围配以繁盛的枝叶
与多枚花苞。画面优美，雕刻精湛。
长97、高32厘米（图2-26；彩版五
五，2）。

WMSK：49，万字纹。构件基本完整。
纹饰画面清晰，为两个"之"字横竖套
叠组成的万字纹。长28、高32厘米。

WMSK：50，二连方胜纹。构件基
本完整，有两道裂痕损伤。纹饰画面清
晰，为一幅二连方胜纹图案，两个菱形

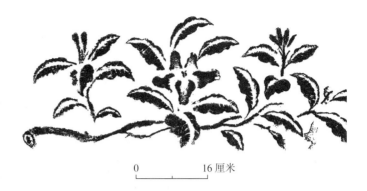

图 2-24　WMSK：43 折枝牡丹纹

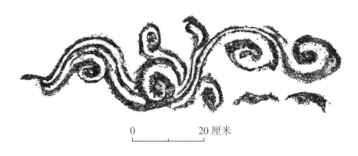

图 2-25　WMSK：46 云朵纹

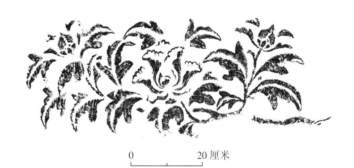

图 2-26　WMSK：48 折枝牡丹纹

横向压角套叠成连体多菱形，在每个交点均有方孔圆钱形结。其下圭角雕刻卷云纹。长88、
高32厘米（彩版五六，1、2）。

WMSK：51，折枝牡丹纹。构件完整。纹饰画面清晰，为一折枝牡丹纹图案，中间为盛
开的牡丹花，周围配以茂盛的枝叶与多枚花苞。画面优美，雕刻精湛。长84、高32厘米（图
2-27；彩版五七，1）。

WMSK：52，万字纹。构件完整。纹饰画面清晰，为两个"之"字横竖套叠组成的万字
纹。长28、高32厘米（彩版五七，2）。

WMSK：53，山景凤凰追麒麟纹。构件完整。纹饰画面清晰，为一幅山景中麒麟追凤
凰的图案。画面生动活泼、逼真，美感强，雕刻精湛。长92、高32厘米（图2-28；彩版
五八，1）。

WMSK：54，连枝西番莲纹。构件完整。纹饰画面基本清楚，为两朵连枝盛开的西番莲，

0　　　　16 厘米

图 2-27　WMSK：51 折枝牡丹纹

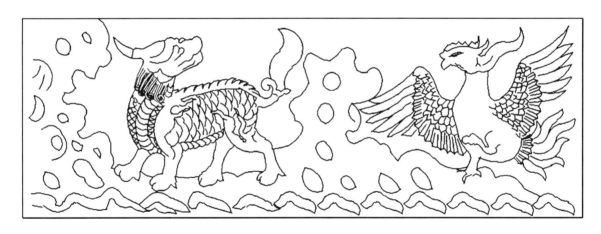

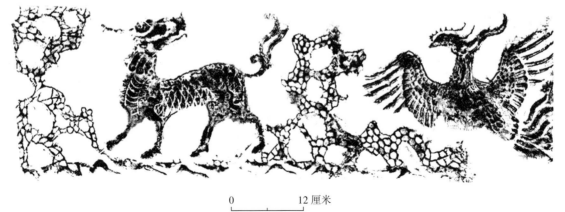

0　　　　12 厘米

图 2-28　WMSK：53 山景凤凰追麒麟纹

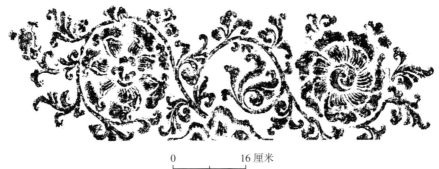

0　　　　　16厘米

图 2-29　WMSK：54 连枝西番莲纹

枝叶茂盛，在中间下方添加一处重叠山景衬托。画面优美，雕刻精湛。长 105、高 32 厘米（图 2-29；彩版五八，2）。

WMSK：55，万字纹。构件完整。纹饰画面清晰，为两个"之"字横竖套叠组成的万字纹。长 28、高 32 厘米（图 2-30；彩版五九，1）。

WMSK：56，二连方胜纹。构件完整。纹饰画面清晰，为一幅二连方胜纹图案，两个菱形横向压角套叠成连体多菱形，在每个交点均有方孔圆钱形结。长 73、高 32 厘米（彩版五九，2）。

WMSK：57，折枝牡丹纹。构件完整。纹饰画面遭受自然风化侵蚀较重，有钙化层，模糊不清晰，为一幅折枝牡丹纹图案。长 72、高 32 厘米（彩版六○，1）。

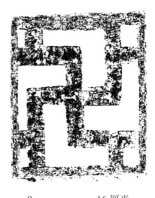

0　　　　16厘米

图 2-30　WMSK：55 万字纹

WMSK：58，狮子耍绣球纹。构件完整。纹饰画面清晰，为一只狮子嘴衔丝带跳跃耍球图案。但图案似不完整，球的另一端应该还有一块束腰雕刻狮子耍绣球与之相对应。长 101、高 32 厘米（图 2-31；彩版六○，2）。

WMSK：59，二连方胜纹。构件完整，表面有腐蚀裂损。纹饰画面基本清晰，为一幅二连方胜纹图案，两个菱形横向压角套叠成连体多菱形，在每个交点均有方孔圆钱形结。长 105、高 32 厘米（彩版六一，1）。

WMSK：60，西番莲纹。构件完整。纹饰画面清晰，为圆头形框内一朵盛开的西番莲花朵，框后拖两条飘带状的枝叶纹。其下圭角雕刻卷云纹。长 84、高 32 厘米（图 2-32；彩版六一，2）。

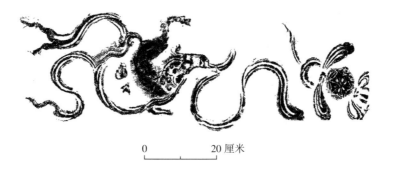

0   20厘米

图 2-31   WMSK：58 狮子耍绣球纹

0   20厘米

图 2-32   WMSK：60 西番莲纹

第二节   午门西观须弥座石雕刻遗存

午门西观石雕刻须弥座遭受严重破坏，多有缺失。上枋枭全部用新素面白玉石构件修补，束腰和下枋枭尚保存有一部分原建石雕刻构件，对缺失部分修复时用征集的老件或新雕素面白玉石构件补齐。西观须弥座石雕刻纹束腰共保存 89 件，圭角原建多保存，土衬基石基本全保存（彩版六二，1、2）。

一　西观南面

午门西观南面须弥座东西长 34.7 米，从圭角下土衬至上枋枭顶部通高 1.2 米。长短不一，长 30~107 厘米，高度基本一致，高 32 厘米。

午门西观南面须弥座石雕刻纹构件多位于东段，对西段缺失的束腰在修复时均用新素面白玉石构件补完整。雕刻图案以二连方胜、万字、折枝花卉等间隔分布为主，还有云凤纹和山景梅花鹿纹等精美图案。圭角均为减地雕刻叠加阴线卷云纹。

西观南面须弥座已经全面修复，保存各种不同石雕刻纹束腰 32 块。为便于叙述，由东向西顺序介绍。

WMSK：62，二连方胜纹。构件基本完整，表面遭受腐蚀有损毁。纹饰画面清晰，为一幅二连方胜纹图案，两个菱形横向压角套叠成连体多菱形，在每个菱形交点均有方孔圆钱形结。长 62、高 32 厘米（彩版六三，1）。

WMSK：63，万字纹。构件完整。纹饰画面完整清晰，为两个"之"字横竖套叠组成的万字纹。长 33、高 32 厘米（彩版六三，2）。

WMSK：64，折枝牡丹纹。构件基本完整，边角略有残损。纹饰画面完整清晰，为一幅枝叶茂盛的折枝牡丹纹图案。画面优美，雕刻精湛。长 95、高 32 厘米（图 2-33；彩版六四，1）。

WMSK：65，二连方胜纹。构件基本完整，边角有残损。纹饰画面清晰，为一幅二连方胜纹图案，两个菱形横向压角套叠成连体多菱形，在每个菱形交点均有方孔圆钱形结。长 80、高 32 厘米（彩版六四，2）。

0　　　　16 厘米

图 2-33　WMSK：64 折枝牡丹纹

WMSK：66，折枝牡丹纹。构件基本完整，边角略有残损。纹饰画面完整清晰，为一幅枝叶茂盛的折枝牡丹纹图案。长 85、高 32 厘米（图 2-34；彩版六五，1）。

WMSK：67，一束莲纹。构件基本完整，一端有残损。纹饰画面完整清晰，为一束多枝莲叶、莲花、花蕾、莲蓬和水草等组合纹。画面层叠显示大莲叶和莲花花朵的优美感，雕刻精湛。长 96、高 32 厘米（图 2-35；彩版六五，2）。

WMSK：68，二连方胜纹。构件基本完整，边角略有残损。纹饰画面清晰，为一幅二连方胜纹图案，两个菱形横向压角套叠成连体多菱形，在每个菱形交点均有方孔圆钱形结。长 72、高 32 厘米（图 2-36；彩版六六，1）。

WMSK：69，万字纹。构件基本完整，边角略有残损。纹饰画面清晰，为两个"之"字横竖套叠组成的万字纹。长 34、高 32 厘米（彩版六六，2）。

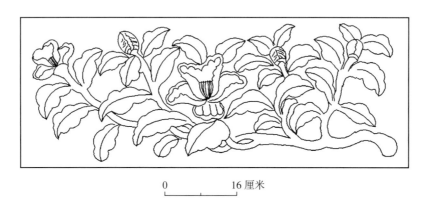

0   16 厘米

图 2-34　WMSK：66 折枝牡丹纹

0   16 厘米

图 2-35　WMSK：67 一束莲纹

WMSK：70，二连方胜纹。构件基本完整，边角与表面略有残损和划痕。纹饰画面清晰，为一幅二连方胜纹图案，两个菱形横向压角套叠成连体多菱形，在每个菱形交点均有方孔圆钱形结。长75、高32厘米（彩版六七，1）。

WMSK：71，云凤纹。构件基本完整，边角有残损。纹饰画面基本完整清晰，为一只凤凰回首展翅飞翔在彩云间。画面生动活泼、优美，雕刻精湛。长77、高32厘米（图2-37；彩版六七，2）。

WMSK：72，二连方胜纹。构件基本完整，边角略有残损。纹饰画面完整清晰，为一幅二连方胜纹图案，两个菱形横向压角套叠成连体多菱形，在每个菱形交点均有方孔圆钱形结。长73、高32厘米（彩版六八，1）。

WMSK：73，万字纹。构件基本完整，边角略有残损。纹饰画面清晰，为两个"之"字横竖套叠组成的万字纹。长35、高32厘米（彩版六八，2）。

WMSK：74，二连方胜纹。构件基本完整，边角略有残损。纹饰画面完整清晰，为一幅二连方胜纹图案，两个菱形横向压角套叠成连体多菱形，在每个菱形交点均有方孔圆钱形结。长75、高32厘米（彩版六九，1）。

WMSK：75，折枝牡丹纹。构件基本完整，边角略有残损。纹饰画面完整清晰，为一折枝盛开的牡丹花与花蕾纹，枝叶茂盛。画面优美，雕刻精湛。长87、高32厘米（图2-38；彩版六九，2）。

WMSK：76，二连方胜纹。构件基本完整，边角略有残损。纹饰画面完整清晰，为一幅

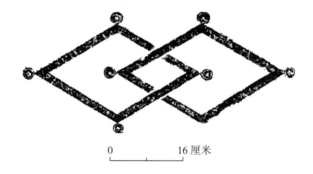

0 　　　 16厘米

图2-36　WMSK：68 二连方胜纹

0 　　　 16厘米

图2-37　WMSK：71 云凤纹

二连方胜纹图案，两个菱形横向压角套叠成连体多菱形，在每个菱形交点均有方孔圆钱形结。长 84、高 32 厘米（彩版七〇，1）。

WMSK：77，万字纹。构件基本完整，边角略有残损。纹饰画面清晰，为两个"之"字横竖套叠组成的万字纹。长 35、高 32 厘米（彩版七〇，2）。

WMSK：78，山景梅花鹿纹。构件基本完整，边角有残损。因自然风化腐蚀严重，纹饰画面受损，模糊不清晰，有残缺和修补现象。为一幅山景梅花鹿纹图案，画面中有树木和一只全身、一只残存屁股的梅花鹿。长 107、高 32 厘米（彩版七一，1）。

WMSK：79，二连方胜纹。构件基本完整，边角略有残损。纹饰画面完整清晰，为一幅二连方胜纹图案，两个菱形横向压角套叠成连体多菱形，在每个菱形交点均有方孔圆钱形结。长 85、高 32 厘米（图 2-39；彩版七一，2）。

WMSK：80，万字纹。构件基本完整，边角略有残缺。纹饰画面清晰，一下角残损，为两个"之"字横竖套叠组成的万字纹。长 32、高 32 厘米（彩版七二，1）。

WMSK：81，折枝牡丹纹。构件基本完整，边角略有残损。纹饰画面完整清晰，为一折枝盛开的牡丹花与花蕾纹，枝叶茂盛。长 100、高 32 厘米（彩版七二，2）。

WMSK：82，万字纹。构件基本完整，边角略有残损。纹饰画面清晰，为两个"之"字横竖套叠组成的万字纹。长 30、高 32 厘米（彩版七三，1）。

WMSK：83，折枝牡丹纹。构件基本完整，边角略有残损。纹饰画面完整清晰，为一折

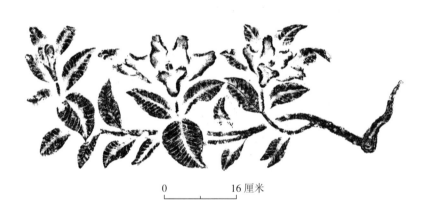

0　　　　　　　16 厘米

图 2-38　WMSK：75 折枝牡丹纹

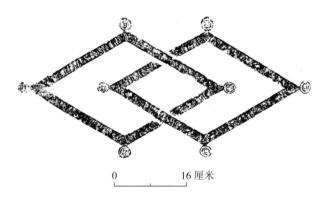

0　　　　　　　16 厘米

图 2-39　WMSK：79 二连方胜纹

枝盛开的牡丹花与花蕾纹，枝叶茂盛。长 85、高 32 厘米（彩版七三，2）。

WMSK：84，二连方胜纹。构件基本完整，边角有残损。纹饰画面清晰，有残损。为一幅二连方胜纹图案，两个菱形横向压角套叠成连体多菱形，在每个菱形交点均有方孔圆钱形结。长 66、高 32 厘米（彩版七四，1）。

WMSK：85，万字纹。构件基本完整，边角有残损。纹饰画面清晰，有残损。为两个"之"字横竖套叠组成的万字纹。长 29、高 32 厘米（彩版七四，2）。

WMSK：86，折枝牡丹纹。构件残损。纹饰画面清晰，残损一半。为一幅折枝牡丹纹图案。束腰残长 53、高 32 厘米（彩版七五，1）。

WMSK：87，折枝牡丹纹。构件残损。纹饰画面清晰，残损一半。为一幅折枝牡丹纹图案。束腰残长 55、高 32 厘米（彩版七五，2）。

WMSK：88，折枝牡丹纹。构件基本完整，边角略有残损。纹饰画面完整清晰，为一幅折枝盛开的牡丹花与花蕾纹，枝叶茂盛。长 104、高 32 厘米（图 2-40；彩版七六，1）。

WMSK：89，二连方胜纹。构件基本完整，边角有残损。纹饰画面清晰，为一幅二连方胜纹图案，两个菱形横向压角套叠成连体多菱形，在菱形交点均有方孔圆钱形结。长 70、高 32 厘米（彩版七六，2）。

WMSK：90，云朵纹。构件基本完整，边角有残缺。表面遭受自然风化腐蚀严重，纹饰画面模糊不清晰，为一横向如意云朵纹。此束腰构件下边有窄阳线框，与午门束腰构件明显不同，应不是午门须弥座所使用的石雕刻纹束腰构件，是修复时弄错了。长 92、高 32 厘米（彩版七七，1）。

WMSK：91，二连方胜纹。构件基本完整，边角有残损。纹饰画面清晰，为一幅二连方胜纹图案，两个菱形横向压角套叠成连体多菱形，在每个菱形交点均有方孔圆钱形结。长 74、高 32 厘米（彩版七七，2）。

WMSK：92，二连方胜纹。构件基本完整，边角有残损，表面严重风化腐蚀。纹饰画面基本清晰，为一幅二连方胜纹图案，两个菱形横向压角套叠成连体多菱形，在每个菱形交点均有方孔圆钱形结。长 73、高 32 厘米（彩版七八，1）。

0 ——— 16 厘米

图 2-40　WMSK：88 折枝牡丹纹

WMSK：93，二连方胜纹。构件基本完整，边角有残损，表面严重风化腐蚀，覆盖一层厚厚的灰垢。纹饰画面不清晰，仅为痕迹。为一幅二连方胜纹图案，两个菱形横向压角套叠成连体多菱形，在每个菱形交点均有方孔圆钱形结。长 66、高 32 厘米（彩版七八，2）。

二　西观东面

西观东面须弥座基础南北长 47.5 米，从圭角下土衬至上枋枭顶部通高 1.2 米。长短不一，长 30~148 厘米，高度基本一致，高 32 厘米（彩版七九，1）。

午门西观东面须弥座束腰雕刻纹饰保存较多，在南段有几块缺失，修复时用新素面白玉石束腰构件补齐。土衬均为原建保存，上、下枋枭大多是原建保存，少数用征集老件修复。纹饰主要以二连方胜、万字、多种花卉纹等间隔分布，还有几块束腰纹饰为山景麒麟、梅花鹿、凤凰和狮子耍绣球等图案。圭角均阳刻叠加阴线卷云纹（彩版七九，2）。

午门西观东面须弥座石雕刻纹束腰保存 57 块。为叙述方便，由南向北顺序介绍。

WMSK：94，二连方胜纹。构件基本完整，边角略有残损。纹饰画面完整清晰，为一幅二连方胜纹图案，两个菱形横向压角套叠成连体多菱形，在每个菱形交点均有方孔圆钱形结。圭角雕刻卷云纹。长 63、高 32 厘米（图 2-41；彩版八〇，1）。

WMSK：95，连枝西番莲莲花纹。构件基本完整。纹饰画面完整清晰，为连枝盛开的西番莲与莲花组合图案，在花朵中间下方有珊瑚石景衬托。画面优美，雕刻精湛。长 106、高 32 厘米（图 2-42；彩版八〇，2）。

WMSK：96，二连方胜纹。构件基本完整，中间有残损，经修补。纹饰画面清晰，为一幅二连方胜纹图案，两个菱形横向压角套叠成连体多菱形，在每个菱形交点均有方孔圆钱形结。长 85、高 32 厘米（彩版八〇，3）。

WMSK：97，一束莲纹。构件基本完整。纹饰画面完整清晰，为一束多枝莲叶、莲花、莲蓬、水草和菱角等组合纹。画面优美，雕刻精湛。长 133、高 32 厘米（图 2-43；彩版八一，1）。

WMSK：98，二连方胜纹。构件基本完整，边角略有残损。雕刻纹饰为平面减地阳刻叠加阴线纹，画面清晰，为一幅二连方胜纹图案，两个菱形横向压角套叠成连体多菱形，在每个菱形交点均有方孔圆钱形结。长 72、高 32 厘米（彩版八一，2）。

WMSK：99，万字纹。构件基本完整，边角略有残损。纹饰画面清晰，为两个"之"字横竖套叠组成的万字纹。长 34、高 32 厘米（彩版八二，1）。

WMSK：100，二连方胜纹。构件基本完整，边角略有残损。纹饰为平面减地阳刻叠加阴线纹，画面基本清晰，有划伤痕，为两个菱形横向压角套叠成连体多菱形，在每个菱形交点均有方孔圆钱形结。长 60、高 32 厘米（彩版八二，2）。

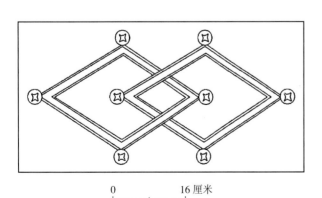

0　　　　16 厘米

图 2-41　WMSK：94 二连方胜纹

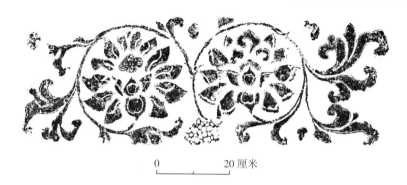

0　　　　　　20厘米

图 2-42　WMSK：95 连枝西番莲莲花纹

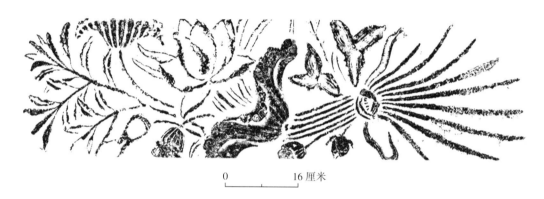

0　　　　　16厘米

图 2-43　WMSK：97 一束莲纹

WMSK：101，双狮耍绣球纹。构件完整，略有残损，经修补。纹饰画面基本完整清晰，为两块束腰构成一幅完整的图案，两只狮子口含绶带背向跳跃耍绣球，绶带中间系一个绣球。画面生动活泼、逼真，雕刻技艺精湛。圭角雕刻卷云纹。长 148、高 32 厘米（图 2-44；彩版八三，1）。

WMSK：102，二连方胜纹。构件基本完整。纹饰为平面减地阳刻叠加阴线纹，画面基本完整清晰，为两个菱形横向压角套叠成连体多菱形，在每个菱形交点均有方孔圆钱形结。长 62、高 32 厘米（彩版八三，2）。

WMSK：103，万字纹。构件基本完整，边角略有残损，经修补。纹饰画面清晰，为类似的两个"之"字横竖套叠组成的万字纹。长 30、高 32 厘米（彩版八四，1）。

WMSK：104，二连方胜纹。构件基本完整，表面风化腐蚀较重。纹饰为平面减地阳刻叠加阴刻线纹，画面清晰，为两个菱形横向压角套叠成连体多菱形，在每个菱形交点均有方孔圆钱形结，菱角结有残损。长 68、高 32 厘米（彩版八四，2）。

WMSK：105，折枝牡丹纹。构件基本完整。纹饰画面基本完整清晰，为一折枝盛开的牡丹花与花蕾纹。画面优美，雕刻精湛。长 93、高 32 厘米（图 2-45；彩版八五，1）。

WMSK：106，二连方胜纹。构件基本完整。纹饰为平面减地阳刻叠加阴刻线纹，画面基本完整清晰，为两个菱形横向压角套叠成连体多菱形，在每个菱形交点均有方孔圆钱形结。长 69、高 32 厘米（彩版八五，2）。

WMSK：107，万字纹。构件基本完整。纹饰画面基本完整清晰，为类似两个"之"字横

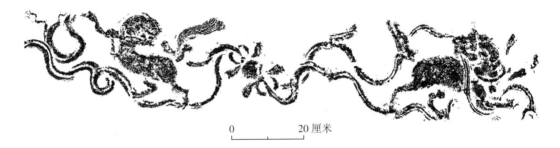

0　　　　　　20 厘米

图 2-44　WMSK：101 双狮耍绣球纹

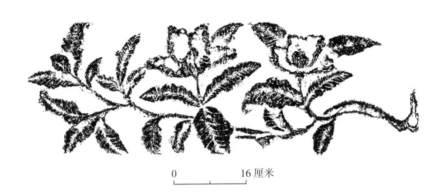

0　　　　　　16 厘米

图 2-45　WMSK：105 折枝牡丹纹

竖套叠组成的万字纹。长 31、高 32 厘米（彩版八六，1）。

WMSK：108，二连方胜纹。构件基本完整，表面有裂损。纹饰为平面减地阳刻叠加阴刻线纹，画面基本完整清晰，为两个菱形横向压角套叠成连体多菱形，在每个菱形交点均有方孔圆钱形结。长 90、高 32 厘米（彩版八六，2）。

WMSK：109、110，山景梅花鹿纹。构件基本完整。纹饰画面基本完整清晰，边角略有残损。由两块束腰构成一幅完整的画面，山景中有花木、灵芝，山中有两只梅花鹿相互追逐戏耍，前面一只边跑边回头望着后面的那只梅花鹿，后者昂首追赶前者。画面生动活泼、优美，雕刻精湛。WMSK：109 长 95、高 32 厘米，WMSK：110 长 44、高 32 厘米（图 2-46；彩版八七，1~3）。

WMSK：111，万字纹。构件基本完整，边角略有残损，经修补。纹饰画面清晰，为类似两个"之"字横竖套叠组成的万字纹。长 30、高 32 厘米（彩版八八，1）。

WMSK：112，二连方胜纹。构件基本完整，表面有裂损。纹饰为平面减地阳刻叠加阴刻线纹，画面清晰，为两个菱形横向压角套叠成连体多菱形，在每个菱形交点均有方孔圆钱形结。长 91、高 32 厘米（彩版八八，2）。

WMSK：113，折枝牡丹纹。构件基本完整。纹饰画面完整清晰，为一折枝盛开的牡丹花与两枚含苞待放的花蕾。画面优美，雕刻精湛。长 111、高 32 厘米（图 2-47；彩版八九，1）。

WMSK：114，二连方胜纹。构件基本完整。纹饰为平面减地阳刻叠加阴线刻纹，画面清晰，为两个菱形横向压角套叠成连体多菱形，在每个菱形交点均有方孔圆钱形结，菱角结有缺损。

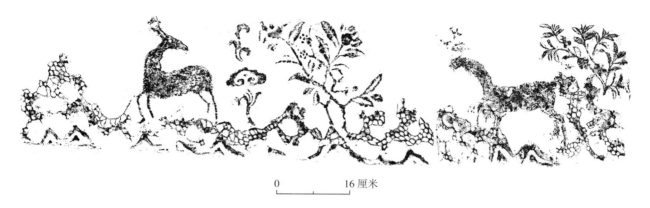

0　　　　16厘米

图 2-46　WMSK：109、110 山景梅花鹿纹

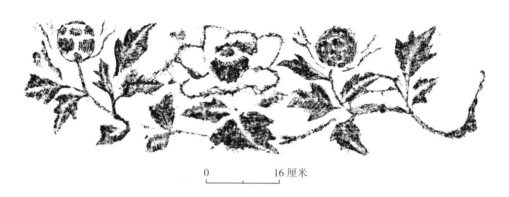

0　　　　16厘米

图 2-47　WMSK：113 折枝牡丹纹

长 76、高 32 厘米（彩版八九，2）。

　　WMSK：115，万字纹。构件基本完整，边角略有残损。纹饰画面完整清晰，为类似两个"之"字横竖套叠组成的万字纹。长 33、高 32 厘米（彩版九〇，1）。

　　WMSK：116，二连方胜纹。构件基本完整，略有残损。纹饰为平面减地阳刻叠加阴刻线纹，画面基本完整清晰，为两个菱形横向压角套叠成连体多菱形，在每个菱形交点均有方孔圆钱形结。圭角阴线雕刻卷云纹。长 68、高 32 厘米（彩版九〇，1）。

　　WMSK：117，一束莲纹。构件基本完整。纹饰画面基本完整清晰，为一束多枝莲叶、莲花、花蕾和菱角、水草组合纹。画面优美，雕刻精湛。圭角雕刻垂帘与卷云纹。长 83、高 32 厘米（图 2-48；彩版九一，1）。

　　WMSK：118，二连方胜纹。构件基本完整。纹饰为平面减地阳刻叠加阴刻线纹，画面基本完整清晰，为两个菱形横向压角套叠成连体多菱形，在每个菱形交点均有方孔圆钱形结。长 76、高 32 厘米（图 2-49；彩版九一，2）。

　　WMSK：119，万字纹。构件基本完整，边角有残损，经修补。纹饰画面清晰，为类似两个"之"字横竖套叠组成的万字纹。长 30、高 32 厘米（彩版九二，1）。

　　WMSK：120，二连方胜纹。构件基本完整。纹饰为平面减地阳刻叠加阴刻线纹，画面基本完整清晰，为两个菱形横向压角套叠成连体多菱形，在每个菱形交点均有方孔圆钱形结。长 68、高 32 厘米（彩版九二，2）。

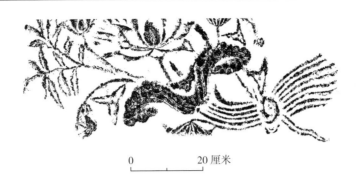

0　　　　　　　20厘米

图 2-48　WMSK：117 一束莲纹

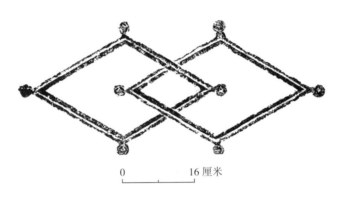

0　　　　　　　16厘米

图 2-49　WMSK：118 二连方胜纹

WMSK：121，双狮耍绣球纹。构件基本完整，边角略有残损。纹饰画面基本完整清晰，前、后两只狮子嘴衔绥带做跳跃耍球状，绥带中间系一绣球。画面逼真，生动活泼，尽显热闹喜庆，雕刻精湛。长 116、高 32 厘米（图 2-50；彩版九三，1）。

WMSK：122，二连方胜纹。构件基本完整，有裂纹。纹饰画面基本完整清晰，为两个菱形横向压角套叠成连体多菱形，在每个菱形交点均有方孔圆钱形结。长 66、高 32 厘米（彩版九三，2）。

WMSK：123，万字纹。构件基本完整，有裂纹，边角略残损，经修补。纹饰画面基本清晰，为类似两个"之"字横竖套叠组成的万字纹。长 30、高 32 厘米（彩版九四，1）。

WMSK：124，二连方胜纹。构件基本完整。纹饰为平面减地阳刻叠加阴刻线纹，画面清晰，为两个菱形横向压角套叠成连体多菱形，在每个菱形交点均有方孔圆钱形结，菱角结有损毁。长 70、高 32 厘米（彩版九四，2）。

WMSK：125，折枝牡丹纹。构件基本完整。纹饰画面完整清晰，有裂纹，为一折枝盛开的牡丹纹。画面优美，雕刻精湛。圭角雕刻卷云纹。长 104、高 32 厘米（彩版九五，1、2）。

WMSK：126，二连方胜纹。构件基本完整。纹饰为平面减地阳刻叠加阴刻线纹，画面基本清晰，为两个菱形横向压角套叠成连体多菱形，在每个菱形交点均有圆钱形结。因表面风化腐蚀，菱角结多有损毁。长 57、高 32 厘米（彩版九六，1）。

WMSK：127，万字纹。构件基本完整，边角略有残损，经修补。纹饰画面基本清晰，为类似两个"之"字横竖套叠组成的万字纹。长 35、高 32 厘米（彩版九六，2）。

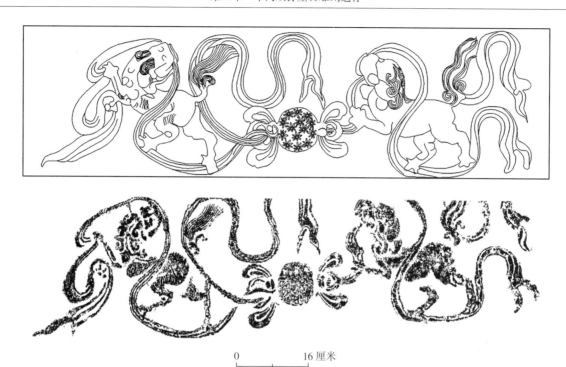

0　　　　16 厘米

图 2-50　WMSK：121 双狮耍绣球纹

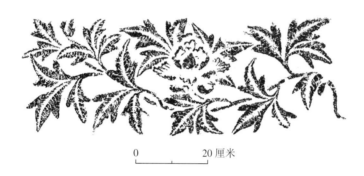

0　　　　20 厘米

图 2-51　WMSK：129 折枝牡丹纹

WMSK：128，二连方胜纹。构件基本完整，表面风化腐蚀有裂纹。画面基本清晰，为两个菱形横向压角套叠成连体多菱形，在每个菱形交点均有圆钱形结，菱角结多有损毁。长88、高32厘米（彩版九七，1）。

WMSK：129，折枝牡丹纹。构件基本完整，有裂损。纹饰画面完整，基本清晰，为一折枝盛开的牡丹纹。画面优美，雕刻精湛。长94、高32厘米（图2-51；彩版九七，2）。

WMSK：130，二连方胜纹。构件基本完整。纹饰画面基本完整清晰，为两个菱形横向压角套叠成连体多菱形，在每个菱形交点均有圆钱形结。因表面风化腐蚀，菱角结有损毁。长76、高32厘米（彩版九八，1）。

WMSK：131，万字纹。构件基本完整，边角略有残损，经修补。纹饰画面完整清晰，为类似两个"之"字横竖套叠组成的万字纹。长32、高32厘米（彩版九八，2）。

WMSK：132，二连方胜纹。构件基本完整，表面风化腐蚀有裂损。纹饰为平面减地阳

0　　　　20厘米

图 2-52　WMSK：133 折枝牡丹纹

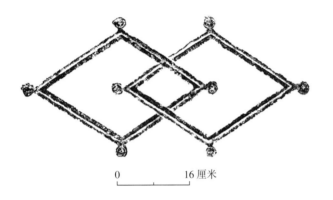

0　　　　16厘米

图 2-53　WMSK：134 二连方胜纹

刻叠加阴刻线纹，画面基本完整清晰，为两个菱形横向压角套叠成连体多菱形，在每个菱形交点均有方孔圆钱形结，菱角结多残损。长65、高32厘米（彩版九九，1）。

WMSK：133，折枝牡丹纹。构件基本完整。纹饰画面清晰，为一折枝盛开的牡丹纹。画面优美，雕刻精湛。圭角阴线雕刻卷云纹。长132、高32厘米（图 2-52；彩版九九，2）。

WMSK：134，二连方胜纹。构件基本完整。纹饰为平面减地阳刻叠加阴刻线纹，画面清晰，为两个菱形横向压角套叠成连体多菱形，在每个菱形交点均有方孔圆钱形结。圭角雕刻卷云纹。长83、高32厘米（图 2-53；彩版一〇〇，1；彩版一〇一，1）。

WMSK：135，万字纹。构件基本完整，边角略有残损，经修补。纹饰画面完整清晰，为类似两个"之"字横竖套叠组成的万字纹。圭角雕刻卷云纹。长30、高32厘米（彩版一〇〇，1；彩版一〇一，2）。

WMSK：136，二连方胜纹。构件基本完整，边角略有残损。纹饰画面基本完整清晰，为两个菱形横向压角套叠成连体多菱形，在每个菱形交点均有方孔圆钱形结。长62、高32厘米（彩版一〇〇，3）。

WMSK：137、138，山景麒麟凤凰纹。构件基本完整，边角略有残损。纹饰画面基本完整清晰，由两块束腰纹饰构成一幅完整的图案，有寿山海水，山景中有一只凤凰飞翔落地瞬间回首发现后面有一只昂首奔跑的麒麟在追逐它。画面生动活泼，雕刻精湛。WMSK：137长74、高32厘米，WMSK：138长83、高32厘米（图 2-54；彩版一〇〇，2；彩版一〇二，1、2）。

0　　　　20厘米

图 2-54　WMSK：137、138 山景麒麟凤凰纹

WMSK：139，二连方胜纹。构件基本完整。纹饰为平面减地阳刻叠加阴刻线纹，画面完整清晰，为两个菱形横向压角套叠成连体多菱形，在每个菱形交点均有方孔圆钱形结。长82、高32厘米（图2-55；彩版一〇三，1）。

WMSK：140，折枝牡丹纹。构件基本完整，边角略有残损。画面基本完整清晰，为一折枝盛开的牡丹纹。长103、高32厘米（图2-56；彩版一〇三，2）。

WMSK：141，万字纹。构件基本完整，边角略有残损。纹饰画面基本完整清晰，为类似两个"之"字横竖套叠组成的万字纹。长27、高32厘米（彩版一〇四，1）。

WMSK：142，二连方胜纹。构件基本完整，边角略有残损。纹饰为平面阳刻叠加阴刻线纹，画面基本完整清晰，为两个菱形横向压角套叠成连体多菱形，在每个菱形交点均有方孔圆钱形结，菱角结有损毁。圭角雕刻卷云纹。长76、高32厘米（图2-57；彩版一〇四，2；

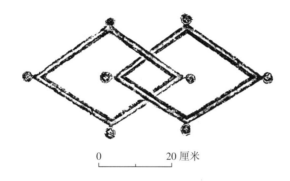

0　　　　　20厘米

图2-55　WMSK：139 二连方胜纹

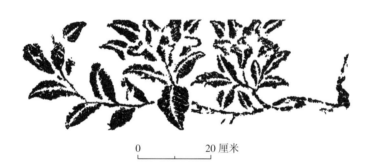

0　　　　　20厘米

图2-56　WMSK：140 折枝牡丹纹

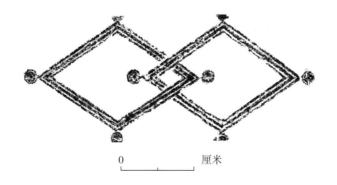

0　　　　　厘米

图2-57　WMSK：142 二连方胜纹

彩版一〇五，1）。

WMSK：143，西番莲纹。构件基本完整。纹饰画面基本完整清晰，为一幅两条飘带状枝叶缠绕中间盛开的西番莲花朵纹。长100、高32厘米（图2-58；彩版一〇五，2）。

WMSK：144，二连方胜纹。构件基本完整，边角略有残损。纹饰为平面减地阳刻叠加双阴刻线纹，画面基本完整清晰，为两个菱形横向压角套叠成连体多菱形，在每个菱形交点均有方孔圆钱形结。长75、高32厘米（彩版一〇六，2）。

WMSK：145、146，双狮耍绣球纹。构件基本完整。画面基本完整清晰，由两块束腰纹饰构成一幅完整的图案，前、后两只狮子嘴衔绶带相互追逐戏耍，绶带中间系一个绣球。WMSK：145长86、高32厘米，WMSK：146长95、高32厘米（图2-59；彩版一〇六，1）。

WMSK：147，二连方胜纹。构件基本完整。纹饰为平面减地阳刻叠加阴刻线纹，画面基本完整清晰，为两个菱形横向压角套叠成连体多菱形，在每个菱形交点均有圆钱形结。长96、高32厘米（彩版一〇六，3）。

WMSK：148，西番莲纹。构件基本完整。纹饰画面完整清晰，为一幅带状枝叶绕头框后面连着两条飘带状枝叶纹。画面优美，雕刻精湛。长94、高32厘米（图2-60；彩版一〇七，1）。

WMSK：149、149-1，西番莲纹。构件均基本完整，WMSK：149-1束腰有裂缝。WMSK：149雕刻画面清晰，WMSK：149-1雕刻画面尾部清晰，头部腐蚀严重，结有一钙化层，模糊不清。图案均为一盛开的花朵绕头框后面连着两条飘带状枝叶纹。WMSK：149长70、高32厘米，WMSK：149-1长66、宽32厘米（彩版一〇七，2、3）。

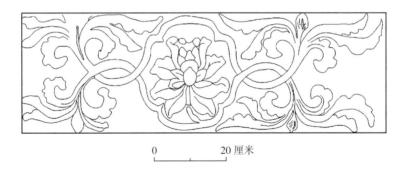

0 ——— 20厘米

图 2-58　WMSK：143 西番莲纹

0 ——— 20厘米

图 2-59　WMSK：145、146 双狮耍绣球纹

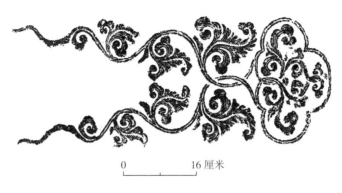

0 ————— 16 厘米

图 2-60　WMSK：148 西番莲纹

第三节　午门正面须弥座石雕刻遗存

午门正面须弥座东西长 71 米，石雕刻纹饰束腰保存 38 块。为叙述方便，以午门中间门洞为界分为午门正面东侧和午门正面西侧两个部分介绍。

一　午门正面东侧

午门正面东侧须弥座东西长 35.5 米，从圭角至上枋枭通高约 1.2 米。束腰长短不一，长 53~120 厘米，高度基本一致，高 32 厘米（彩版一〇八，1）。

午门正面东侧须弥座保存较多的原建石雕刻纹束腰构件，但是，因长期遭受土埋自然风化侵蚀严重，表面结有厚厚的钙化层，纹饰画面多模糊不清楚。中门与西门之间的隔墙须弥座更是严重损毁、缺失，修复时用新素面白玉石构件补齐。纹饰画面主要以二连方胜、三连方胜和多种花卉纹为主，没有见到东、西两观束腰上的万字纹图案。圭角均雕刻卷云纹。

这里仅选择纹饰画面看得清楚的 12 块由西向东顺序介绍。

WMSK：154，三连方胜纹。构件完整。纹饰为平面减地阳刻叠加阴刻线纹，画面完整，为三个菱形横向压角套叠成连体多菱形，在每个菱形交点均有圆钱形结。长 102、高 32 厘米（彩版一〇九，1）。

WMSK：155，连枝牡丹莲花纹。构件完整。纹饰画面可见模糊的轮廓，为盛开的两朵连枝牡丹与莲花组合花卉纹。长 74、高 32 厘米（彩版一〇九，2）。

WMSK：156，二连方胜纹。构件完整。纹饰画面仅见模糊的轮廓，为两个菱形横向压角套叠成连体多菱形，在每个菱形交点均有圆钱形结。长 60、高 32 厘米（彩版一一〇，1）。

WMSK：157，折枝花卉纹。构件完整。纹饰画面仅见模糊的轮廓，为一折枝盛开的花卉纹。长 53、高 32 厘米（彩版一一〇，2）。

WMSK：158，三连方胜纹。构件完整。纹饰画面模糊，仅见轮廓，为三个菱形横向压角套叠成连体多菱形，在每个菱形交点均有圆钱形结。长 93、高 32 厘米（彩版一一一，1）。

WMSK：159，连枝牡丹莲花纹。构件完整。纹饰画面模糊不清楚，仅见轮廓，为两朵盛开的牡丹与莲花组合花卉纹。长104、高32厘米（彩版一一一，2）。

WMSK：160，三连方胜纹。构件完整。纹饰画面模糊不清晰，仅见轮廓，为三个菱形横向压角套叠成连体多菱形，在每个菱形交点均有圆钱形结。长120、高32厘米（彩版一一二，1）。

WMSK：161，连枝牡丹莲花纹。构件完整。纹饰画面模糊不清晰，仅见轮廓，为两朵盛开的牡丹与莲花组合花卉纹。长92、高32厘米（彩版一一二，2）。

WMSK：162，二连方胜纹。构件完整。纹饰画面模糊不清晰，仅见轮廓，为两个菱形横向套叠成连体多菱形，在每个菱形交点均有圆钱形结。长72、高32厘米（彩版一一三，1）。

WMSK：163，二连方胜纹。构件完整。纹饰为平面减地阳刻叠加双道阴刻线纹，画面模糊不清晰，仅见轮廓，为两个菱形横向压角套叠成连体多菱形，在每个菱形交点均有圆钱形结。长85、高32厘米（彩版一一三，2）。

WMSK：164，连枝牡丹莲花纹。构件完整。纹饰画面模糊不清晰，仅见轮廓，为两朵盛开的牡丹与莲花组合花卉纹。长92、高32厘米（彩版一一四，1）。

WMSK：165，西番莲纹。构件完整。纹饰画面模糊不清晰，仅见头部轮廓，为一绕头圆形框内大花朵，后面连着两条飘带状枝叶纹。长93、高32厘米（彩版一一四，2）。

二　午门正面西侧

午门正面西侧须弥座东西长35.5米，从圭角至上枋枭通高1.2米。束腰长短不一，长68~135厘米，高度基本一致，高32厘米（彩版一一五）。

午门正面西侧须弥座保存较多的石雕刻纹饰束腰，但是，因长期遭受土埋严重自然风化侵蚀，表层结有厚厚一层钙化层，多数纹饰模糊不清楚。部分缺失的石雕刻束腰在修复时用新素面白玉石构件补齐。雕刻纹饰以二连方胜纹和各种花卉纹为主，未发现东、西两观束腰上的万字纹图案。圭角均雕刻卷云纹。

午门正面西侧保存须弥座石雕刻纹束腰26块，由东向西顺序介绍。

WMSK：168，西番莲纹。构件完整。纹饰画面基本清楚，为一幅绕头圆形框后面连着两条飘带状枝叶纹。圭角雕刻卷云纹。长110、高32厘米（彩版一一六，1、2）。

WMSK：169，连枝牡丹纹。构件完整。纹饰轮廓基本清楚，为连枝盛开的两朵牡丹花纹。画面优美，雕刻精湛。长71、高32厘米（彩版一一七，1）。

WMSK：170，二连方胜纹。构件完整。纹饰轮廓基本清楚，为两个菱形横向压角套叠成连体多菱形，在每个菱形交点均有圆钱形结。长74、高32厘米（彩版一一七，2）。

WMSK：171，连枝西番莲莲花纹。构件完整。纹饰画面基本清楚，为两朵连枝盛开的西番莲与莲花组合花卉纹。长98、高32厘米（彩版一一八，1）。

WMSK：172，二连方胜纹。构件完整。纹饰采用平面减地阳刻叠加双阴刻线技法，画面基本清楚，为两个菱形横向压角套叠成连体多菱形，在每个菱形交点均有圆钱形结。长68、高32厘米（彩版一一八，2）。

WMSK：173，折枝花卉纹。构件完整。纹饰画面不清楚。长108、高32厘米（彩版一一九，1）。

WMSK：174，二连方胜纹。构件完整。纹饰采用平面减地阳刻叠加双阴刻线技法，画面基本清楚，为两个菱形横向压角套叠成连体多菱形，在每个菱形交点均有圆钱形结。长75、高32厘米（彩版一一九，2）。

WMSK：175，二连方胜纹。构件完整。纹饰采用平面减地阳刻叠加双阴刻线技法，画面有损毁，大部分清楚，为两个菱形横向压角套叠成连体多菱形，在每个菱形交点均有圆钱形结。长72、高32厘米（彩版一二〇，1）。

WMSK：176，连枝牡丹莲花纹。构件完整。纹饰画面有损毁，部分轮廓清楚，为连枝盛开的两朵牡丹与莲花组合花卉纹。长78、高32厘米（彩版一二〇，2）。

WMSK：177，二连方胜纹。构件完整。纹饰画面有损毁，仅见部分轮廓，为两个菱形横向压角套叠成连体多菱形，在每个菱形交点均有圆钱形结。长82、高32厘米（彩版一二一，1）。

WMSK：178，连枝花卉纹。构件完整。纹饰画面被钙化层覆盖，不清楚。长68、高32厘米（彩版一二一，2）。

WMSK：179，连枝花卉纹。构件完整。纹饰画面被钙化层覆盖，模糊不清楚。长95、高32厘米（彩版一二二，1）。

WMSK：180，西番莲纹。构件完整。纹饰画面被钙化层覆盖，可见轮廓，为一西番莲纹。长152、高32厘米（彩版一二二，2）。

WMSK：181，二连方胜纹。构件完整。纹饰画面基本清楚，为两个菱形横向压角套叠成连体多菱形，在每个菱形交点均有圆钱形结。长80、高32厘米（彩版一二三，1）。

WMSK：182，二连方胜纹。构件完整。纹饰采用平面减地阳刻叠加双阴线刻技法，画面局部损毁，大部分基本清楚，为两个菱形横向压角套叠成连体多菱形，在每个菱形交点均有圆钱形结。长73、高32厘米（彩版一二三，2）。

WMSK：183，二连方胜纹。构件完整。纹饰采用平面减地阳刻叠加双阴刻线技法，画面部分被钙化层覆盖，基本清楚，为两个菱形横向压角套叠成连体多菱形，在每个菱形交点均有圆钱形结。长85、高32厘米（彩版一二四，1）。

WMSK：184，连枝牡丹西番莲纹。构件完整。纹饰轮廓基本清楚，为连枝盛开的两朵牡丹与西番莲组合花卉纹。长90、高32厘米（彩版一二四，2）。

WMSK：185，二连方胜纹。构件完整。纹饰画面大部分被钙化层覆盖，轮廓清楚，为两个菱形横向压角套叠成连体多菱形，在每个菱形交点均有圆钱形结。长90、高32厘米（彩版一二五，1）。

WMSK：186，连枝牡丹西番莲纹。构件完整。纹饰轮廓基本清楚，为连枝盛开的两朵牡丹与西番莲组合花卉纹。长90、高32厘米（彩版一二五，2）。

WMSK：187，二连方胜纹。构件完整。纹饰画面被钙化层覆盖，不太清楚，为两个菱形横向压角套叠成连体多菱形。长74、高32厘米（彩版一二六，1）。

WMSK：188，二连方胜纹。构件完整。纹饰画面被钙化层覆盖，不太清楚，为两个菱形横向压角套叠成连体多菱形。长72、高32厘米（彩版一二六，2）。

WMSK：189，折枝花卉纹。构件完整。纹饰画面被厚厚的钙化层覆盖，不清楚。长98、高32厘米（彩版一二七，1）。

WMSK：190，二连方胜纹。构件完整。纹饰画面被钙化层覆盖，不清楚，仅见局部轮廓为二连方胜纹。长96、高32厘米（彩版一二七，2）。

WMSK：191，花卉纹。构件完整。纹饰画面被厚厚的钙化层覆盖，不清楚，仅见局部模糊的花卉纹轮廓。长80、高32厘米（彩版一二八，1）。

WMSK：192，花卉纹。构件完整。纹饰画面被钙化层覆盖，不清楚，仅见局部模糊的花卉纹轮廓。长90、高32厘米（彩版一二八，2）。

WMSK：193，西番莲纹。构件完整。纹饰画面被厚厚的钙化腐蚀层覆盖，不清楚，仅见局部西番莲纹轮廓。长70、高32厘米。

第四节　午门门洞须弥座石雕刻遗存

午门有五个门洞（彩版一二九，1），我们在中门洞、西门洞须弥座束腰上发现有石雕刻纹饰，其他几个门洞须弥座束腰上均没有石雕刻纹饰。另外，在东、西掖门入门两侧须弥座束腰上均发现有石雕刻纹饰构件。在西门洞入门西侧须弥座发现3块束腰有石雕刻纹饰，在中间门洞两侧须弥座至今尚保存61块石雕刻纹束腰构件（彩版一二九，2）。

午门中门洞两侧须弥座束腰石雕刻纹饰构件有部分缺失和损毁，表面附着一层厚厚的灰垢，纹饰画面轮廓基本清晰。对缺失部分，修复时采用少数征集老件或新刻素面白玉石构件补齐。纹饰以云龙、云凤、二连或三连方胜、云朵等几种纹饰相间分布为主。

一　中门洞东侧

午门中间门洞东侧须弥座南北长41.6米，从圭角至上枋枭通高1.2米。长短不一，长57~150厘米，高度基本一致，高32厘米。

中间门洞东侧须弥座保存石雕刻纹束腰35块，由南向北顺序介绍。

WMSK：194，云凤纹。构件完整。纹饰画面被厚厚的钙化层覆盖，不清楚，从部分模糊的轮廓看为一幅云凤纹。长74、高32厘米（彩版一三〇，1、2）。

WMSK：195，二连方胜纹。构件完整。纹饰为平面减地阳刻叠加双阴刻线纹，画面被钙化层覆盖，轮廓基本清晰，为两个菱形横向压角套叠成连体多菱形，在每个菱形交点均有圆钱形结。长66、高32厘米（彩版一三〇，1；彩版一三一，1）。

WMSK：196，云龙纹。构件完整。纹饰画面基本清晰，为一条腾空飞翔云中的龙，龙有双角、鳞和鳍。长92、高32厘米（图2-61；彩版一三一，2）。

WMSK：197，云朵纹。构件完整。纹饰画面有损毁，轮廓基本清晰，为带柄的如意云朵纹。长105、高32厘米（彩版一三二，1）。

WMSK：198，云凤纹。构件完整。纹饰画面基本清晰，为一只腾空飞翔的凤凰。长87、高32厘米（图2-62；彩版一三二，2）。

0　　　　　　　16 厘米

图 2-61　WMSK：196 云龙纹

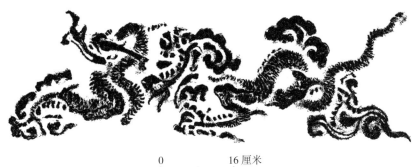

0　　　　　　　16 厘米

图 2-62　WMSK：198 云凤纹

WMSK：199，三连方胜纹。构件完整。纹饰采用平面减地阳刻叠加双阴线刻技法，画面基本清晰，为三个菱形横向压角套叠成连体多菱形，在每个菱形交点均有圆钱形结。长128、高 32 厘米（彩版一三三，1）。

WMSK：200，云凤纹。构件完整。纹饰画面基本清晰，为一只腾空飞翔云中的凤凰。长58、高 32 厘米（彩版一三三，2）。

WMSK：201，云凤纹。构件完整。纹饰画面清晰，为一只腾空飞翔云中的凤凰。长73、高 32 厘米（图 2-63；彩版一三四，1）。

WMSK：202，二连方胜纹。构件完整。纹饰画面基本清晰，为两个菱形横向压角套叠成连体多菱形，在每个菱形交点均有方孔圆钱形结。长 81、高 32 厘米（彩版一三四，2）。

WMSK：203，云朵纹。构件完整。纹饰画面清晰，为一幅横卧形有柄如意云纹。长98、高 32 厘米（图 2-64；彩版一三五，1）。

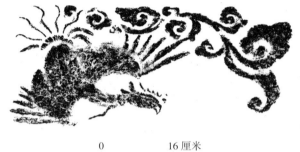

0 ├──┼──┤ 16 厘米

图 2-63　WMSK：201 云凤纹

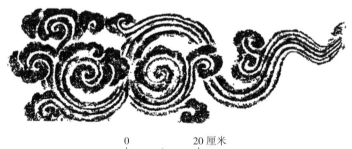

0 ├──┼──┤ 20 厘米

图 2-64　WMSK：203 云朵纹

　　WMSK：204，云龙纹。构件完整。纹饰画面清晰，为一条腾空飞翔云中的龙，龙有双角、鳞和鳍。长 92、高 32 厘米（彩版一三五，2）。

　　WMSK：375，云朵纹。构件完整。纹饰画面清晰，为一横卧形有柄如意云纹。长 87、高 32 厘米（图 2-65；彩版一三六，1）。

　　WMSK：376，云凤纹。构件完整。纹饰画面清晰，为一雌一雄的两只凤凰前后上下腾空飞翔嬉戏。画面生动活泼，雕刻精美。长 107、高 32 厘米（图 2-66；彩版一三六，2）。

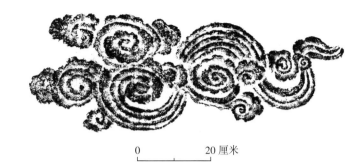

0　　　　　20厘米

图 2-65　WMSK：375 云朵纹

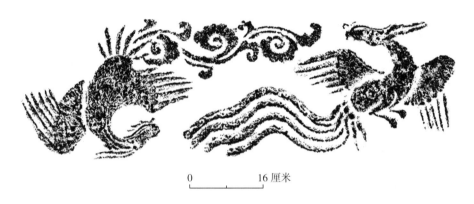

0　　　　　16厘米

图 2-66　WMSK：376 云凤纹

WMSK：377，二连方胜纹。构件完整，表面附着一层厚厚的灰垢。纹饰采用平面阳刻叠加双阴刻线技法，轮廓清晰，为两个菱形横向压角套叠成连体多菱形，在每个菱形交点均有方孔圆钱形结。长 71、高 32 厘米（彩版一三七，1）。

WMSK：378，云凤纹。构件完整，表面附着厚厚的灰垢层。纹饰轮廓清晰，为一只腾空飞翔在云中的雄性凤凰。雕刻精美，有生气。长 88、高 32 厘米（图 2-67；彩版一三七，2）。

WMSK：379，二连方胜纹。构件完整。纹饰采用平面减地阳刻叠加双阴线刻技法，轮廓基本清晰，为两个菱形横向压角套叠成连体多菱形，在每个菱形交点均有方孔圆钱形结。长 65、高 32 厘米（彩版一三八，1）。

WMSK：380，云龙纹。构件完整，表面附着一层厚厚的灰垢。纹饰轮廓清晰，为一条飞翔在云中的龙，龙有双角、鳞和鳍。长 138、高 32 厘米（图 2-68；彩版一三八，2）。

WMSK：381，云凤纹。构件完整。表面附着一层厚厚的灰垢。纹饰轮廓基本清晰，为一只飞翔在云层中的雌性凤凰。长 80、高 32 厘米（彩版一三九，1）。

WMSK：382，二连方胜纹。构件完整，表面附着一层厚厚的灰垢。纹饰采用平面减地阳刻叠加双阴刻线技法，轮廓基本清晰，为两个菱形横向压角套叠成连体多菱形，在每个菱形交点均有方孔圆钱形结。长 70、高 32 厘米（彩版一三九，2）。

WMSK：383，云凤纹。构件完整，表面附着一层厚厚的灰垢。纹饰轮廓基本清晰，为一只腾空飞翔在云层中的凤凰。雕刻精美，画面生动。长 96、高 32 厘米（图 2-69；彩版一四〇，1）。

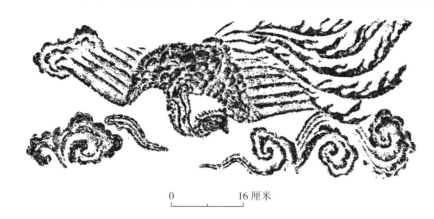

0   16 厘米

图 2-67　WMSK：378 云凤纹

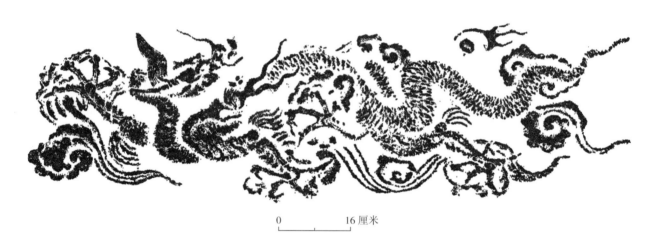

0   16 厘米

图 2-68　WMSK：380 云龙纹

0   16 厘米

图 2-69　WMSK：383 云凤纹

　　WMSK：384，二连方胜纹。构件完整，表面附着一层厚厚的灰垢。纹饰采用减地阳刻叠加双阴刻线技法，轮廓基本清晰，为两个菱形横向压角套叠成连体多菱形，在每个菱形交点均有圆钱形结。长 84、高 32 厘米（彩版一四〇，2）。

　　WMSK：385，云朵纹。构件完整，表面附着一层厚厚的灰垢。纹饰轮廓清晰，为一朵有柄如意云纹。长 61、高 32 厘米（图 2-70；彩版一四一，1）。

WMSK：386，云龙纹。构件完整，表面附着一层厚厚的灰垢。纹饰轮廓基本清晰，为一条腾空飞翔在云层中的龙，龙有双角、鳞和鳍。长150、高32厘米（图2-71；彩版一四一，3）。

WMSK：387，云朵纹。构件完整，表面严重风化腐蚀，局部损毁，附着一层厚厚的灰垢。纹饰模糊，仅见局部轮廓，为一云朵纹。长84、高32厘米（彩版一四一，2）。

WMSK：388，云凤纹。构件完整，表面附着一层厚厚的灰垢。纹饰轮廓基本清晰，为两只腾空飞翔在云层中的凤凰。长90、高32厘米（彩版一四二，1）。

WMSK：389，云朵纹。构件完整，表面附着一层厚厚的灰垢。纹饰轮廓基本清晰，为一有短柄、积雨的双层如意云朵纹。长80、高32厘米（图2-72；彩版一四二，2）。

WMSK：390，云龙纹。构件完整，表面附着一层厚厚的灰垢。纹饰轮廓基本清晰，为一条腾空飞翔在云层中的龙，龙有双角、鳞和鳍。长108、高32厘米（彩版一四三，1）。

WMSK：391，二连方胜纹。构件完整，表面附着一层厚厚的灰垢。纹饰采用平面阳刻叠加双阴线刻纹技法，轮廓基本清晰，为两个菱形横向压角套叠成连体多菱形，在每个菱形交点均有方孔圆钱形结。长74、高32厘米（彩版一四三，2）。

WMSK：392，云凤纹。构件完整，表面附着一层厚厚的灰垢。纹饰轮廓基本清晰，为一只腾空飞翔在云层中的雌性凤凰。长64、高32厘米（彩版一四四，1）。

WMSK：393，云凤纹。构件完整，表面附着一层厚厚的灰垢。纹饰轮廓基本清晰，为一只腾空飞翔的雄性凤凰。长73、高32厘米（彩版一四四，2）。

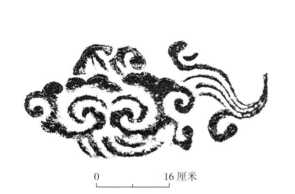

0　　　　16厘米

图2-70　WMSK：385云朵纹

0　　　　16厘米

图2-72　WMSK：389云朵纹

0　　　　20厘米

图2-71　WMSK：386云龙纹

WMSK：394，二连方胜纹。构件完整，表面附着一层厚厚的灰垢。纹饰局部损毁，画面不清晰，可见部分轮廓，为两个菱形横向压角套叠成连体多菱形，在每个菱形交点均有方孔圆钱形结。圭角雕刻卷云纹。长86、高32厘米（彩版一四五，1）。

WMSK：395，云朵纹。构件完整，表面风化腐蚀严重，且附着一层厚厚的灰垢。纹饰不清楚，局部损毁，可见部分轮廓，为一朵横卧如意云朵纹。长94、高32厘米（彩版一四五，2）。

WMSK：396，云龙纹。构件完整，表面遭受严重风化腐蚀，大部损毁，且附着一层厚厚的灰垢。纹饰模糊不清楚，仅见局部轮廓，为一条腾空飞翔在云层中的龙。长118、高32厘米（彩版一四六，1）。

WMSK：397，云朵纹。构件完整，表面遭受严重风化腐蚀损毁。纹饰上附着一层厚厚的灰垢，模糊不清楚，仅见局部轮廓，为一朵如意云纹。长57、高32厘米（彩版一四六，2）。

WMSK：398，二连方胜纹。构件完整，表面遭受严重风化腐蚀损毁，且附着一层厚厚的灰垢。纹饰不清楚，隐约可见局部二连方胜纹轮廓。圭角雕刻卷云纹。长114、高32厘米（彩版一四七，1、2）。

二　中门洞西侧

中门洞西侧石雕刻须弥座南北长41.6米，从圭角至上枋枭通高1.2米。长短不一，长52~122厘米，高度基本一致，高32厘米。

中门洞西侧须弥座束腰石雕刻纹饰构件损毁、缺失严重，缺失部分在修复时用一些征集老件或新雕素面白玉石构件补齐。雕刻纹饰表面除了有明显的遭受自然风化侵蚀损毁外，表层还结有厚厚一层灰垢，致使纹饰模糊不清楚。纹饰以云龙、云凤、云朵、方胜等相间分布为主。圭角均雕刻卷云纹（彩版一四八，1、2）。

中门洞西侧保存石雕刻纹束腰构件26块，由南向北顺序介绍。

WMSK：208，云朵纹。构件基本完整，表面遭受严重自然风化腐蚀损毁，且附着一层厚厚的灰垢。纹饰不清晰，为一朵如意云纹。长60、高32厘米（彩版一四九，1）。

WMSK：209，云龙纹。构件完整，表面遭受严重自然风化腐蚀损毁，且附着一层厚厚的灰垢。可见纹饰轮廓，为一条腾空飞翔在云层中的龙，龙有双角、鳞和鳍。长108、高32厘米（图2-73；彩版一四九，2）。

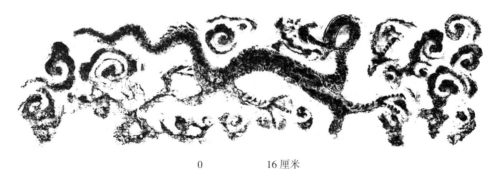

0 ⊢————⊣ 16厘米

图2-73　WMSK：209 云龙纹

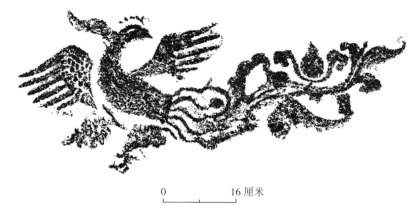

0 ┈┈┈ 16 厘米

图 2-74　WMSK：210 云凤纹

WMSK：210，云凤纹。构件完整，表面遭受严重自然风化腐蚀损毁，且附着一层厚厚的灰垢。可见纹饰轮廓，为一只腾空飞翔在云层中的雌性凤凰。长 91、高 32 厘米（图 2-74；彩版一五〇，1）。

WMSK：211，云凤纹。构件完整，表面遭受严重自然风化腐蚀损毁，且附着一层厚厚的灰垢。可见纹饰轮廓，为一只腾空飞翔在云层中的雌性凤凰。长 98、高 32 厘米（彩版一五〇，2）。

WMSK：212，三连方胜纹。构件完整，表面遭受严重的自然风化腐蚀，局部损毁，且附着一层厚厚的灰垢。可见纹饰轮廓，纹饰采用平面减地阳刻叠加双阴线刻技法，为三个菱形横向压角套叠成连体多菱形，在每个菱形交点均有方孔圆钱形结。长 91、高 32 厘米（彩版一五一，1）。

WMSK：213，云凤纹。构件完整，表面严重风化腐蚀，且附着一层厚厚的灰垢。可见纹饰轮廓，为一只腾空飞翔在云层中的雌性凤凰。长 73、高 32 厘米（彩版一五一，2）。

WMSK：214，云凤纹。构件完整，表面严重风化腐蚀，局部损毁，且附着一层厚厚的灰垢。可见纹饰轮廓，为一只腾空飞翔在云层中的雌性凤凰。长 70、高 32 厘米（彩版一五二，1）。

WMSK：215，二连方胜纹。构件完整，表面严重风化腐蚀，局部损毁，且附着一层厚厚的灰垢。纹饰采用平面减地阳刻叠加双阴线刻技法，可见纹饰轮廓，为两个菱形横向压角套叠成连体多菱形，在每个菱形交点均有圆钱形结。长 74、高 32 厘米（彩版一五二，2）。

WMSK：216，云朵纹。构件完整，表面风化腐蚀严重，且附着一层厚厚的灰垢。纹饰轮廓比较清晰，为一朵如意云纹。长 68、高 32 厘米（彩版一五三，1）。

WMSK：217，云龙纹。构件完整，表面遭受严重的自然风化腐蚀损害，且附着一层厚厚的灰垢。可见纹饰轮廓，为一条腾空飞翔在云层中的龙。长 110、高 32 厘米（彩版一五三，2）。

WMSK：218，云朵纹。构件完整，表面严重风化腐蚀，且附着一层厚厚的灰垢。可见纹饰轮廓，为一朵如意云纹。长 75、高 32 厘米（彩版一五四，1）。

WMSK：219，二连方胜纹。构件基本完整，表面严重风化腐蚀，局部裂损，且附着一层厚厚的灰垢。可见纹饰轮廓，为两个菱形横向压角套叠成连体多菱形，在每个菱形交点均有圆钱形结。长 75、高 32 厘米（彩版一五四，2）。

WMSK：220，云凤纹。构件完整，表面遭受严重风化腐蚀损毁，且附着一层厚厚的灰垢。纹饰轮廓模糊，为一只腾空飞翔在云层中的雄性凤凰。长 74、高 32 厘米（彩版一五五，1）。

WMSK：221，云凤纹。构件基本完整，表面遭受严重的自然风化腐蚀，局部损毁，且附着一层厚厚的灰垢。纹饰轮廓模糊，为一只腾空飞翔在云层中的雌性凤凰。长 90、高 32 厘米（彩版一五五，2）。

WMSK：222，二连方胜纹。构件完整，表面遭受严重的自然风化腐蚀，且附着一层厚厚的灰垢。纹饰轮廓非常模糊，尚可辨两个菱形横向压角套叠成连体多菱形，在菱形交点有方孔圆钱形结。长 64、高 32 厘米（彩版一五六，1）。

WMSK：223，云朵纹。构件完整，表面严重风化腐蚀，部分损毁，且附着一层厚厚的灰垢。纹饰轮廓模糊不清，为一朵横卧有柄如意云纹。长 122、高 32 厘米（彩版一五六，2）。

WMSK：224，二连方胜纹。构件完整，表面遭受严重的自然风化腐蚀损毁，且附着一层厚厚的灰垢。纹饰轮廓模糊不清，为两个菱形横向压角套叠成连体多菱形。长 77、高 32 厘米（彩版一五七，1）。

WMSK：225，二连方胜纹。构件完整，表面遭受严重的自然风化腐蚀损毁，且附着一层厚厚的灰垢。纹饰轮廓隐约可见，为二连方胜纹。长 52、高 32 厘米（彩版一五七，2）。

WMSK：226，云朵纹。构件完整，表面遭受严重的自然风化腐蚀损毁，且附着一层厚厚的灰垢。纹饰轮廓隐约可见，为一朵横卧如意云纹。长 97、高 32 厘米（彩版一五八，1）。

WMSK：227，云朵纹。构件完整，表面遭受严重的自然风化腐蚀损毁，且附着一层厚厚的灰垢。纹饰轮廓隐约可见。长 118、高 32 厘米（彩版一五八，2）。

WMSK：228，云凤纹。构件完整，表面覆盖厚厚的钙化层和灰垢。纹饰严重腐蚀损毁，隐约可见模糊轮廓。长 112、高 32 厘米（彩版一五九，1）。

WMSK：229，云凤纹。构件完整，表面遭受严重的自然风化腐蚀损毁，且附着一层钙化层和厚厚的灰垢。纹饰轮廓隐约可见，似为云凤纹。长 83、高 32 厘米（彩版一五九，2）。

WMSK：230，云凤纹。构件完整，表面遭受严重的自然风化腐蚀损毁，且附着一层厚厚的灰垢。纹饰轮廓隐约可见，似为云凤纹。长 93、高 32 厘米（彩版一六〇，1）。

WMSK：231，云朵纹。构件完整，表面遭受严重的自然风化腐蚀损毁，且附着一层厚厚的灰垢。纹饰轮廓部分可见，为一朵如意云朵纹。长 100、高 32 厘米（彩版一六〇，2）。

WMSK：232，二连方胜纹。构件基本完整，表面严重风化腐蚀损毁，且附着一层厚厚的灰垢。纹饰轮廓部分可见，为两个菱形横向压角套叠成连体多菱形。长 63、宽 32 厘米（彩版一六一，1）。

WMSK：233，云朵纹。构件完整，表面严重风化腐蚀，且附着一层厚厚的灰垢。纹饰轮廓基本清晰，为一朵如意云朵纹。长 73、高 32 厘米（彩版一六一，2）。

三　西门洞西侧

在午门西门洞西侧须弥座上发现 3 块石雕刻纹束腰构件，纹饰图案为西番莲、二连方胜、牡丹，其中前三幅图案相互套叠。圭角雕刻卷云纹（彩版一六二，1、2）。由南向北顺序介绍。

WMSK：371，西番莲纹。构件完整，遭受一定程度的自然风化腐蚀，局部损毁。纹饰画面基本完整清晰，为一幅绕头圆框花朵后面连着两条飘带状枝叶纹，尾部与二连方胜纹相互套叠。长 100、高 32 厘米（彩版一六三，1）。

WMSK：372，二连方胜纹。构件基本完整，表层遭受风化腐蚀。纹饰采用平面阳刻叠加双阴线刻技法，画面基本完整清晰，为两个菱形横向压角套叠成连体多菱形，在每个菱形交点均有方孔圆钱形结，图案前段与西番莲纹尾部部分套叠，后段与折枝牡丹纹部分套叠。长 70、高 32 厘米（彩版一六三，2）。

WMSK：373，折枝牡丹纹。构件完整，表面遭受一定的风化腐蚀，局部附着一层灰垢。纹饰轮廓基本清楚，为一折枝有花蕾和盛开的牡丹纹。长 68、高 32 厘米（彩版一六四，1）。

WMSK：374，连枝牡丹纹。构件完整，表面遭受风化腐蚀，且附着一层灰垢。纹饰细部不清晰，为两朵连枝盛开的牡丹花。长 90、高 32 厘米（彩版一六四，2）。

四　东掖门

午门东掖门门洞内没有发现石雕刻纹束腰，但是在东掖门入门南、北两侧须弥座发现有两块束腰共雕刻四幅西番莲纹。由西向东顺序介绍。

WMSK：61、61-1，西番莲纹。位于东掖门入门南侧。构件完整，表面遭受自然风化腐蚀，结有钙化层。纹饰模糊不清晰，为两幅尾部相连的圆头形框大花朵，后面连着两条飘带状枝叶纹。WMSK：61 长 60、高 32 厘米，WMSK：61-1 长 44、高 32 厘米（彩版一六五）。

WMSK：166，西番莲纹。位于东掖门入门北侧。构件完整，遭受自然风化腐蚀严重，表面结有钙化层。纹饰画面模糊不清晰，为一幅绕头圆形框大花朵，后面连着两条飘带状枝叶纹。长 65、高 32 厘米（彩版一六六，1）。

WMSK：167，西番莲纹。位于东掖门入门北侧。构件完整，表面遭受自然风化腐蚀结有厚厚的钙化层。纹饰画面模糊不清晰，似为西番莲纹。长 56、高 32 厘米（彩版一六六，2）。

五　西掖门

午门西掖门门洞内没有发现石雕刻纹束腰，但是在西掖门入门南、北两侧须弥座发现两块束腰共雕刻四幅西番莲纹。由东向西顺序介绍。

WMSK：150、151，西番莲纹。位于西掖门入门南侧。构件完整。纹饰画面基本清晰，为两幅尾部相连的绕头圆框大花朵，后面连着飘带状枝叶纹。WMSK：150 枝叶尾部延伸到 WMSK：151 上。WMSK：150 长 35、高 32 厘米，WMSK：151 长 88、高 32 厘米（彩版一六七，1）。

WMSK：152、153，西番莲纹。位于西掖门入门北侧。构件完整。纹饰画面清晰，为两幅绕头圆框大花朵，后面连着飘带状枝叶纹。WMSK：153 枝叶尾部延伸到 WMSK：152 尾部纹饰内。画面优美，雕刻精湛。WMSK：152 长 53、高 32 厘米；WMSK：153 长 66、高 32 厘米（图 2-75；彩版一六七，2）。

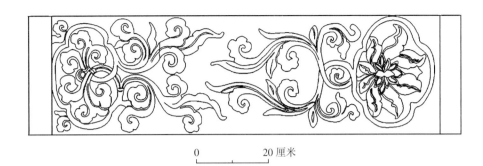

0　　　　　20 厘米

图 2-75　WMSK：152、153 西番莲纹

第五节　午门背面须弥座石雕刻遗存

午门背面须弥座东西长 141.7 米，减去中间三个门洞宽约 14 米，石雕刻须弥座实际长 127.7 米，须弥座通高 1.2 米。束腰长短不一，长 48~120 厘米，高度基本一致，高 32 厘米。

午门背面保存大部分原建筑石雕刻须弥座构件，损毁缺失的部分主要集中在 5 个门洞隔墙和门洞两边的须弥座上，这些损毁缺失的部分在修复时采用新雕素面白玉石构件补齐。由于午门背后周围地面高，须弥座长期埋在土里，近几年维修清理出土，石雕刻表面遭受严重土埋侵蚀和自然风化，绝大多数表面结有一层厚厚的钙化层，纹饰画面多数模糊不清楚。

午门背面须弥座石雕刻纹饰束腰保存 136 块，下面分背东、背西两部分介绍：

一　午门背面东侧

午门背面东侧须弥座从午门中间门洞向东测量长 71 米，从圭角底部至上枋枭顶部通高 1.2 米。束腰长短不一致，长 48~120 厘米，高度基本一致，高 32 厘米（彩版一六八）。

此部分束腰图案以方胜、花卉等相间分布为主。三连方胜纹在这里出现较多，有的三连方胜中间还夹饰一个元宝形图案。其分布似有一定的规律，如有的地方一块花卉纹束腰间隔两块方胜纹束腰，可能说明此处保存的明代原建筑基础没有被严重扰乱过。圭角减地阳刻叠加阴线刻卷云纹，这是午门须弥座圭角统一的定制规格。

共保存有雕刻纹饰束腰 73 块，由西向东顺序介绍。

WMSK：235，西番莲纹。构件头部缺损，表面严重风化腐蚀。纹饰上附着有钙化层，画面模糊，仅存部分花卉尾部飘带状枝叶纹。长 73、高 32 厘米（彩版一六九，1）。

WMSK：236，云龙纹。构件有损毁，表面遭受严重风化腐蚀。纹饰画面部分损毁，模糊不清楚，可见部分轮廓，为一条腾空飞翔在云层中的龙。根据午门雕刻纹束腰分布规律，此件显然是中门洞里的构件，在修复时错放在此。长 90、高 32 厘米（彩版一六九，2）。

WMSK：237，云朵纹。构件基本完整，表面遭受严重风化腐蚀，覆盖厚厚的钙化层。纹饰画面模糊不清，可见部分轮廓，似为一朵云朵纹。圭角减地雕刻卷云纹。长 48、高 32 厘米（彩版一七○，1）。

WMSK：238，西番莲纹。构件头部缺损，表面风化腐蚀结有钙化层，有裂纹。纹饰画面模糊，可见轮廓，为一幅双连绕头圆框花朵后面连着两条飘带状枝叶纹。长61、高32厘米（彩版一七〇，2）。

WMSK：239，西番莲纹。构件基本完整，表面风化腐蚀结有钙化层。纹饰画面模糊，可见局部轮廓，为一幅双连绞股绕头圆框花朵后面连着两条飘带状枝叶纹。圭角雕刻卷云纹。长91、高32厘米（彩版一七一，1）。

WMSK：240，二连方胜纹。构件基本完整，表面遭受严重风化腐蚀，覆盖厚厚的钙化层。纹饰雕刻采用平面阳刻叠加双阴线刻技法，画面模糊不清，可见部分轮廓，为两个菱形横向压角套叠成连体多菱形，在每个菱形交点均有圆钱形结。长77、高32厘米（彩版一七一，2）。

WMSK：241，二连方胜纹。构件基本完整，表面严重风化腐蚀，覆盖厚厚的钙化层。纹饰雕刻采用平面减地阳刻叠加双阴线刻技法，画面模糊不清，可见轮廓，为两个菱形横向套叠成连体多菱形，在每个菱形交点均有圆钱形结。长70、高32厘米（彩版一七二，1）。

WMSK：242，连枝花卉纹。构件基本完整，表面严重风化腐蚀，覆盖厚厚的钙化层。纹饰画面模糊不清，可见局部轮廓，为连枝花卉纹。长86、高32厘米（彩版一七二，2）。

WMSK：243，二连方胜纹。构件基本完整，表面严重风化腐蚀，覆盖厚厚的钙化层。纹饰画面模糊不清，可见局部轮廓，为两个菱形横向压角套叠成连体多菱形。长57、高32厘米（彩版一七三，1）。

WMSK：244，二连方胜纹。构件基本完整，表面严重风化腐蚀，覆盖厚厚的钙化层。纹饰画面模糊不清，可见局部轮廓，为两个菱形横向压角套叠成连体多菱形，在菱形交点均有圆钱形结。长57、高32厘米（彩版一七三，2）。

WMSK：245，三连方胜纹。构件基本完整，表面严重风化腐蚀，覆盖厚厚的钙化层。纹饰画面模糊不清，可见局部轮廓，为三个菱形横向压角套叠成连体多菱形。长97、高32厘米（彩版一七四，1）。

WMSK：246，二连方胜纹。构件基本完整，表面严重风化腐蚀，覆盖厚厚的钙化层。纹饰画面模糊不清，可见局部轮廓，为两个菱形横向压角套叠成连体多菱形，在每个菱形交点均有圆钱形结。长49、高32厘米（彩版一七四，2）。

WMSK：247，连枝花卉纹。构件基本完整，表面严重风化腐蚀，覆盖厚厚的钙化层。纹饰画面模糊不清，可见局部轮廓，似为连枝盛开的两朵大花花卉纹。长81、高32厘米（彩版一七五，1）。

WMSK：248，二连方胜纹。构件基本完整，表面严重风化腐蚀，覆盖厚厚的钙化层。纹饰雕刻采用阳刻叠加阴刻技法，画面模糊不清，可见局部轮廓，为两个菱形横向压角套叠成连体多菱形。长64、高32厘米（彩版一七五，2）。

WMSK：249，三连方胜纹。构件基本完整，表面严重风化腐蚀，覆盖厚厚的钙化层。纹饰画面模糊不清，可见局部轮廓，为三个菱形横向套叠成连体多菱形。长97、高32厘米（彩版一七六，1）。

WMSK：250，西番莲纹。构件基本完整，表面严重风化腐蚀，覆盖厚厚的钙化层。纹饰画面模糊不清，可见局部轮廓，似为西番莲纹。长 56、高 32 厘米（彩版一七六，2）。

WMSK：251，连枝花卉纹。构件基本完整，表面严重风化腐蚀，覆盖厚厚的钙化层。纹饰画面模糊不清，可见局部轮廓，为连枝花卉纹。长 100、高 32 厘米（彩版一七七，1）。

WMSK：252，二连方胜纹。构件基本完整，表面严重风化腐蚀，覆盖厚厚的钙化层。纹饰雕刻采用阳刻叠加阴刻技法，可见轮廓，为两个菱形横向压角套叠成连体多菱形。长 87、高 32 厘米（彩版一七七，2）。

WMSK：253，二连方胜纹。构件基本完整，表面严重风化腐蚀，覆盖厚厚的钙化层。纹饰可见轮廓，为两个菱形横向套叠成连体多菱形，在每个菱形交点均有圆钱形结。长 87、高 32 厘米（彩版一七八，1）。

WMSK：254，折枝牡丹纹。构件完整，表面严重风化腐蚀，覆盖厚厚的钙化层。纹饰画面模糊，细部不清楚，可见部分轮廓，为折枝牡丹纹。长 66、高 32 厘米（彩版一七八，2）。

WMSK：255，西番莲枝叶绞股纹。构件基本完整，表面严重风化腐蚀，覆盖厚厚的钙化层。纹饰画面损毁、模糊，可见部分轮廓，似为一幅西番莲枝叶绞股纹。长 108、高 32 厘米（彩版一七九，1）。

WMSK：256，二连方胜纹。构件基本完整，表面严重风化腐蚀，覆盖厚厚的钙化层。纹饰画面模糊不清，可见局部轮廓，为两个菱形横向套叠成连体多菱形。长 78、高 32 厘米（彩版一七九，2）。

WMSK：257，连枝花卉纹。构件基本完整，表面严重风化腐蚀，覆盖厚厚的钙化层。纹饰画面模糊不清，隐约可见轮廓，为连枝花卉纹。长 102、高 32 厘米（彩版一八〇，1）。

WMSK：258，连枝花卉纹。构件基本完整，表面严重风化腐蚀，覆盖厚厚的钙化层。纹饰画面模糊不清，隐约可见轮廓，为连枝花卉纹。长 99、高 32 厘米（彩版一八〇，2）。

WMSK：259，二连方胜纹。构件基本完整，表面严重风化腐蚀，覆盖厚厚的钙化层。纹饰画面模糊不清，可见局部轮廓，为二连方胜纹。长 74、高 32 厘米（彩版一八一，1）。

WMSK：260，三连方胜纹。构件基本完整，表面严重风化腐蚀，覆盖厚厚的钙化层。纹饰画面模糊不清，可见基本轮廓，为三个菱形横向套叠成连体多菱形，在每个菱形交点均有圆钱形结。长 109、高 32 厘米（彩版一八一，2）。

WMSK：261，连枝牡丹纹。构件基本完整，表面严重风化腐蚀，覆盖厚厚的钙化层。纹饰画面模糊不清，可见轮廓，为连枝盛开的牡丹纹。长 85、高 32 厘米（彩版一八二，1）。

WMSK：262，二连方胜纹。构件基本完整，表面严重风化腐蚀，覆盖厚厚的钙化层。纹饰雕刻采用阳刻叠加阴刻技法，画面模糊不清，可见轮廓，为两个菱形横向套叠成连体多菱形，在每个菱形交点均有圆钱形结。长 76、高 32 厘米（彩版一八二，2）。

WMSK：263，三连方胜纹。构件基本完整，表面风化腐蚀，有一层厚厚的钙化层。纹饰画面模糊不清，可见轮廓，为三个菱形横向套叠成连体多菱形，在每个菱形交点均有圆钱形结。长 95、高 32 厘米（彩版一八三，1）。

WMSK：264，二连方胜纹。构件基本完整，表面严重风化腐蚀，覆盖厚厚的钙化层。纹饰画面模糊不清，可见局部轮廓，为两个菱形横向套叠成连体多菱形。长 81、高 32 厘米（彩版一八三，2）。

WMSK：265，二连方胜纹。构件基本完整，表面严重风化腐蚀，覆盖厚厚的钙化层。纹饰采用阳刻叠加阴刻技法，画面模糊不清，可见局部轮廓，为两个菱形横向套叠成连体多菱形。长52、高32厘米（彩版一八四，1）。

WMSK：266，连枝西番莲纹。构件基本完整，表面严重风化腐蚀，覆盖厚厚的钙化层。纹饰模糊，可见轮廓，为连枝盛开的西番莲纹。长89、高32厘米（彩版一八四，2）。

WMSK：267，二连方胜纹。构件基本完整，表面严重风化腐蚀，覆盖厚厚的钙化层。纹饰采用阳刻叠加阴刻技法，画面模糊不清，可见部分轮廓，为两个菱形横向套叠成连体多菱形，在每个菱形交点均有圆钱形结。长69、高32厘米（彩版一八五，1）。

WMSK：268，三连方胜纹。构件基本完整，表面严重风化腐蚀，覆盖厚厚的钙化层。纹饰采用阳刻叠加阴刻技法，画面模糊，可见轮廓，为三个菱形横向套叠成连体多菱形，在每个菱形交点均有圆钱形结。长107、高32厘米（彩版一八五，2）。

WMSK：269，西番莲纹。构件基本完整，表面有钙化层。纹饰轮廓基本清楚，为一双绕头枝叶圆框，后面连着两条飘带状绞股枝叶纹。长68、高32厘米（彩版一八六，1）。

WMSK：270，西番莲纹。构件基本完整，表面有钙化层。纹饰轮廓基本清楚，为一绕头大花朵圆框后面连着两条飘带状绞股枝叶纹。雕刻精美。长86、高32厘米（彩版一八六，2）。

WMSK：271，二连方胜纹。构件基本完整，表面有钙化层。纹饰采用阳刻叠加阴刻技法，画面基本清楚，为两个菱形横向套叠成连体多菱形，在每个菱形交点均有圆钱形结。长96、高32厘米（彩版一八七，1）。

WMSK：272，二连方胜纹。构件基本完整，表面有钙化层。纹饰画面基本清楚，为两个菱形横向套叠成连体多菱形，在每个菱形交点均有圆钱形结。长65、高32厘米（彩版一八七，2）。

WMSK：273，二连方胜纹。构件基本完整，表面覆盖厚厚的钙化层。纹饰画面模糊，可见轮廓，为两个菱形横向套叠成连体多菱形，在菱形交点均有圆钱形结。长92、高32厘米。

WMSK：274，连枝西番莲纹。构件基本完整，表面风化腐蚀，覆盖钙化层。纹饰模糊不清，可见轮廓，为两朵连枝盛开的西番莲纹。长79、高32厘米（彩版一八八，1）。

WMSK：275，二连方胜纹。构件基本完整，表面覆盖厚厚的钙化层。纹饰画面模糊，可见轮廓，为两个菱形横向套叠成连体多菱形。长92、高32厘米（彩版一八八，2）。

WMSK：276，二连方胜纹。构件基本完整，表面有钙化层。纹饰雕刻采用阳刻叠加阴刻技法，轮廓基本清楚，为两个菱形横向套叠成连体多菱形，在每个菱形交点均有圆钱形结。长85、高32厘米（彩版一八九，1）。

WMSK：277，连枝西番莲纹。构件基本完整，表面有钙化层。纹饰轮廓基本清楚，为两朵连枝盛开的西番莲纹。长83、高32厘米（彩版一八九，2）。

WMSK：278，连枝西番莲纹。构件基本完整，表面有钙化层。纹饰略有缺损，轮廓基本清楚，为两朵连枝盛开的西番莲纹。长92、高32厘米（彩版一九〇，1）。

WMSK：279，二连方胜纹。构件基本完整，表面有钙化层。纹饰轮廓基本清楚，为两个菱形横向套叠成连体多菱形，在每个菱形交点均有圆钱形结。长83、高32厘米（彩版一九〇，2）。

WMSK：280，二连方胜纹。构件基本完整，表面有钙化层。纹饰轮廓基本清楚，为两个菱形横向套叠成连体多菱形，在每个菱形交点均有圆钱形结。长65、高32厘米（彩版一九一，1）。

WMSK：281，连枝西番莲纹。构件基本完整，表面有一层厚厚的钙化层。纹饰轮廓基本清楚，为两朵连枝盛开的西番莲纹。长87、高32厘米（彩版一九一，2）。

WMSK：282，连枝西番莲纹。构件基本完整，表面有一层厚厚的钙化层。纹饰画面模糊，轮廓基本清楚，为两朵连枝盛开的西番莲纹。长100、高32厘米（彩版一九二，1）。

WMSK：283，连枝西番莲纹。构件基本完整，表面腐蚀严重，有一层厚厚的钙化层。纹饰画面模糊不清，可见局部轮廓，为两朵连枝盛开的西番莲纹。长92、高32厘米（彩版一九二，2）。

WMSK：284，三连方胜纹。构件基本完整，表面腐蚀严重，有一层厚厚的钙化层。纹饰画面模糊不清，可见轮廓，为三个菱形横向套叠成连体多菱形，中间夹饰一个元宝形纹，在每个菱形交点均有圆钱形结。长95、高32厘米（图2-76；彩版一九三，1）。

WMSK：285，二连方胜纹。构件基本完整，表面腐蚀，有钙化层。纹饰雕刻采用阳刻叠加阴刻技法，纹饰轮廓基本清楚，为两个菱形横向压角套叠成连体多菱形，在每个菱形交点均有圆钱形结。长64、高32厘米（彩版一九三，2）。

WMSK：286，折枝牡丹纹。构件基本完整，表面腐蚀严重，有一层厚厚的钙化层。纹饰画面模糊不清，可见局部轮廓，为一幅折枝牡丹纹。长94、高32厘米（彩版一九四，1）。

WMSK：287，折枝牡丹纹。构件基本完整，局部损毁，表面腐蚀严重，覆盖厚厚的钙化层。纹饰画面模糊不清，可见局部轮廓，为一幅折枝牡丹纹。长77、高32厘米（彩版一九四，2）。

WMSK：288，连枝西番莲纹。构件基本完整，有裂纹，表面腐蚀严重，有一层厚厚的钙化层。纹饰画面模糊，可见轮廓，为两朵连枝盛开的西番莲纹。长120、高32厘米（彩版一九五，1）。

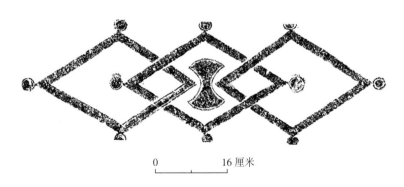

0　　　　16厘米

图2-76　WMSK：284 三连方胜纹

WMSK：289，二连方胜纹。构件基本完整，表面腐蚀，有一层厚厚的钙化层。纹饰画面模糊，可见大部分轮廓，为两个菱形横向压角套叠成连体多菱形，在菱形交点均有圆钱形结。长 92、高 32 厘米（彩版一九五，2）。

WMSK：290，三连方胜纹。构件基本完整，表面腐蚀严重，有钙化层。纹饰画面轮廓基本清楚，为三个菱形横向压角套叠成连体多菱形，中间夹饰一个元宝形纹，在每个菱形交点均有圆钱形结。长 107、高 32 厘米（彩版一九六，1）。

WMSK：291，连枝西番莲纹。构件基本完整，表面腐蚀严重，有一层厚厚的钙化层。纹饰画面模糊不清，轮廓基本清楚，为两朵连枝盛开的西番莲纹。长 80、高 32 厘米（彩版一九六，2）。

WMSK：292，连枝西番莲纹。构件基本完整，表面腐蚀，有一层厚厚的钙化层。纹饰画面轮廓基本清楚，为两朵连枝盛开的西番莲纹。长 100、高 32 厘米（彩版一九七，1）。

WMSK：293，折枝牡丹纹。构件基本完整，表面腐蚀严重，有一层厚厚的钙化层。纹饰画面模糊，可见局部轮廓，为一折枝牡丹纹。长 54、高 32 厘米（彩版一九七，2）。

WMSK：294，三连方胜纹。构件基本完整，表面腐蚀严重，有一层厚厚的钙化层。纹饰画面基本清楚，为三个菱形横向压角套叠成连体多菱形，中间夹饰一个元宝形纹，在每个菱形交点均有圆钱形结。长 94、高 32 厘米（图 2-77；彩版一九八，1）。

WMSK：295，三连方胜纹。构件基本完整，表面腐蚀严重，有一层厚厚的钙化层。纹饰画面基本清楚，为三个菱形横向压角套叠成连体多菱形，在每个菱形交点均有圆钱形结。长 118、高 32 厘米（彩版一九八，2）。

WMSK：296，连枝牡丹纹。构件基本完整，表面腐蚀严重，有一层厚厚的钙化层。纹饰画面模糊不清，可见局部轮廓，为两朵连枝盛开的牡丹纹。长 90、高 32 厘米（彩版一九九，1）。

WMSK：297，折枝牡丹纹。构件基本完整，表面腐蚀，有一层厚厚的钙化层。纹饰画面模糊，可见大部分轮廓，为一幅折枝牡丹纹。长 75、高 32 厘米（彩版一九九，2）。

WMSK：298，连枝牡丹西番莲纹。构件基本完整，表面腐蚀，有一层厚厚的钙化层。纹饰画面模糊，可见大部分轮廓，为两朵连枝盛开的牡丹与西番莲组合纹。长 73、宽 32 厘米。

WMSK：299，连枝西番莲纹。构件基本完整，表面腐蚀，有一层厚厚的钙化层。纹饰画面模糊，可见轮廓，为两朵连枝盛开的西番莲纹。长 76、宽 32 厘米。

WMSK：300，折枝牡丹纹。构件基本完整，表面腐蚀严重，有一层厚厚的钙化层。纹饰

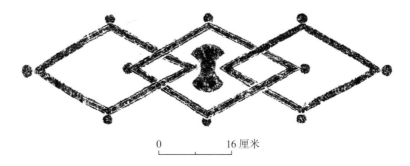

0　　　　16 厘米

图 2-77　WMSK：294 三连方胜纹

画面模糊不清，可见局部轮廓，似为一幅折枝牡丹纹。长 68、宽 32 厘米。

WMSK：301，三连方胜纹。构件基本完整，表面腐蚀严重，有一层厚厚的钙化层。纹饰画面模糊，可见大部分轮廓，为三个菱形横向压角套叠成连体多菱形，中间夹饰一个元宝形纹，在每个菱形交点均有圆钱形结。长 108、高 32 厘米。

WMSK：302，三连方胜纹。构件基本完整，表面腐蚀严重，有一层厚厚的钙化层。纹饰雕刻采用阳刻叠加阴刻技法，画面模糊，可见大部分轮廓，为三个菱形横向压角套叠成连体多菱形，在每个菱形交点均有圆钱形结。长 91、高 32 厘米。

WMSK：303，连枝牡丹纹。构件基本完整，表面腐蚀严重，有一层厚厚的钙化层。纹饰画面模糊不清，可见局部轮廓，为两朵连枝盛开的牡丹纹。长 110、高 32 厘米。

WMSK：304，折枝牡丹纹。构件基本完整，表面腐蚀严重，有一层厚厚的钙化层。纹饰画面模糊，可见大部分轮廓，为一幅折枝牡丹纹。长 78、宽 32 厘米。

WMSK：305，三连方胜纹。构件基本完整，表面腐蚀严重，有钙化层。纹饰画面基本清楚，为三个菱形横向压角套叠成连体多菱形，中间夹饰一个元宝形纹，在每个菱形交点均有方孔圆钱形结。长 70、宽 32 厘米（彩版二〇〇，1）。

WMSK：306，二连方胜纹。构件基本完整，表面腐蚀严重，有一层厚厚的钙化层。纹饰画面模糊，可见部分轮廓，为两个菱形横向压角套叠成连体多菱形，在每个菱形交点均有圆钱形结。长 69、宽 32 厘米（彩版二〇〇，2）。

WMSK：307，西番莲纹。构件完整，表面腐蚀，有一层钙化层。纹饰画面基本清楚，为一幅绕头花朵圆框，后面连着两条飘带状绞股枝叶纹。圭角雕刻卷云纹。长 98、宽 32 厘米（图 2-78；彩版二〇一，1、2）。

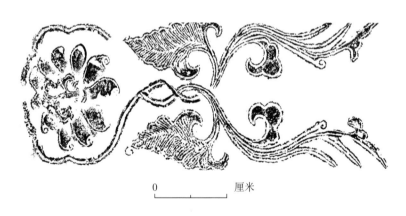

0 ____ 厘米

图 2-78　WMSK：307 西番莲纹

二　午门背面西侧

午门背面西侧须弥座以中门洞为基点向西延伸长 71 米，从圭角底部至上枋枭顶部通高 1.2 米。束腰长短不一，长 48~118 厘米，高度基本一致，高 32 厘米（彩版二〇二）。

午门背面西侧须弥座保存大部分石雕刻纹束腰，少数缺失部分在修复时用新雕素面白玉石构件补齐（彩版二〇三，1）。石雕刻纹饰多遭受长期土埋侵蚀和自然风化，表面往往结有一层厚厚的钙化层，致使纹饰模糊不清楚。以方胜、花卉等纹饰相间分布为主，在门洞隔墙须弥座修复时有将中门洞的云龙纹和云朵纹构件填补在这里的情况。圭角均为阳纹叠加阴线卷云纹。

　　共保存有雕刻纹饰束腰 63 块，由东向西顺序介绍。

　　WMSK：308，云龙纹。构件基本完整，表面遭受严重风化腐蚀损毁，结有厚厚的钙化层。纹饰画面模糊不清，可见局部轮廓，似为一条腾空飞翔在云层中的龙。很明显，这件云龙纹束腰构件修复时放错了地方，应该是午门中间门洞内的构件。圭角雕刻卷云纹。长 102、高 32 厘米（彩版二〇三，2）。

　　WMSK：309，云朵纹。构件基本完整，表面遭受严重风化腐蚀损毁，结有厚厚的钙化层。纹饰画面模糊不清，可见局部轮廓，似为横卧的有柄如意云朵纹。这件云朵纹构件修复时放错了地方，应该是午门中间门洞内的构件。圭角雕刻卷云纹。长 100、高 32 厘米（彩版二〇三，3）。

　　WMSK：310，西番莲纹。构件完整，表面严重风化腐蚀，有一层钙化层。纹饰画面局部损毁，可见轮廓，为一幅绕头圆框花朵后面连着两条飘带状绞股枝叶纹。圭角雕刻卷云纹。长 96、高 32 厘米（彩版二〇四，1、2）。

　　WMSK：311，二连方胜纹。构件完整，表面风化腐蚀，有一层厚厚的钙化层。纹饰采用减地阳刻叠加双阴刻线纹技法，画面模糊，局部损毁，基本可辨为二连方胜纹，在每个菱形交点均有圆钱形结。长 88、高 32 厘米（彩版二〇五，1）。

　　WMSK：312，一束莲纹。构件完整，表面严重风化腐蚀，有一层厚厚的钙化层。纹饰画面模糊不清且有损毁，可见部分轮廓，为一束莲花与莲叶等组合纹。长 96、高 32 厘米（彩版二〇五，2）。

　　WMSK：313，二连方胜纹。构件完整，表面严重风化腐蚀，有一层厚厚的钙化层。纹饰雕刻采用减地阳刻叠加双阴刻线纹技法，图案模糊且有损毁，可见局部轮廓，为两个菱形横向压角套叠成连体多菱形，在每个菱形交点均有方孔圆钱形结。长 67、高 32 厘米（彩版二〇六，1）。

　　WMSK：314，三连方胜纹。构件完整，表面严重风化腐蚀，覆盖厚厚的钙化层。纹饰画面模糊，可见局部轮廓，为三个菱形横向压角套叠成连体多菱形。长 80、高 32 厘米（彩版二〇六，2）。

　　WMSK：315，连枝西番莲纹。构件完整，表面严重风化腐蚀，有一层厚厚的钙化层。纹饰画面模糊，可见部分轮廓，为两朵连枝盛开的西番莲纹。长 117、高 32 厘米（彩版二〇七，1）。

　　WMSK：316，三连方胜纹。构件完整，表面严重风化腐蚀，有一层厚厚的钙化层。纹饰画面模糊，可见局部轮廓，为三个菱形横向压角套叠成连体多菱形，在每个菱形交点均有圆钱形结。长 111、高 32 厘米（彩版二〇七，2）。

　　WMSK：317，二连方胜纹。构件完整，表面严重风化腐蚀，有一层厚厚的钙化层。纹饰雕刻采用减地阳刻叠加双阴线刻纹技法，图案模糊，可见部分轮廓，为两个菱形横向压角套叠成连体多菱形，在每个菱形交点均有圆钱形结。长 71、高 32 厘米（彩版二〇八，1）。

WMSK：318，连枝西番莲纹。构件完整，表面严重风化腐蚀，覆盖一层厚厚的钙化层。纹饰画面模糊不清，可见局部轮廓，应为两朵连枝盛开的西番莲纹。长 93、高 32 厘米（彩版二〇八，2）。

WMSK：319，二连方胜纹。构件完整，表面严重风化腐蚀，覆盖一层厚厚的钙化层。纹饰画面模糊不清，可见局部轮廓，为两个菱形横向压角套叠成连体多菱形。长 70、高 32 厘米（彩版二〇九，1）。

WMSK：320，二连方胜纹。构件完整，表面严重风化腐蚀，覆盖一层厚厚的钙化层。纹饰画面模糊不清，隐约可见局部轮廓，似为三连方胜纹。长 85、高 32 厘米（彩版二〇九，2）。

WMSK：321，折枝牡丹纹。构件完整，表面严重风化腐蚀，覆盖一层厚厚的钙化层。纹饰画面模糊不清，隐约可见局部轮廓，似为一幅折枝牡丹纹。长 59、高 32 厘米（彩版二一〇，1）。

WMSK：322，西番莲纹。构件完整，表面严重风化腐蚀，有一层厚厚的钙化层。纹饰画面模糊不清，可见部分轮廓，为一幅西番莲纹。长 65、高 32 厘米（彩版二一〇，2）。

WMSK：323，二连方胜纹。构件完整，表面严重风化腐蚀，覆盖一层厚厚的钙化层。纹饰画面模糊不清，可见部分轮廓，为两个菱形横向压角套叠成连体多菱形。长 76、高 32 厘米（彩版二一一，1）。

WMSK：324，西番莲枝叶绞股纹。构件完整，表面严重风化腐蚀，覆盖一层厚厚的钙化层。纹饰画面模糊不清，局部可见轮廓，为一幅西番莲枝叶绞股纹。长 97、高 32 厘米（彩版二一一，2）。

WMSK：325，二连方胜纹。构件完整，表面严重风化腐蚀，覆盖一层厚厚的钙化层。纹饰画面模糊不清，隐约可见局部轮廓，为两个菱形横向压角套叠成连体多菱形。长 68、高 32 厘米（彩版二一二，1）。

WMSK：326，二连方胜纹。构件完整，表面严重风化腐蚀，覆盖一层厚厚的钙化层。纹饰画面模糊不清，局部可见轮廓，为两个菱形横向压角套叠成连体多菱形，在菱形交点均有圆钱形结。长 71、高 32 厘米（彩版二一二，2）。

WMSK：327，连枝花卉纹。构件完整，表面严重风化腐蚀，覆盖一层厚厚的钙化层。纹饰画面模糊不清，隐约可见局部轮廓，似为一幅连枝花卉纹。长 108、高 32 厘米（彩版二一三，1）。

WMSK：328，连枝花卉纹。构件完整，表面严重风化腐蚀，覆盖一层厚厚的钙化层。纹饰画面模糊不清，局部可见花卉轮廓，为一幅连枝花卉纹。长 105、高 32 厘米（彩版二一三，2）。

WMSK：329，二连方胜纹。构件完整，表面严重风化腐蚀，覆盖一层厚厚的钙化层。纹饰画面模糊不清，局部可见轮廓，为两个菱形横向压角套叠成连体多菱形，在菱形交点均有圆钱形结。长 94、高 32 厘米（彩版二一四，1）。

WMSK：330，二连方胜纹。构件完整，表面严重风化腐蚀，覆盖一层厚厚的钙化层。纹饰画面模糊不清，局部可见轮廓，为两个菱形横向压角套叠成连体多菱形，在菱形交点均有圆钱形结。长 78、高 32 厘米（彩版二一四，2）。

WMSK：331，连枝西番莲纹。构件完整，表面严重风化腐蚀，覆盖一层厚厚的钙化层。纹饰画面模糊不清，尚可见局部轮廓，为两朵连枝盛开的西番莲纹。长 114、高 32 厘米（彩版二一五，1）。

WMSK：332，二连方胜纹。构件完整，表面严重风化腐蚀，覆盖一层厚厚的钙化层。纹饰画面模糊不清，局部可见轮廓，为两个菱形横向压角套叠成连体多菱形，在菱形交点均有圆钱形结。长 57、高 32 厘米（彩版二一五，2）。

WMSK：333，二连方胜纹。构件完整，表面严重风化腐蚀，覆盖一层厚厚的钙化层。纹饰雕刻采用减地阳刻叠加阴线刻纹技法，图案模糊不清，可见部分轮廓，为两个菱形横向压角套叠成连体多菱形，在菱形交点均有圆钱形结。长 81、高 32 厘米（彩版二一六，1）。

WMSK：334，折枝牡丹纹。构件完整，表面严重风化腐蚀，覆盖一层厚厚的钙化层。纹饰模糊不清，可见部分轮廓，为一幅折枝牡丹纹。长 92、高 32 厘米（彩版二一六，2）。

WMSK：335，二连方胜纹。构件完整，表面严重风化腐蚀，覆盖一层钙化层。纹饰采用减地阳刻叠加双阴线刻纹技法，图案模糊，大部分轮廓基本清楚，为两个菱形横向压角套叠成连体多菱形，在每个菱形交点均有圆钱形结。长 48、高 32 厘米（彩版二一七，1）。

WMSK：336，二连方胜纹。构件完整，表面严重风化腐蚀，有一层厚厚的钙化层。纹饰采用减地阳刻叠加双阴刻线纹技法，图案模糊，大部分轮廓基本清楚，为两个菱形横向压角套叠成连体多菱形，在菱形交点均有圆钱形结。长 55、高 32 厘米（彩版二一七，2）。

WMSK：337，连枝西番莲莲花纹。构件完整，表面风化腐蚀，结有厚厚的钙化层。纹饰画面模糊，轮廓基本清楚，为连枝盛开的西番莲和莲花组合纹。长 72、高 32 厘米（彩版二一八，1）。

WMSK：338，一束莲纹。构件完整，表面风化腐蚀，结有一层钙化层。纹饰画面模糊，轮廓基本清楚，为莲花、莲叶、莲蓬、水草、菱角等组合的一束莲纹。长 97、高 32 厘米（彩版二一八，2）。

WMSK：339，二连方胜纹。构件完整，表面风化腐蚀，结有一层钙化层。纹饰采用减地阳刻叠加双阴刻线纹手法，图案模糊，有损毁，大部分轮廓基本清楚，为两个菱形横向压角套叠成连体多菱形，在每个菱形交点均有圆钱形结。长 67、高 32 厘米（彩版二一九，1）。

WMSK：340，二连方胜纹。构件完整，表面风化腐蚀，结有一层钙化层。纹饰画面模糊，轮廓基本清楚，为两个菱形横向压角套叠成连体多菱形，在每个菱形交点均有圆钱形结。长 62、高 32 厘米（彩版二一九，2）。

WMSK：341，西番莲纹。构件完整，表面风化腐蚀，结有一层钙化层。纹饰画面模糊，轮廓基本清楚，为一幅绕头圆框花朵后面连着两条飘带状绞股枝叶纹。长 97、高 32 厘米（彩版二二〇，1）。

　　WMSK：342，西番莲纹。构件头部残损，表面风化腐蚀，结有一层钙化层。纹饰画面模糊，可见轮廓，为一幅残存飘带状绞股枝叶的西番莲纹。圭角雕刻卷云纹。束腰残长53、高32厘米（彩版二二〇，2）。

　　WMSK：343，二连方胜纹。构件基本完整，略有残损，表面风化腐蚀，结有一层钙化层。纹饰采用减地阳刻叠加阴线刻纹技法，图案轮廓基本清楚，为两个菱形横向压角套叠成连体多菱形，在每个菱形交点均有圆钱形结。长73、高32厘米（彩版二二一，1）。

　　WMSK：344，折枝牡丹纹。构件完整，表面风化腐蚀，结有一层钙化层。纹饰模糊，轮廓基本清楚，为一幅折枝盛开的牡丹纹。长75、高32厘米（彩版二二一，2）。

　　WMSK：345，二连方胜纹。构件完整，表面风化腐蚀，结有一层钙化层。纹饰采用减地阳刻叠加阴线刻纹手法，轮廓基本清楚，为两个菱形横向压角套叠成连体多菱形，在每个菱形交点均有方孔圆钱形结。长62、高32厘米（图2-79；彩版二二二，1）。

　　WMSK：346，二连方胜纹。构件完整，有裂纹，表面风化腐蚀，结有钙化层。纹饰采用减地阳刻叠加阴刻线纹手法，画面模糊，轮廓基本清楚，为两个菱形横向压角套叠成连体多菱形，在每个菱形交点均有圆钱形结。长108、高32厘米（彩版二二二，2）。

　　WMSK：347，连枝西番莲纹。构件完整，表面腐蚀，结有钙化层。纹饰画面基本清楚，为两朵连枝盛开的西番莲纹。雕刻精美。长112、高32厘米（图2-80；彩版二二三，1）。

　　WMSK：348，二连方胜纹。构件完整，

图 2-79　WMSK：345 二连方胜纹

0　　　　20厘米

图 2-80　WMSK：347 连枝西番莲纹

表面腐蚀，结有钙化层。纹饰采用减地阳刻叠加阴线刻纹手法，轮廓基本清楚，为两个菱形横向压角套叠成连体多菱形，在每个菱形交点均有圆钱形结。长63、高32厘米（彩版二二三，2）。

WMSK：349，二连方胜纹。构件完整，表面腐蚀，结有钙化层。纹饰采用减地阳刻叠加阴线刻纹手法，轮廓基本清楚，为两个菱形横向压角套叠成连体多菱形，在每个菱形交点均有圆钱形结。长76、高32厘米（彩版二二四，1）。

WMSK：350，连枝西番莲纹。构件完整，表面有风化腐蚀层。纹饰画面基本清楚，为两朵连枝盛开的西番莲纹。长85、高32厘米（图2-81；彩版二二四，2）。

WMSK：351，二连方胜纹。构件完整，表面腐蚀严重，覆盖一层钙化层。纹饰采用减地阳刻叠加阴线刻纹手法，画面有损毁，轮廓基本清楚，为两个菱形横向压角套叠成连体多菱形，在每个菱形交点均有圆钱形结。长74、高32厘米（彩版二二五，1）。

WMSK：352，二连方胜纹。构件完整，表面腐蚀，结有钙化层。纹饰采用减地阳刻叠加阴线刻纹手法，轮廓基本清楚，为两个菱形横向压角套叠成连体多菱形，在每个菱形交点均有圆钱形结，菱角结有损毁。长87、高32厘米（彩版二二五，2）。

WMSK：353，连枝西番莲纹。构件完整，表面有腐蚀钙化层。纹饰画面边缘略有损毁，轮廓基本清楚，为两朵连枝盛开的西番莲纹。长75、高32厘米（图2-82；彩版二二六，1）。

WMSK：354，二连方胜纹。构件完整，表面有腐蚀钙化层。纹饰采用减地阳刻叠加阴线刻纹手法，画面清楚，为两个菱形横向压角套叠成连体多菱形，在每个菱形交点均有圆钱形结。长81、高32厘米（图2-83；彩版二二六，2）。

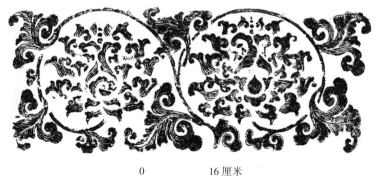

0　　　　16厘米

图2-81　WMSK：350连枝西番莲纹

图 2-82　WMSK：353 连枝西番莲纹

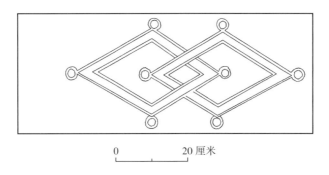

图 2-83　WMSK：354 二连方胜纹

　　WMSK：355，二连方胜纹。构件完整，表面有腐蚀钙化层。纹饰采用减地阳刻叠加阴线刻纹手法，轮廓基本清楚，为两个菱形横向压角套叠成连体多菱形，在每个菱形交点均有圆钱形结。长 81、高 32 厘米（彩版二二七，1）。

　　WMSK：356，西番莲纹。构件残损，表面有腐蚀钙化层。纹饰画面局部略有损毁，轮廓基本清楚，为西番莲纹。长 92、高 32 厘米（彩版二二七，2）。

　　WMSK：357，二连方胜纹。构件完整，表面有腐蚀钙化层。纹饰采用减地阳刻叠加双阴刻线纹手法，轮廓基本清楚，为两个菱形横向压角套叠成连体多菱形，在每个菱形交点均有圆钱形结。长 81、高 32 厘米（彩版二二八，1）。

　　WMSK：358，二连方胜纹。构件完整，表面有腐蚀钙化层。纹饰采用减地阳刻叠加双阴刻线纹手法，画面基本清楚，为两个菱形横向压角套叠成连体多菱形，在每个菱形交点均有圆钱形结。长 82、高 32 厘米（图 2-84；彩版二二八，2）。

　　WMSK：359，折枝花卉纹。构件完整，表面严重风化腐蚀，有一层厚厚的钙化层。纹饰画面模糊不清楚，可见部分轮廓，为一折枝花卉纹。长 92、高 32 厘米（彩版二二九，1）。

　　WMSK：360，二连方胜纹。构件完整，表面有腐蚀钙化层。纹饰采用减地阳刻叠加双阴刻线纹手法，画面基本清楚，为两个菱形横向压角套叠成连体多菱形，在每个菱形交点均有圆钱形结。长 84、高 32 厘米（彩版二二九，2）。

　　WMSK：361，二连方胜纹。构件完整，表面腐蚀，结有钙化层。纹饰采用减地阳刻叠

加双阴刻线纹手法，画面基本清楚，为两个
菱形横向压角套叠成连体多菱形，在每个菱
形交点均有圆钱形结，菱角结有的损毁。长
72、高 32 厘米（彩版二三〇，1）。

　　WMSK：362，连枝牡丹纹。构件完整，
表面腐蚀，结有一层钙化层。纹饰画面基本
清楚，为两朵连枝盛开的牡丹纹。长 83、
高 32 厘米（彩版二三〇，2）。

　　WMSK：363，二连方胜纹。构件完整，

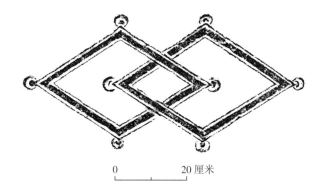

图 2-84　WMSK：358 二连方胜纹

表面有腐蚀钙化层。纹饰采用减地阳刻叠加双阴刻线纹手法，画面基本清楚，为两个菱形横
向压角套叠成连体多菱形，在每个菱形交点均有圆钱形结。长 72、高 32 厘米（彩版二三一，1）。

　　WMSK：364，二连方胜纹。构件完整，表面有腐蚀钙化层。纹饰采用减地阳刻叠加双阴
刻线纹手法，画面基本清楚，为两个菱形横向压角套叠成连体多菱形，在每个菱形交点均有
圆钱形结。长 85、高 32 厘米（图 2-85；彩版二三一，2）。

　　WMSK：365，连枝西番莲纹。构件完整，表面腐蚀严重，有一层厚厚的钙化层。纹饰画
面模糊，可见部分轮廓，为两朵连枝盛开的西番莲纹。长 92、高 32 厘米（彩版二三二，1）。

　　WMSK：366，二连方胜纹。构件完整，表面有腐蚀钙化层。纹饰采用减地阳刻叠加双阴
刻线纹手法，画面模糊，有裂损，轮廓基本清楚，为两个菱形横向压角套叠成连体多菱形，
在每个菱形交点均有圆钱形结。长 96、高 32 厘米（彩版二三二，2）。

　　WMSK：367，二连方胜纹。构件完整，表面腐蚀，结有钙化层。纹饰采用减地阳刻叠加
双阴刻线纹手法，轮廓基本清楚，为两个菱形横向压角套叠成连体多菱形，在每个菱形交点
均有圆钱形结。长 71、高 32 厘米（图 2-86；彩版二三三，1）。

　　WMSK：368，连枝西番莲纹。构件完整，表面腐蚀严重，结有一层厚厚的钙化层。纹饰
轮廓部分清楚，为两朵连枝盛开的西番莲纹。长 86、高 32 厘米（彩版二三三，2）。

　　WMSK：369，二连方胜纹。构件完整，表面腐蚀，结有钙化层，有裂损。纹饰采用减地
阳刻叠加双阴刻线纹手法，部分轮廓基本清楚，为两个菱形横向压角套叠成连体多菱形，在

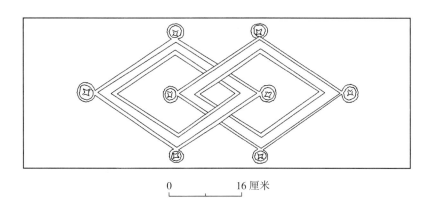

图 2-85　WMSK：364 二连方胜纹

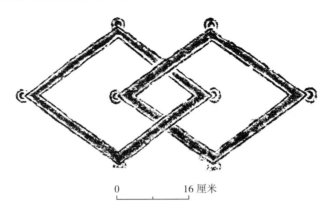

0　　　　16 厘米

图 2-86　WMSK：367 二连方胜纹

每个菱形交点均有圆钱形结。长 95、高 32 厘米（彩版二三四，1）。

　　WMSK：370，西番莲纹。构件完整，表面腐蚀，结有钙化层。纹饰画面基本清楚，为一幅绕头圆框花朵后面连着两条飘带状绞股枝叶纹。长 118、高 32 厘米（彩版二三四，2）。

第六节　小结

　　明中都皇城午门石雕刻纹饰须弥座是至今唯一保留在原建筑上的遗存，也是明中都城唯一使用石雕刻纹饰须弥座的城门，而皇城东华门和西华门均使用砖雕刻须弥座（彩版二三五～二三九）。

　　午门石雕刻艺术遗存主要保存在东观、西观与午门正面、背面及中间门洞须弥座束腰和圭脚上，另外在西门洞入门西侧有四块，在东掖门与西掖门入门两侧各有四块。由此可见，午门仅有中间门洞两侧须弥座使用石雕刻纹饰构件，而其他四个门洞须弥座均没有见到使用石雕刻纹饰构件的现象。午门石雕刻须弥座墙基受到严重自然风化侵蚀，表面结有钙化层，有少数损毁或缺失。午门须弥座石雕刻纹饰束腰遗存有 396 块，修复时对缺失须弥座构件有少数用征集老件填补，另一部分采用新雕素面白玉石构件补齐。

　　由于午门城墙上没有城楼建筑，城墙也大部分被扒拆，外围周边地势逐渐被淤高，造成了地貌环境的变化，弱化了中都城午门的气势和石雕刻纹饰须弥座的艺术魅力，视觉效果没有保存完好的北京故宫午门宏伟。明中都城午门墙基石雕刻须弥座由上枋枭、束腰、下枋枭、圭角、土衬等构件垒砌而成，通高 1.2 米左右；而北京故宫午门与大殿台基建筑须弥座均在上、下枋枭上再叠加一层枋，故而显得更为高大。明中都城午门和台基须弥座大量使用石雕刻纹饰构件的情况十分罕见，北京故宫石雕刻须弥座多为素面，仅在开头与结尾的束腰上有雕刻纹饰。

　　明中都城午门须弥座石雕刻纹饰主要用于束腰和圭角上，上枋枭、下枋枭与土衬均为素面。但是，在征集的流散中都城石雕刻纹构件中有相当一部分枋枭均满刻纹饰，与午门素面须弥座枋枭形成明显的不同，比照北京故宫大殿墙基须弥座枋枭雕刻有纹饰可知，此类满刻纹饰的枋枭其规格从某种程度上说应该不是城墙基础须弥座构件。由此，凤阳明中都城须弥座素面石雕刻枋枭、土衬和均雕刻纹饰的束腰构成了中都城午门须弥座石雕刻类型。

午门须弥座石雕刻纹饰工艺除了圭角采用减地阳刻叠加阴线刻纹外，其余全部采用平面减地阳刻手法。纹饰线条流畅精准，画面饱满生动，图案立体效果强烈，有穿透力，其艺术魅力使人永远不会忘记。

明中都城午门各部位须弥座石雕刻纹饰似有一定的区别。

午门东观和西观为二连方胜、万字、云朵、西番莲、连枝花卉、折枝花卉、一束莲、凤凰、狮子耍绣球、山景梅花鹿、山景麒麟等纹饰。

午门正面和背面为二连方胜、三连方胜、西番莲、连枝花卉、折枝花卉等纹饰。

午门中门洞为二连方胜、三连方胜、云朵、西番莲、云龙、云凤等纹饰。

午门西门洞西侧为西番莲、二连方胜、折枝花卉、连枝花卉等纹饰。

午门东掖门和西掖门入口均为西番莲纹饰。

由上可以看出，午门东观和西观须弥座束腰使用的纹饰内容最为丰富，有几何纹、花卉纹和瑞兽三类；午门正、背面仅有几何纹和花卉纹两类；而午门洞只有中间门洞须弥座才使用龙、凤纹饰；其他门洞内没有纹饰，仅在中间西门洞西侧入口及东、西掖门入口各有 4 幅几何纹和花卉纹饰。从其分布情况可以看出，午门中间门洞有龙和凤凰纹饰，等级最高，东、西两观次之，午门正、背面再次之。

总的说来，午门须弥座石雕刻纹饰类型在中都城石雕刻纹饰中具有典型性。雕刻纹饰均选择具有传统吉祥含义的图案，重点体现皇权思想和大明王朝的宏图憧憬。这批精美的石雕刻艺术构件装饰在中都城须弥座上，显示出大明京都建筑群的宏伟气势，其纹饰图案雕刻工艺精湛优美，更具有重要的艺术价值。

第三章 流散石雕刻艺术遗存

凤阳县文物管理所征集了一大批石雕刻纹饰文物，2015 年前几乎堆满了原文管所的库房与院落。凤阳县文物管理所最先办公地点在废弃的、破旧的龙兴寺院内，后来龙兴寺划归佛教部门，文管所遂搬到皇城东华门外南侧新盖的一座四合院内办公。同时将征集的部分石雕刻文物搬了出来，之后几年又陆续征集了一大批石雕刻纹饰文物，库房和院子里又很快就放不下了。2015 年，将一部分石雕刻纹饰文物搬进凤阳县博物馆展厅作展品，一部分石雕刻文物摆放在凤阳县博物馆南、北天井院内露天展示。2016 年，凤阳县文物管理所搬进凤阳县博物馆合并办公，东华门南侧原文管所随着明中都城大遗址公园建设而被拆除（彩版七～一五）。

凤阳县文物管理所征集的大量流散石雕刻纹饰文物，其中大部分都是明代中都城石雕刻纹饰构件。这些石雕刻纹饰构件随着明中都城建筑群被历朝历代官民拆毁运走而散失在广袤的民间，历经 600 余年被人们反复使用，造成绝大多数石雕刻纹饰构件残损不完整或被破坏，其中不乏一些完整精品。

征集、收藏的这批石雕刻纹饰构件看起来数量很多，但比起中都城建筑群使用的总量也只是凤毛麟角。尽管只是其中的一小部分，但现有的石雕刻纹饰图案种类足以显示明中都城石雕刻纹饰的基本面貌，其艺术工艺和纹饰图案代表了元末明初石雕刻艺术的最高水平，也是中国石雕刻艺术继汉唐之后的又一高峰，具有极其重要的石雕刻艺术史学术价值。

征集的石雕刻纹饰构件主要有螭首类，护栏类栏柱、栏杆和栏板，须弥座类束腰、枋枭、圭角和角柱等。现分类介绍如下。

第一节 螭首类石雕刻遗存

螭首是一种特殊的石雕刻构件，安装在大型台基须弥座上层，具有装饰和排水双重功能，外露部分雕刻呈螭首（龙头）形状，龙头均伸出台基外。这里征集的 12 件螭首，可分大、小两种形制，大螭首仅 2 件，安装在台基转角处，其余 10 件均是小螭首，安装在大型台基四周。这批螭首均采用圆雕技法，龙头有双角，龙身有鳞，因长期裸露表面受到自然风化侵蚀或损坏，龙头雕刻纹饰基本清楚。螭首前半截为圆雕纹饰，后半截为素面安装凹槽。龙是皇家标志之一，这种龙头石雕刻构件安装在大型台基上面拐角处，既象征皇家建筑威严，又具有排除大型台面上雨水的作用。雕刻精湛，形象生动，具有很高的石雕刻艺术价值。

一　大螭首

2 件。基本一致，均为大型圆雕螭首，保存基本完整，局部略有残损。其形呈两前爪用力抓地向前爬行状态，平首，翘嘴，龙有獠牙、凸眼珠、双角、鳞、鳍、须、卷毛等特征，后部为平底安装凹槽。

LSSK：221，大螭首。此件为凤阳县文物管理所征集品。保存基本完整，有一个龙角残损。通长 175、高 85、宽 63 厘米（图 3-1；彩版二四〇、二四一）。

LSSK：329，大螭首。2015 年明中都城大遗址公园皇城内奉天殿夯土台基考古发掘出土，位于大殿台基北面中部台基边缘处。保存基本完整，龙首上嘴唇缺损，龙角、龙爪等多处有残损。通长 175、高 92、宽 58 厘米（彩版二四二）。

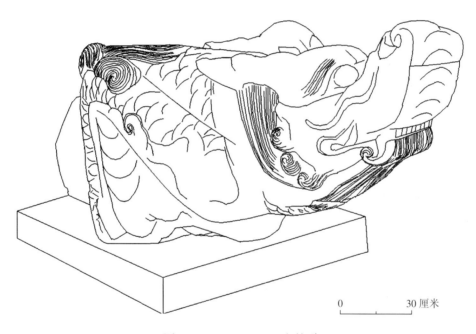

0 ——— 30 厘米

图 3-1　LSSK：221 大螭首

二　小螭首

10 件。均为凤阳县文物管理所征集品，多保存基本完整，有的部分残损。大小、形制和龙头纹饰基本一致。小螭首呈长方体形，其前部为圆雕平首龙头形，有双角、獠牙、凸眼珠、须毛等特征，后部长方体中间有安装凹槽。

LSSK：20，小螭首。保存基本完整，头部、嘴唇略残损。通长 105、宽 28 厘米（彩版二四三、二四四）。

LSSK：264，小螭首。保存基本完整，两个龙角残损。长 104、宽 30~28 厘米（彩版二四五、二四六）。

LSSK：265，小螭首。保存基本完整，两个龙角残损。通长 106、宽 28~30 厘米（彩版二四

七、二四八）。

LSSK：266，小螭首。保存基本完整，头部有裂纹，嘴唇和两个龙角残损。通长100、宽26~28厘米（彩版二四九、二五○）。

LSSK：280，小螭首。保存基本完整，头部断裂，两角残损。后部长方体上面不平整，没有安装凹槽。通长105、宽25~30厘米（图3-2；彩版二五一）。

LSSK：282，小螭首。保存基本完整，头部两角和唇部残损。后部长方体有安装凹槽。通长100、宽27~28厘米（彩版二五二、二五三）。

LSSK：283，小螭首。保存基本完整，头部一角残损。后部长方体似残断，有安装凹槽。通长70、宽25~28厘米（图3-3；彩版二五四、二五五）。

LSSK：285，小螭首。保存基本完整，头部两角和唇部残损。后部长方体似残断，有安装凹槽。通长83、宽28厘米（彩版二五六、二五七）。

LSSK：287，小螭首。保存基本完整，头部一角和上唇部残损。后部长方体没有安装凹槽。通长97、宽27厘米（彩版二五八）。

LSSK：289，小螭首。保存基本完整。后部长方体中间没有安装凹槽。通长115、宽27厘米（图3-4；彩版二五九、二六○）。

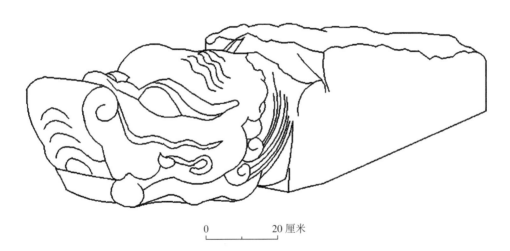

0　　　　　　20厘米

图3-2　LSSK：280 小螭首

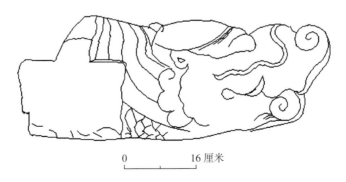

0　　　　　　16厘米

图3-3　LSSK：283 小螭首

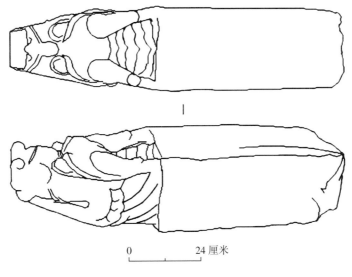

0　　　　24 厘米

图 3-4　LSSK：289 小螭首

第二节　护栏类石雕刻遗存

明中都城石雕刻护栏类应包括桥梁护栏、台阶护栏、台基护栏和廊道护栏等。护栏构件有栏柱、栏杆（扶手）和栏板等。其中栏柱独立制作，为圆头方柱体。栏柱头部通体雕刻云凤纹或云龙纹，柱体均雕刻简单的阴线刻方框纹。栏杆和栏板为一整体构件。栏杆雕刻阴直线纹而呈瓜棱圆柱形，栏板多双面雕刻纹饰，少数栏板单面雕刻纹饰。栏杆与栏板中间镂空，两端和中间有腰鼓形或花盆形连接柱。

一　栏柱

共 46 件。栏柱由上部圆体柱头和下部方体柱身两个部分组成。上部圆形柱头多减地满雕龙或凤飞翔在云层中，极少数整体圆雕成狮子形，发现有两个柱头雕刻罕见的似人面形的龙头纹饰。下部方形柱体前、后两面均阴线雕刻方框形纹饰，两侧边有安装栏板的凹槽卯榫。雕刻纹饰表层受到自然风化腐蚀而多有污垢或损毁，纹饰细部多不清楚。雕刻工艺精湛。

LSSK：44，云龙纹。保存完整。柱头雕饰一条龙飞翔在云层中，龙身有鳞和鳍。通高140、宽 27 厘米（彩版二六一，1~4）。

LSSK：46，云凤纹。保存完整。柱头雕饰一只凤凰展翅飞翔在云层中。通高140、宽 28~29 厘米（彩版二六二，1~4）。

LSSK：48，云龙纹。保存完整。柱头雕饰一条龙飞翔在云层中，龙头呈人面形，很罕见。通高140、宽 23~27 厘米（彩版二六三，1~4）。

LSSK：53，云凤纹。保存完整。柱头雕饰一只凤凰展翅飞翔在云层中。通高140、宽26~27 厘米（彩版二六四，1~4）。

LSSK：55，云龙纹。保存完整。柱头雕饰一条龙飞翔在云层中。通高140、宽 28 厘米（彩版二六五，1~4）。

　　LSSK：57，云凤纹。保存完整。柱头雕刻一只展翅飞翔在云层中下落的凤凰，画面下有山景石。通高140、宽25~27厘米（彩版二六六，1~4）。

　　LSSK：90，云凤纹。保存完整。柱头雕刻一只展翅飞翔在云层中的凤凰，凤凰由圆柱头顶部展翅。雕刻精美。通高140、宽30~32厘米（彩版二六七，1~4）。

　　LSSK：91，云龙纹。保存完整。柱头雕刻一条龙飞翔在云层中，龙身有鳞和鳍。通高140、宽29厘米（彩版二六八，1~4）。

　　LSSK：94，云龙纹。保存基本完整，柱头与柱身处残断，有残损。柱头雕刻一条龙飞翔在云层中。通高140、宽28厘米（彩版二六九，1~4）。

　　LSSK：107，云龙纹。保存完整。柱头雕刻一条龙飞翔在云层中，龙身有鳞和鳍。通高140、宽28厘米（彩版二七〇，1~4）。

　　LSSK：109，云龙纹。保存完整。柱头雕刻一条龙飞翔在云层中，龙身有鳞和鳍。雕刻精美。通高140、宽32厘米（彩版二七一，1~4）。

　　LSSK：111，云龙纹。保存完整。柱头雕刻一条龙飞翔在云层中，龙身有鳞和鳍。通高140、宽27~30厘米（彩版二七二，1~4）。

　　LSSK：113，云龙纹。保存完整。柱头雕刻一条龙飞翔在云层中，龙身有鳞和鳍。通高140、宽27~29厘米（彩版二七三，1~4）。

　　LSSK：115，云龙纹。保存完整。柱头雕刻一条龙飞翔在云层中，龙身有鳞和鳍。通高140、宽28~29厘米（彩版二七四，1~4）。

　　LSSK：117，云龙纹。保存完整，上部中间有一道裂缝。柱头雕刻一条龙飞翔在云层中，龙身有鳞和鳍。通高140、宽28厘米（彩版二七五，1~4）。

　　LSSK：119，云龙纹。保存完整。柱头雕刻一条龙飞翔在云层中，龙身有鳞和鳍。通高140、宽29厘米（彩版二七六，1~4）。

　　LSSK：121，云龙纹。保存完整。柱头雕刻一条龙飞翔在云层中，龙身有鳞和鳍。通高140、宽26~28厘米（彩版二七七，1~4）。

　　LSSK：124，云凤纹。保存完整。柱头雕刻一只展翅飞翔在云层中的凤凰。雕刻精美。通高140、宽30厘米（彩版二七八，1~4）。

　　LSSK：155，云凤纹。保存完整。柱头雕刻一只展翅向下俯冲、飞翔在云层中的凤凰。通高140、宽28厘米（彩版二七九，1~4）。

　　LSSK：157，云凤纹。保存完整。柱头雕刻一只展翅飞翔在云层中下落的凤凰。雕刻精美。通高140、宽28厘米（彩版二八〇，1~4）。

　　LSSK：159，云凤纹。保存完整。柱头雕刻一只展翅向下俯冲、飞翔在云层中的凤凰。雕刻精美。通高140、宽28厘米（彩版二八一，1~4）。

　　LSSK：161，云凤纹。保存完整。柱头雕刻一只展翅飞翔在云层中下落的凤凰。雕刻精美。通高140、宽27~29厘米（彩版二八二，1~4）。

　　LSSK：164，云凤纹。保存完整。柱头雕刻一只展翅飞翔在云层中下落的凤凰。雕刻精美。

通高 140、宽 27 厘米（彩版二八三，1~4）。

LSSK：166，云龙纹。保存完整。柱头雕刻一条龙飞翔在云层中，龙身有鳞和鳍。通高140、宽 26~29 厘米（彩版二八四，1~4）。

LSSK：226，云龙纹。栏柱头保存完整，栏柱下部残断、缺失。柱头雕刻一条龙飞翔在云层中，龙身有鳞和鳍。残高 62、宽 28 厘米（彩版二八五，1、2）。

LSSK：227，云凤纹。栏柱头保存完整，栏柱下部残断、缺失。柱头雕刻一只凤凰展翅飞翔在云层中。雕刻精美。残高 65、宽 25~26 厘米（彩版二八六，1~4）。

LSSK：228，云凤纹。栏柱头大部保存、不完整，栏柱下部残断、缺失。柱头雕刻一只凤凰展翅飞翔在云层中。雕刻精美。残高 37、宽 27 厘米（彩版二八五，3、4）。

LSSK：229，云龙纹。栏柱头保存完整，栏柱头以下残缺。柱头雕刻一条龙飞翔在云层中，龙身有鳞和鳍。残高 50、宽 30 厘米（彩版二八七，1~4）。

LSSK：230，云凤纹。栏柱不完整，仅保存柱头上半部分，柱头以下残缺。柱头雕刻一只展翅俯冲、飞翔在云层中的凤凰。残高 39、宽 28 厘米（彩版二八七，5、6）。

LSSK：257，云凤纹。栏柱头保存完整，柱身残断、缺失。柱头雕刻一只展翅向下俯冲、飞翔在云层中的凤凰。残高 90、宽 28 厘米（彩版二八八，1、2）。

LSSK：258，云龙纹。栏柱头与柱身均部分残损、缺失。柱头雕刻一条龙飞翔在云层中，龙身有鳞和鳍。残高 90、宽 28 厘米（彩版二八八，3、4）。

LSSK：259，云龙纹。栏柱头保存完整，柱身残断、缺失。柱头雕刻一条龙飞翔在云层中，龙身有鳞和鳍。残高 90、宽 28 厘米（彩版二八九，1~4）。

LSSK：260，云凤纹。栏柱头保存完整，柱身残断、缺失。柱头雕刻一只展翅飞翔在云层中下落的凤凰。雕刻精美。残高 67、宽 27~29 厘米（彩版二九〇，1~4）。

LSSK：267，圆雕狮子。保存完整。柱头采用圆雕手法雕刻坐狮一尊，胸前有绣球。通高 130、宽 25 厘米（彩版二九一，1~4）。

LSSK：269，圆雕狮子。保存完整。柱头采用圆雕手法雕刻坐狮一尊，胸前有绣球。通高 140、宽 25 厘米（彩版二九二，1~4）。

LSSK：270，圆雕狮子。保存完整。柱头采用圆雕手法雕刻坐狮一尊，胸前有绣球。通高 147、宽 26 厘米（彩版二九三，1~4）。

LSSK：271，云凤纹。栏柱头保存完整，柱身残断、缺失。柱头雕刻一只展翅飞翔在云层中的凤凰。雕刻精美。通高 85、宽 27 厘米（彩版二九四，1~4）。

LSSK：274，云凤纹。保存基本完整，底部有残损。柱头雕刻一只展翅飞翔在云层中的凤凰。残高 130、宽 26~28 厘米（彩版二九五，1~4）。

LSSK：277，云凤纹。保存基本完整，底部略残缺。柱头雕刻一只凤凰展翅飞翔于云层间。残高 140、宽 27~29 厘米（彩版二九六，1~4）。

LSSK：281，云凤纹。保存基本完整，头部与底部略残缺。柱头雕刻一只凤凰展翅飞翔在云层中。通高 144、宽 28 厘米（彩版二九七，1~4）。

LSSK：286，云龙纹。保存完整。柱头雕刻一条龙飞翔在云层中，龙身有鳞和鳍。通高

140、宽 27 厘米（彩版二九八，1~4）。

　　LSSK：292，柱身方框纹。栏柱头残缺，柱身保存完整。柱身正、背面均雕刻双阴线长方框形纹饰。残高 98、宽 30 厘米（彩版二九九，1、2）。

　　LSSK：294，云凤纹。栏柱头上半部残缺，柱身底部残损。柱头雕刻一只凤凰展翅飞翔在云层中。残高 112、柱头直径 28 厘米（彩版三〇〇，1~4）。

　　LSSK：301，云凤纹。仅保存头部，以下残缺。柱头雕刻一只凤凰展翅飞翔在云层中。残高 46、直径 28 厘米（彩版二九九，3、4）。

　　LSSK：340，云凤纹。仅保存栏柱头，以下残缺。柱头雕刻一只凤凰展翅飞翔在云层中。残高 50、直径 14 厘米（彩版三〇一，1、2）。

　　LSSK：393，云龙纹。仅保存大部分柱头，以下残缺。柱头雕刻一条龙飞翔在云层中，龙首呈人面形，十分罕见。部分采用透雕手法，雕刻工艺精湛。残高 35、直径 13 厘米（彩版三〇一，3~6）。

二　栏杆和栏板

　　47 件。栏杆和栏板是护栏两个栏柱之间的腹部结构，为一整体石雕刻构件。栏杆和栏板因遭受自然风化侵蚀多有损毁，表面多有污垢，纹饰细部不清楚或模糊。圆形栏杆雕刻直线纹呈凹凸瓜棱形。多数栏板两面平面减地半浮雕雕刻云凤纹、云龙纹或花卉纹等，栏板周边窄线框内均雕刻连枝花卉纹，也有少数栏板是单面雕刻纹饰的。多数栏板正、背两面雕刻纹饰相同。栏杆与栏板之间镂空，两端和中间有圆鼓形或花盆形连接柱，连接柱顶端雕刻超出鼓面的云朵纹。栏板连接两侧栏柱的侧立面有凸榫。雕刻工艺精湛，纹饰画面生动美观。征集的构件多数栏杆残缺，栏板大多保存完整。

　　LSSK：47，正、背面云龙纹。栏杆残缺，栏板保存基本完整，角部有损毁。栏板正、背面均雕刻向前方飞翔在云层中的龙纹画面，龙有双角、鳞和鳍；四周边框刻饰连枝花卉纹。高 45、宽 140、厚 20 厘米（图 3-5；彩版三〇二，1~4）。

　　LSSK：54，正、背面云凤纹。栏杆损毁缺失，栏板保存基本完整，一端头部分缺损。栏

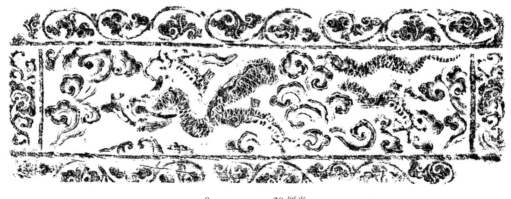

0　　　　　20厘米

图 3-5　LSSK：47 云龙纹

板正、背面均雕刻两只凤凰盘旋追逐飞翔在云层中嬉戏的画面，喜庆优美，雕刻精湛；四周边框雕刻连枝花卉纹。高42、宽140、厚20厘米（彩版三〇三，1~4）。

　　LSSK：56，正面云凤纹，背面云龙纹。栏杆和栏板保存完整，一侧肩部破裂，经修复。栏板正面雕刻一只凤凰飞翔在云层中向下俯冲的画面，背面雕刻一条龙飞翔在云层中的画面；四周边框雕刻连枝花卉纹；栏杆与栏板之间的连接柱雕刻云纹。通高80、宽112、厚17厘米（图3-6；彩版三〇四，1~4）。

　　LSSK：108，正、背面云凤纹。栏杆缺失，栏板两肩部缺损。栏板正、背面均雕刻一雌一雄两只凤凰展翅飞翔追逐嬉戏在云层中的画面，背面遭受严重磨损，纹饰模糊可见轮廓；四周边框刻饰连枝花卉纹。高46、宽125、厚28厘米（彩版三〇五，1~3）。

　　LSSK：112，正面云凤纹。栏杆缺失，栏板一端头部分缺损。栏板正面雕刻两只凤凰展翅飞翔在云层中的画面，前雌后雄，雕刻精美；四周边框刻饰连枝花卉纹。背面刻有"九华门"三字，被后人用作门额。高44、残宽92、厚16厘米（彩版三〇六，1、2）。

　　LSSK：114，正、背面云凤纹。栏杆缺失，栏板一下角缺损，体型厚重。栏板正、背面均雕刻一只凤凰展翅飞翔在云层中后落地的画面，正面雄性，背面雌性，雕刻精美；四周边框雕刻连枝花卉纹。高46、宽104、厚20厘米（彩版三〇七，1、2）。

　　LSSK：116，正面云凤纹。栏杆缺失，栏板保存基本完整，一下角有损毁。栏板正面雕饰一只凤凰向下俯冲、飞翔在云层中的画面，雕刻精美；背面没有雕刻纹饰；四周边框刻饰连枝花卉纹。高46、宽126、厚20厘米（彩版三〇八，1~4）。

0 ——— 20厘米

图3-6　LSSK：56云龙纹

　　LSSK：118，正面云龙纹。栏杆缺损，栏板一端部分残断、不完整，肩部一端有损毁，体型厚重。栏板正面雕饰一条向前下方飞翔在云层中的龙纹画面，龙有双角、鳞和鳍；背面没有雕刻纹饰；四周边框刻饰连枝花卉纹。高46、残宽126、厚18厘米（图3-7；彩版三〇九，1、2）。

　　LSSK：128，正面云凤纹。栏杆残缺，栏板缺损一半。纹饰不完整。栏板正面雕刻一只凤凰腾飞在云层中的画面，雕刻精美；背面没有雕刻纹饰；四周边框刻饰连枝花卉纹。高42、残宽77、厚22厘米（彩版三一〇，1~3）。

　　LSSK：156，正、背面云凤纹。栏杆缺失，栏板一侧肩部缺损，一侧边为斜边，应为台阶栏板。栏板正、背面均雕刻一只雌性凤凰展翅飞翔在云层中的画面，雕刻精美；四周边框刻饰连枝花卉纹。高38、宽117、厚20厘米（彩版三一一，1~3）。

　　LSSK：158，正面云凤纹。栏杆缺失，栏板一端肩部缺损。栏板正面雕刻一只雌性凤凰展翅飞翔在云层中的画面，雕刻精美；背面严重磨损，画面模糊但尚可见轮廓，似为一只雄性凤凰飞翔在云层中；四周边框刻饰连枝花卉纹。高46、宽128、厚19厘米（图3-8；彩版三一二，1~3）。

　　LSSK：160，正、背面云凤纹。栏杆缺失，栏板一下角缺损。栏板正、背面均雕刻一只雌性凤凰展翅飞翔在云层中的画面，雕刻精湛；四周边框刻饰连枝花卉纹。高45、宽133、厚20厘米（图3-9；彩版三一三，1~3）。

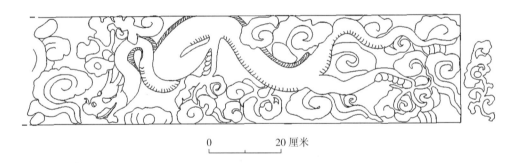

0　　　　　20厘米

图3-7　LSSK：118云龙纹

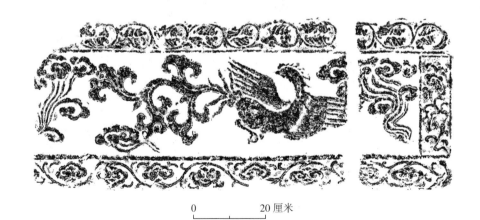

0　　　　　20厘米

图3-8　LSSK：158云凤纹

LSSK：163，正、背面云凤纹。栏杆缺失，栏板肩角有损毁。栏板正、背面均雕刻两只凤凰展翅飞翔在云层中追逐嬉戏的画面，一雌一雄，雕刻精湛；四周边框刻饰连枝花卉纹。高45、宽145、厚20厘米（图3-10；彩版三一四，1~3）。

LSSK：165，正、背面双狮耍绣球纹。栏杆缺失，栏板残断成两截，断面亦有残损。栏板正、背面均雕刻两只狮子耍绣球画面，场面喜庆，雕刻精湛；四周边框刻饰连枝花卉纹。高42、宽132、厚17厘米（彩版三一五，1~3）。

LSSK：175，正、背面云龙纹。栏杆残缺，栏板一端部分残缺。纹饰不完整。栏板正、背面均雕刻一条龙腾飞在云层中的画面，雕刻精美；四周边框刻饰连枝花卉纹。高30、残宽85、厚22厘米（彩版三一六，1~3）。

LSSK：200-1，正、背面云龙纹。栏杆残缺，栏板两侧斜边，为台阶栏板。栏板保存完整，表面有污垢，纹饰不清晰。栏板正、背面均雕刻飞翔在云层中的龙纹画面，龙有双角、鳞和鳍；四周边框刻饰连枝花卉纹。高40、宽138、厚18厘米（彩版三一七，1、2）。

LSSK：206，正、背面阴线刻方框纹。栏杆缺失，栏板保存基本完整。栏板正、背面和两侧边均雕刻阴线凹肩方框纹饰；四周为素面边框。高42、宽130、厚17厘米（图3-11；

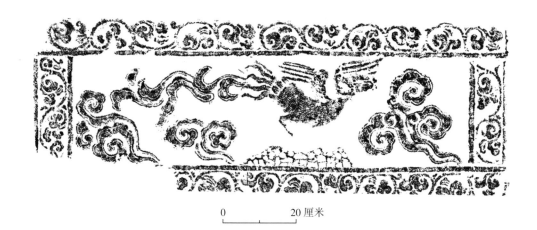

0　　　　20厘米

图3-9　LSSK：160 云凤纹

0　　　　20厘米

图3-10　LSSK：163 云凤纹

彩版三一八，1~3）。

　　LSSK：223，正面连枝西番莲纹。栏杆缺失，栏板两边有损毁。纹饰基本完整。栏板正面雕刻三朵连枝西番莲纹；背面没有雕刻纹饰；四周边框风化磨损严重，似没有雕刻纹饰。高31、残宽64、厚20厘米（彩版三一九，1~3）。

　　LSSK：240，正、背面云龙纹。栏杆残缺，栏板残缺一半，一肩部残损。纹饰不完整。栏板正、背面均雕刻一条龙腾飞在云层中的画面；四周边框刻饰连枝花卉纹。高42、残宽72、厚20厘米（彩版三二〇，1~3）。

　　LSSK：244，正、背面云龙纹。栏杆残缺，栏板缺失一半。栏板正、背面均雕刻一条龙腾飞在云层中的画面，龙有双角、鳞和鳍；四周边框刻饰连枝花卉纹。高40、残宽70、厚20厘米（彩版三二一，1~3）。

　　LSSK：255，正、背面云龙纹。栏杆残缺，栏板一下角缺损。栏板正、背面均雕刻一条龙腾飞在云层中，龙有双角、鳞和鳍，画面精美；四周边框刻饰连枝花卉纹。高45、宽130、厚20厘米（图3-12；彩版三二二，1~3）。

　　LSSK：256，正、背面双狮耍绣球纹。栏杆缺失，栏板保存基本完整。正、背面受自然风化侵蚀磨损严重，画面模糊不清楚，背面几乎被磨光，隐约可见雕刻纹饰轮廓。栏板正、背面均雕刻双狮耍绣球纹；四周边框隐约可见连枝花卉纹。高40、宽120、厚17厘米（彩

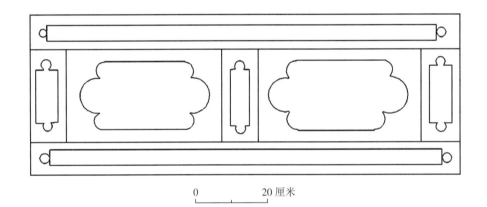

0　　　　　20厘米

图 3-11　LSSK：206 阴线刻方框纹

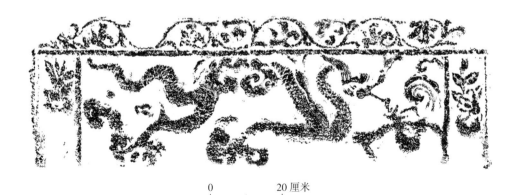

0　　　　　20厘米

图 3-12　LSSK：255 云龙纹

版三二三，1~3）。

　　LSSK：261，正、背面连枝花卉纹。栏杆缺失，栏板断裂，一下角有损毁。栏板正、背面均雕刻连枝花卉纹，正面为牡丹，背面为牡丹、莲花和西番莲组合纹；四周边框刻饰连枝枝叶纹。高 40、宽 113、厚 20 厘米（图 3-13；彩版三二四，1~3）。

　　LSSK：262，正、背面云凤纹。栏杆缺失，栏板两端均有缺损。栏板正、背面均雕刻雌雄两只凤凰追逐嬉戏飞翔在云层中的画面，雕刻精湛，端头残损其中一只凤凰，画面不完整；四周边框刻饰连枝花卉纹。高 45、残宽 110、厚 18 厘米（图 3-14；彩版三二五，1~3）。

　　LSSK：263，正、背面云凤纹。栏杆缺失，栏板一端缺损，画面不完整。栏板正、背面均雕刻一只雌性凤凰展翅飞翔在云层中落地的画面；四周边框刻饰连枝花卉纹。高 45、残宽 105、厚 20 厘米（彩版三二六，1~3）。

　　LSSK：273，正、背面云朵纹。栏杆和栏板残缺一半。纹饰画面不完整。栏板正、背面均雕刻如意云纹一朵；四周边框刻饰连枝花卉纹。高 80、残宽 87、厚 18 厘米（彩版

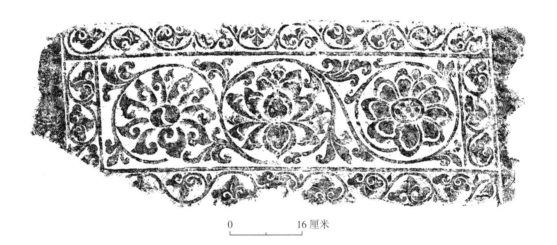

0　　　　　　16 厘米

图 3-13　LSSK：261 连枝花卉纹

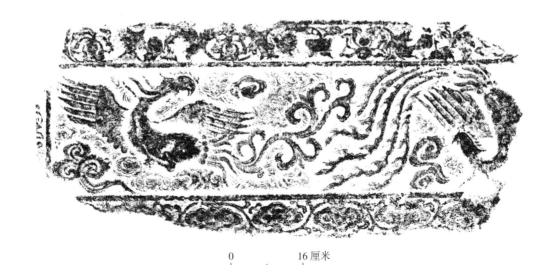

0　　　　　　16 厘米

图 3-14　LSSK：262 云凤纹

三二七，1~5）。

LSSK：276，正面云龙纹，背面云凤纹。栏杆残缺，栏板残缺大半部分。纹饰画面不完整。栏板正面雕刻飞翔在云层中的龙纹画面，背面雕刻一只凤凰飞翔在云层中；四周边框刻饰连枝花卉纹。高46、残宽63、厚20厘米（彩版三二八，1~3）。

LSSK：279，正面云龙纹，背面云凤纹。栏杆残缺，栏板保存基本完整，正面一端有残损。栏板正面雕刻飞翔在云层中的龙纹画面，龙有双角、鳞和鳍；背面雕刻一只飞翔在云层中的雌性凤凰；四周边框刻饰连枝花卉纹。高43、宽113、厚17厘米（图3-15；彩版三二九，1~3）。

LSSK：284，正面云凤纹。栏杆缺失，栏板一端部分缺损。栏板正面雕刻一雌一雄两只凤凰展翅飞翔在云层中，雕刻精湛；背面没有雕刻纹饰；四周边框刻饰连枝花卉纹。高45、宽140、厚20厘米（图3-16；彩版三三〇，1~3）。

LSSK：288，正、背面云龙纹。栏杆残缺，栏板保存基本完整，角部略有损毁。栏板正、背面均雕刻一条龙飞翔在云层中的画面，龙有双角、鳞和鳍；四周边框刻饰连枝花卉纹。高37、宽140、厚27厘米（图3-17；彩版三三一，1~4）。

LSSK：291，正、背面云凤纹。栏杆残缺，栏板一端肩部损毁和一下角缺损。纹饰画面

0 ────── 16厘米

图3-15　LSSK：279 云凤纹

0 ────── 20厘米

图3-16　LSSK：284 云凤纹

正面

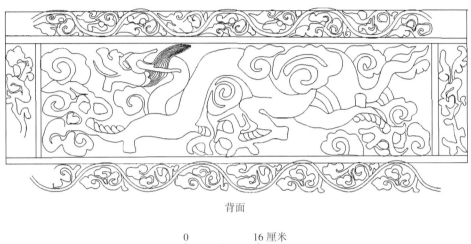

背面

0 ____ 16 厘米

图 3-17 LSSK：288 云龙纹

遭受风化腐蚀、磨损而模糊不清。栏板正、背面均雕刻一只雌性凤凰飞翔在云层中；四周边框刻饰连枝花卉纹。高 42、宽 140、厚 18 厘米（彩版三三二，1~3）。

LSSK：296，正、背面云凤纹。栏杆残缺，栏板残缺一半。纹饰不完整，表面遭受严重风化腐蚀，画面模糊不清，背面仅见轮廓。栏板正、背面均雕刻一只腾飞在云层中的凤凰；四周边框刻饰连枝花卉纹。高 42、残宽 71、厚 20 厘米（彩版三三三，1~3）。

LSSK：298，正面云龙纹，背面云凤纹。栏杆残缺，栏板残缺大半。纹饰不完整。栏板正面雕刻一条飞翔在云层中的龙，背面雕刻一只飞翔在云层中的凤凰；四周边框刻饰连枝花卉纹。高 38、残宽 78、厚 20 厘米（彩版三三四，1~3）。

LSSK：302，正面云凤纹。栏杆残缺，栏板残缺大半。纹饰不完整。栏板正面雕刻一只飞翔在云层中的凤凰；四周边框刻饰连枝花卉纹。高 38、残宽 82、厚 19 厘米（彩版三三五，1）。

LSSK：318，正面云龙纹。栏杆残缺，栏板残缺大半。纹饰不完整。栏板正面雕刻一条飞翔在云层中的龙；四周边框刻饰连枝花卉纹。高 38、残宽 82、厚 19 厘米（彩版三三五，2）。

LSSK：318-1，正面云凤纹。栏杆残缺，栏板残缺大半。纹饰不完整。栏板正面雕刻一只凤凰腾飞在云层中；四周边框刻饰连枝花卉纹。高 37、残宽 70、厚 20 厘米（彩版三三五，3）。

LSSK：319，正、背面云凤纹。栏杆残缺，栏板残缺大半，一端斜面。纹饰不完整。栏板正、背面均雕刻一只凤凰飞翔在云层中；四周边框刻饰连枝花卉纹。高36、残宽76、厚18厘米（彩版三三六，1、2）。

LSSK：320，正面云龙纹。栏杆残缺，栏板残缺大半。纹饰不完整。栏板正面雕刻一条飞翔在云层中的龙；四周边框刻饰连枝花卉纹。高38、残宽82、厚19厘米（彩版三三六，3）。

LSSK：321，正面云龙纹。栏杆残缺，栏板残缺大半。纹饰不完整。栏板正面雕刻一条飞翔在云层中的龙；四周边框刻饰连枝花卉纹。高38、残宽45、厚19厘米（彩版三三七，1）。

LSSK：322，正面云凤纹。栏杆残缺，栏板残缺大半。纹饰不完整，表面风化磨损严重，画面模糊不清楚，仅见轮廓。栏板正面似雕刻飞翔在云层中的凤凰纹饰；四周边框刻饰连枝花卉纹。高38、残宽52、厚19厘米（彩版三三七，2）。

LSSK：323，正面云龙纹。栏杆残缺，栏板残缺大半。纹饰不完整。栏板正面雕刻一条飞翔在云层中的龙；四周边框刻饰连枝花卉纹。高38、残宽82、厚19厘米（彩版三三七，3）。

LSSK：324，正面云凤纹。栏杆残缺，栏板残缺大半。纹饰不完整。栏板正面雕刻一只飞翔在云层中的凤凰；四周边框刻饰连枝花卉纹。高40、残宽78、厚20厘米（彩版三三八，1）。

LSSK：326，正面云凤纹。栏杆残缺，栏板两端均残缺，仅存中间小部分。纹饰不完整。栏板正面雕刻一只凤凰腾飞在云层中；四周边框刻饰连枝花卉纹。高38、残宽38、厚17厘米（彩版三三八，2）。

LSSK：327，正面云凤纹。栏杆残缺，栏板残缺大半。纹饰不完整。栏板正面雕刻一只凤凰腾飞在云层中；四周边框刻饰连枝花卉纹。高38、残宽79、厚20厘米（彩版三三八，3）。

LSSK：382，正面云龙纹。栏杆与栏板保存完整。栏板正面雕刻一条龙飞翔在云层中；四周边框刻饰连枝花卉纹。高82、宽114、厚20厘米（彩版三三九，1）。

LSSK：392，正面云龙纹。栏杆残缺，栏板一端残缺。纹饰不完整。栏板正面雕刻一条龙飞翔在云层中；四周边框刻饰连枝花卉纹。高40、残宽86、厚20厘米（彩版三三九，2）。

LSSK：400，正、背面云龙纹。栏杆和栏板保存基本完整，一侧肩部微有损毁。正、背面均雕刻相同的云龙纹，正面龙向前飞翔，背面龙回首飞翔，龙有双角、鳞和鳍。通高80、宽140、厚23厘米（图3-18；彩版三四〇，1~4）。

第三节　须弥座类石雕刻遗存

明中都城征集的流散石雕刻须弥座类遗存数量比较多，其构件除了午门类型外，还有一批不同于午门类型的石雕刻构件，如有雕刻纹饰的枋枭、不同尺寸规格的束腰、角柱等。须弥座束腰纹饰图案种类与午门类型基本雷同，有云龙、云凤、方胜、多种花卉和云朵纹等。束腰纹饰皆采用平面减地阳刻技术手法雕刻，圭角纹饰采用减地阳刻叠加阴线雕刻手法，方形角柱纹饰采用平面减地半浮雕雕刻手法。午门上、下枋枭没有雕刻纹饰，征集的流散枋枭

正面

背面

0　　　　　20厘米

图 3-18　LSSK：400 云龙纹

均雕刻纹饰。流散须弥座石雕刻遗存是中都城重要的石雕刻艺术遗存，纹饰画面精美，雕工精湛，具有极高的艺术价值。

一　束腰

共征集 124 件。束腰是位于须弥座中间凹进去的部分，是明中都城须弥座石雕刻遗存构件中征集最多的一种。束腰上的石雕刻纹饰虽历经自然风化腐蚀和磨损，但画面多数保存清楚，少数模糊不清晰亦可见轮廓。纹饰有云龙、云凤、云朵、西番莲、菊花、牡丹、莲花、方胜、狮子耍绣球、山景瑞草、山景梅花鹿和山景麒麟等图案，画面精美，雕工精湛。

　　LSSK：1，云凤纹。保存基本完整，一端上角有残损，有窄边线框。纹饰风化腐蚀，细部模糊，轮廓基本清楚，为一只飞翔的凤凰，雕刻精美。背面不整齐。长77、高31、厚28厘米（彩版三四一，1~3）。

　　LSSK：2，云凤纹。保存基本完整，底边角有残损。纹饰风化腐蚀，细部模糊，轮廓基本清楚，为一雌一雄两只追逐飞翔在云层中的凤凰，画面活泼喜庆，雕刻精美。背面不整齐。长91、高35、厚30厘米（图3-19；彩版三四二，1~3）。

　　LSSK：3，云龙纹。保存完整，有窄边线框。纹饰风化腐蚀，局部损毁，轮廓基本清楚，为一条飞翔在云层中的龙，龙有双角、鳞和鳍。背面整齐。长96、高35、厚30厘米（彩版三四三，1~3）。

　　LSSK：4，云龙纹。保存完整，有窄边线框。纹饰风化腐蚀，轮廓清楚，为一条飞翔在云层中的龙，龙有双角、鳞和鳍，雕刻精美。背面整齐。长108、高32、厚23厘米（彩版三四四，1~3）。

　　LSSK：5，狮子绶带纹。保存完整，有窄边线框。纹饰风化腐蚀，细部模糊，轮廓基本清楚，为一头狮子口含绶带而无球，应是一幅不完整的狮子耍绣球纹，缺下一块束腰上另一只狮子和绣球。背面不整齐。长67、高35、厚34厘米（图3-20；彩版三四五，1~3）。

　　LSSK：7，二连方胜纹。保存完整，有窄边线框。纹饰风化腐蚀，轮廓基本清楚，为二连方胜纹，偏向一侧，另一端头有山景石纹，应是另一幅画面的一部分。背面凹凸不整齐。长73、高40、厚35厘米（彩版三四六，1~3）。

　　LSSK：8，西番莲纹。保存完整，一端头有窄边线框。纹饰风化腐蚀，细部模糊，轮廓清楚，为一幅绕头圆形框花朵后面连着两条枝叶股纹的西番莲纹。背面凹凸不整齐。长88、高32、厚36厘米（图3-21；彩版三四七，1~3）。

　　LSSK：9，山景麒麟纹。保存基本完整。纹饰风化腐蚀，细部模糊，轮廓清楚，为山景中有一棵古老松柏和一只有角、身有火纹、马尾的坐姿麒麟，雕刻精美。背面不整齐。长81、高35、厚41厘米（图3-22；彩版三四八，1~3）。

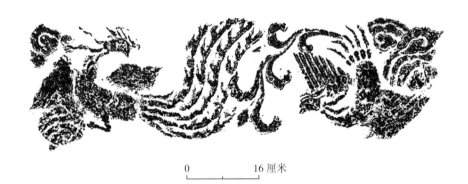

0　　　　　16厘米

图3-19　LSSK：2云凤纹

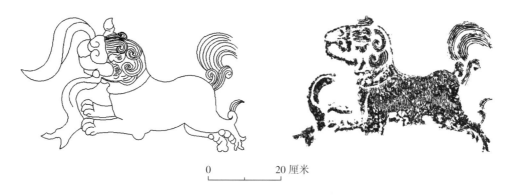

0　　　　　　20厘米

图 3-20　LSSK：5 狮子绶带纹

0　　　　16厘米

图 3-21　LSSK：8 西番莲纹

LSSK：10，山景大象纹。保存基本完整，有窄边线框。纹饰风化腐蚀，轮廓清楚，图案少见，在山景中有一头回首大象。造型形象生动，雕刻精美。背面不整齐。长 80、高 36、厚 34 厘米（图 3-23；彩版三四九，1~3）。

LSSK：11，山景梅花鹿纹。保存完整，有窄边线框。纹饰风化腐蚀，轮廓清楚，在崇山峻岭山景中有两只梅花鹿在惊恐地奔跑，前面一只从山洞里跑出来，画面生动惊险。后面一只动物似为独角，身上有火纹，像麒麟？背面凹凸不整齐。长 95、高 34、厚 33 厘米（彩版三五〇，1~3）。

LSSK：12，山景老虎纹。保存完整，有窄边线框。纹饰风化腐蚀、模糊，轮廓基本清楚，

为一幅山景中有前后一大一小两只老虎，山中有松柏树。背面不整齐。长 96、高 35、厚 22
厘米（图 3-24；彩版三五一，1~3）。

　　LSSK：13，连枝牡丹莲花纹。保存完整，有窄边线框。纹饰风化腐蚀，细部模糊，轮廓
基本清楚，为一幅两朵连枝牡丹、莲花的组合花卉纹。背面不整齐。长 67、高 33、厚 27 厘
米（彩版三五二，1~3）。

　　LSSK：14，山景梅花鹿纹。保存完整，有窄边线框。纹饰风化腐蚀、模糊，轮廓清晰，
为一幅山景画面，有两只前后追逐嬉戏的梅花鹿，似为母子，寓意子孙兴旺。画面活泼生动。

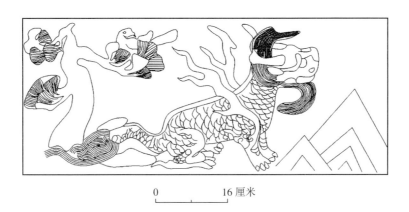

0　　　　　　16 厘米

图 3-22　LSSK：9 山景麒麟纹

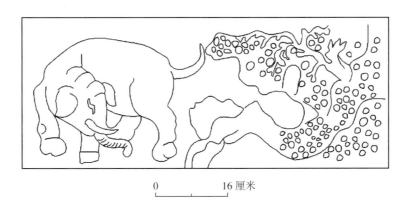

0　　　　　　16 厘米

图 3-23　LSSK：10 山景大象纹

0　　　　　　20 厘米

图 3-24　LSSK：12 山景老虎纹

背面整齐。长 100、高 35、厚 30 厘米（图 3-25；彩版三五三，1~3）。

LSSK：15，连枝花卉纹。保存基本完整，一下角残损，有窄边线框。纹饰风化腐蚀，画面严重模糊，轮廓可见，为两朵连枝花卉纹。背面凹凸不整齐。长 72、高 33、厚 23 厘米（彩版三五四，1~3）。

LSSK：16，狮子耍绣球纹。保存完整，有窄边线框。纹饰风化腐蚀，细部模糊，轮廓基本清楚，为一大狮子带一小狮子耍绣球嬉戏纹饰。从画面看，大小狮子在球的一边，纹饰应不完整，另一边的狮子应在下一块上。雕刻精美。背面凹凸不整。长 102、高 34、厚 32 厘米（彩版三五五，1~3）。

LSSK：17，云凤纹。保存完整。纹饰风化腐蚀、模糊，轮廓清楚，为一只飞翔在云层中的凤凰。雕刻精湛。背面不整齐。长 77、高 23、厚 18 厘米（图 3-26；彩版三五六，1~3）。

LSSK：18，西番莲枝叶绞股纹。保存完整，一长边和一端头有窄边线框。纹饰风化腐蚀，轮廓清楚，为一幅西番莲枝叶绞股纹。雕刻精美。背面凹凸不整齐。长 84、高 32、厚 40 厘米（图 3-27；彩版三五七，1~3）。

LSSK：19，山景梅花鹿纹。保存完整，有窄边线框。纹饰风化腐蚀，轮廓基本清楚，为一幅山景画面，在崇山峻岭山景中有一只一边向前奔跑一边回头张望的雌性梅花鹿，背景有松竹与云朵。画面生动惊险，雕刻精美。背面凹凸不整齐。长 113、高 34、厚 28 厘米（彩版三五八，1~3）。

LSSK：21，山景老虎纹。保存完整，有窄边线框。纹饰风化腐蚀，轮廓清楚，山景松柏树下有一头行走的老虎。雕刻精美。背面不整齐。长 93、高 35、厚 30 厘米（图 3-28；彩版三五九，1~3）。

LSSK：22，云凤纹。保存基本完整，有断裂。纹饰风化腐蚀残损、模糊，轮廓可见，

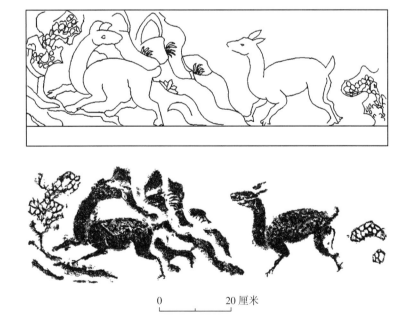

0　　　　20 厘米

图 3-25　LSSK：14 山景梅花鹿纹

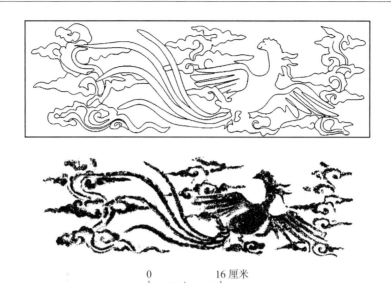

0   16厘米

图 3-26   LSSK：17 云凤纹

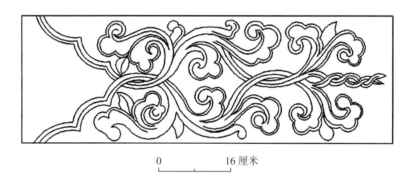

0   16厘米

图 3-27   LSSK：18 西番莲枝叶绞股纹

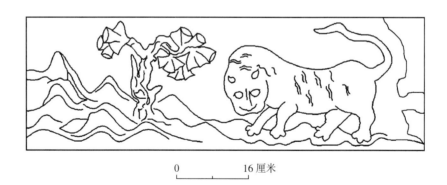

0   16厘米

图 3-28   LSSK：21 山景老虎纹

为一只飞翔在云层中的凤凰。背面凹凸不整齐。长 122、高 32、厚 31 厘米（彩版三六〇，1~3）。

    LSSK：23，折枝牡丹纹。保存完整。纹饰风化腐蚀、模糊，轮廓基本清楚，为一幅折枝牡丹纹。背面整齐。长 111、高 31、厚 27 厘米（彩版三六一，1~3）。

    LSSK：27，云龙纹。保存基本完整，边角磨损呈圆角。纹饰细部模糊，轮廓清楚，为一条飞翔在云层中的龙。长 140、高 37、厚 28 厘米（彩版三六二，1~3）。

LSSK：35，连枝牡丹莲花纹。保存完整，上下有窄边线框，边角有残损。纹饰风化腐蚀，轮廓基本清楚，为五朵连枝牡丹、莲花组合花卉纹。雕刻精美。背面凹凸不整齐。长 86、高 20、厚 40 厘米（彩版三六三，1~3）。

LSSK：39，连枝牡丹纹。保存完整，上下有窄边线框，一端头边角残损。纹饰风化腐蚀，细部模糊，轮廓基本清楚，为两朵连枝大花牡丹纹。背面凹凸不整齐。长 54、高 20、厚 34 厘米（彩版三六四，1~3）。

LSSK：41，折枝牡丹纹。正面保存完整，背面一角有损毁。纹饰基本清楚，为一幅折枝牡丹纹，画面精美。背面凹凸不整齐。长 86、高 30、厚 50 厘米（彩版三六五，1~3）。

LSSK：69，山景人耍杂技纹。保存完整，有窄边线框。纹饰风化腐蚀有损毁，轮廓基本可见，为山景中有两个人在表演或练习杂技，一人正面台中露肚皮、右手执带跨前后腿、左手上举玩舞蹈杂技，另一人侧面双手托捧一高高的塔式花瓶向台中间走来，瓶口露出一盛开的花朵。背面整齐。长 106、高 40、厚 20 厘米（彩版三六六，1~3）。

LSSK：71，连枝莲纹。保存完整，上下有窄边线框。纹饰风化腐蚀，局部模糊，轮廓基本清楚，为连枝莲叶、莲花组合纹。背面凹凸不整齐。长 75、高 20、厚 28 厘米（彩版三六七，1~3）。

LSSK：77，西番莲枝叶绞股纹。基本保存完整。纹饰基本清楚，为一幅西番莲枝叶绞股纹。背面凹凸不整齐。长 85、高 30、厚 35 厘米（图 3-29；彩版三六八，1~3）。

LSSK：79，连枝莲纹。保存完整，上下有窄边线框。纹饰风化腐蚀，局部模糊，轮廓基本清楚，为一束莲花、莲叶等组合花卉纹，雕刻精美。背面凹凸不整齐。长 68、高 19、厚 25 厘米（图 3-30；彩版三六九，1~3）。

0　　　　16 厘米

图 3-29　LSSK：77 西番莲枝叶绞股纹

　　LSSK：80，连枝牡丹莲花纹。保存完整，上下有窄边线框。纹饰风化腐蚀，细部模糊，轮廓基本清楚，为一幅三朵连枝大牡丹、莲花组合花卉纹，雕刻精美。背面凹凸不整齐。长67、高18、厚29厘米（图3-31；彩版三七〇，1~3）。

　　LSSK：82，连枝牡丹莲花纹。保存完整，上下有窄边线框。纹饰风化腐蚀，细部模糊，轮廓基本清楚，为一幅四朵连枝牡丹、莲花组合花卉纹。背面凹凸不整齐。长69、高20、厚33厘米（图3-32；彩版三七一，1~3）。

　　LSSK：89，云朵纹。保存基本完整。纹饰偏向一侧，轮廓清楚，为一幅如意云朵纹，云纹的尾部拐弯刻到端面上。背面凹凸不整齐。长73、高30、厚36厘米（彩版三七二，1~3）。

　　LSSK：98，云龙纹。保存完整。纹饰风化腐蚀、模糊，轮廓基本清楚，为一条飞翔在云层中的龙，龙有双角、鳞和鳍。背面凹凸不整齐。长90、高30、厚40厘米（彩版三七三，

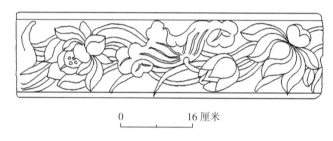

0　　　　　　16厘米

图3-30　LSSK：79连枝莲纹

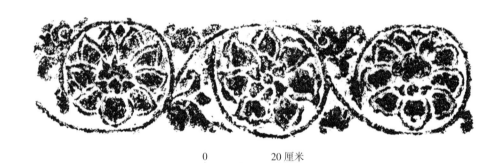

0　　　　　　20厘米

图3-31　LSSK：80连枝牡丹莲花纹

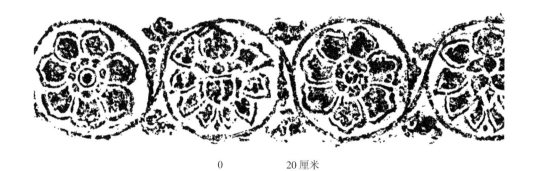

0　　　　　　20厘米

图3-32　LSSK：82连枝牡丹莲花纹

1~3）。

LSSK：100，西番莲纹。保存完整，一端头有窄边线框。纹饰风化腐蚀，细部模糊，轮廓基本清楚，为一幅典型的西番莲纹。背面凹凸不整齐。长80、高30、厚36厘米（图3-33；彩版三七四，1~3）。

LSSK：101，西番莲纹。保存完整，有窄边线框。纹饰风化腐蚀、模糊，轮廓基本清楚，为一幅西番莲纹。背面凹凸不整齐。长75、高35、厚34厘米（图3-34；彩版三七五，1~3）。

LSSK：102，连枝西番莲纹。保存完整，中间有断裂。纹饰风化腐蚀、模糊，轮廓基本清楚，为一幅连枝西番莲纹，雕刻精美。背面凹凸不整齐。长83、高32、厚35厘米（图3-35；彩版三七六，1~3）。

LSSK：103，西番莲纹。不完整。纹饰头部缺损，表面风化腐蚀、模糊，轮廓基本清楚，为一幅西番莲后部枝叶纹。背面凹凸不整齐。长71、高32、厚38厘米（图3-36；彩版三七七，1~3）。

LSSK：104，折枝花卉纹。保存完整，有窄边线框。纹饰轮廓清楚，为一幅折枝花卉纹。背面凹凸不整齐。长72、高34、厚33厘米（彩版三七八，1~3）。

LSSK：105，西番莲纹。保存完整。纹饰风化腐蚀，细部模糊，轮廓清楚，为一幅西番莲纹。背面凹凸不整齐。长82、高34、厚33厘米（图3-37；彩版三七九，1~3）。

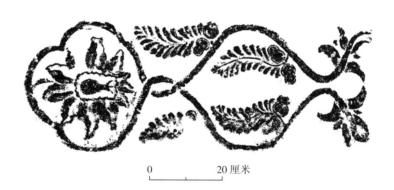

0　　　　　　20厘米

图3-33　LSSK：100 西番莲纹

0　　　　16厘米

图3-34　LSSK：101 西番莲纹

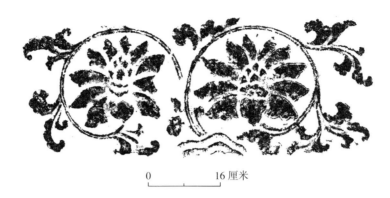

0　　　　　　16 厘米

图 3-35　LSSK：102 连枝西番莲纹

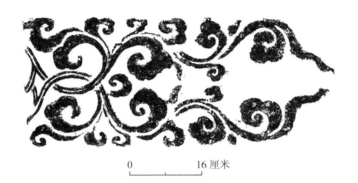

0　　　　　　16 厘米

图 3-36　LSSK：103 西番莲纹

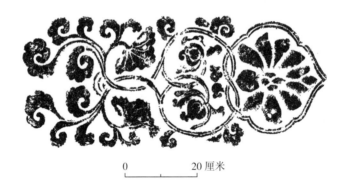

0　　　　　　20 厘米

图 3-37　LSSK：105 西番莲纹

　　LSSK：106，云朵纹。保存完整。纹饰轻度风化腐蚀，画面基本清楚，为一幅如意云朵纹。背面凹凸不整齐。长 77、高 30、厚 30 厘米（彩版三八〇，1~3）。

　　LSSK：122，云朵纹。保存基本完整，边角有损毁。纹饰风化腐蚀，细部模糊，轮廓清楚，为一幅如意云朵纹。背面凹凸不整齐。长 67、高 28、厚 35 厘米（彩版三八一，1~3）。

　　LSSK：123，云朵纹。保存完整。纹饰风化，轮廓清楚，为一幅如意云朵纹。背面凹凸不整齐。长 90、高 25、厚 20 厘米（图 3-38；彩版三八二，1~3）。

　　LSSK：140，连枝莲纹。保存基本完整，一下角稍有损毁，上下有窄边线框。纹饰风化腐蚀，细部模糊，轮廓基本清楚，为连枝莲花、莲叶组合纹，雕刻精美。背面整齐。长 80、高 19、厚 35 厘米（彩版三八三，1~3）。

　　LSSK：145，连枝牡丹莲花纹。保存完整，边角稍有损毁，上下有窄边线框。纹饰风化腐蚀、模糊，轮廓基本清楚，为一幅四朵连枝大牡丹、莲花组合花卉纹。背面凹凸不整齐。长 80、高 19、厚 34 厘米（彩版三八四，1~3）。

　　LSSK：146，云朵纹。保存完整。纹饰风化，轮廓清楚，为一幅如意云朵纹。背面凹凸不整齐。长 112、高 28、厚 30 厘米（图 3-39；彩版三八五，1~3）。

　　LSSK：151，折枝菊花纹。保存基本完整，上下有窄边线框，端头与边角有残损。纹饰风化腐蚀，轮廓基本清楚，为一幅折枝菊花纹。背面凹凸不整齐。长 90、高 20、厚 25 厘米（彩版三八六，1~3）。

　　LSSK：162，云龙纹。保存基本完整，有窄边线框，一端和肩角有残损。纹饰部分遭到严重风化侵蚀损毁，画面模糊不清，正面雕刻一条龙飞翔在云层中，边框雕刻连枝花卉纹。长 100、高 43、厚 20 厘米（彩版三八七，1~3）。

0　　　　　　16厘米

图 3-38　LSSK：123 云朵纹

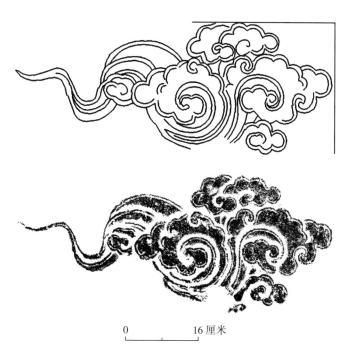

0　　　　　　16厘米

图 3-39　LSSK：146 云朵纹

　　LSSK：169，云朵纹。保存完整，边角稍有损毁。纹饰风化腐蚀，细部模糊，轮廓基本清楚，为一幅如意云朵纹。背面凹凸不整齐。长 60、高 27、厚 37 厘米（图 3-40；彩版三八八，1~3）。

　　LSSK：170，二连方胜纹。保存完整，有窄边线框。纹饰风化腐蚀，轮廓清楚，为二连方胜纹。雕刻精美。背面凹凸不整齐。长 52、高 35、厚 20 厘米（彩版三八九，1~3）。

　　LSSK：174，人牵狮子驮瓶纹。保存基本完整，有断裂，经粘合修复，下有窄边线框。纹饰风化腐蚀，细部模糊，轮廓基本清楚，为一人在前面牵一头驮花瓶的狮子，后面还跟着另一头驮花瓶的狮子，雕刻精美。背面平整。长 140、高 35、厚 30 厘米（彩版三九〇，1~3）。

　　LSSK：196，连枝牡丹莲花纹。保存基本完整，一端头残损，上下有窄边线框。纹饰风化腐蚀，细部模糊，轮廓基本清楚，为一幅五朵大牡丹、莲花连枝组合纹，雕刻精美。背面凹凸不整齐。残长 130、高 28、厚 22 厘米（图 3-41；彩版三九一，1~3）。

　　LSSK：198，西番莲纹。保存完整，一端头有窄边线框。纹饰细部模糊，轮廓清楚，为西番莲纹。背面凹凸不整齐。长 100、高 32、厚 48 厘米（图 3-42；彩版三九二，1~3）。

　　LSSK：199，西番莲纹。保存完整，表面和边角有损毁。纹饰风化腐蚀，细部模糊，轮廓基本清楚，为西番莲纹。背面凹凸不整齐。长 94、高 30、厚 34 厘米（图 3-43；彩版三九三，1~3）。

　　LSSK：200，西番莲纹。保存完整，一长边和一端头有窄边线框。纹饰风化腐蚀，局部

0 ⎯⎯⎯⎯ 14 厘米

图 3-40　LSSK：169 云朵纹

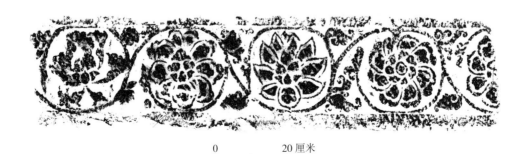

0 ⎯⎯⎯⎯ 20 厘米

图 3-41　LSSK：196 连枝牡丹莲花纹

图 3-42　LSSK：198 西番莲纹

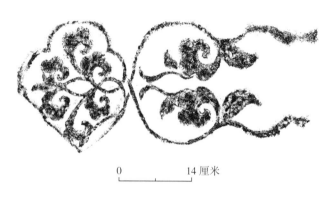

图 3-43　LSSK：199 西番莲纹

模糊，轮廓清楚，为西番莲纹。背面凹凸不整齐。长 90、高 32、厚 28 厘米（图 3-44；彩版三九四，1~3）。

　　LSSK：201，云朵纹。保存完整。纹饰风化腐蚀，局部模糊，轮廓清楚，为一幅如意云朵纹，雕刻精美。背面凹凸不整齐。长 65、高 27、厚 22 厘米（图 3-45；彩版三九五，1~3）。

　　LSSK：202，西番莲纹。保存完整，有窄边线框。纹饰风化腐蚀，细部模糊，轮廓清楚，为西番莲纹。背面凹凸不整齐。长 70、高 34、厚 20 厘米（彩版三九六，1~3）。

　　LSSK：224，西番莲纹。保存完整。纹饰风化腐蚀，轮廓清楚，为西番莲纹。背面凹凸不整齐。长 76、高 30、厚 30 厘米（图 3-46；彩版三九七，1~3）。

　　LSSK：225，云凤纹。保存基本完整，有窄边线框。纹饰风化腐蚀，轮廓清楚，为一只落地凤凰，雕刻精美。背面不整齐。长 70、高 30、厚 35 厘米（彩版三九八，1~3）。

　　LSSK：231，云凤纹。保存完整，有断裂。纹饰风化腐蚀、模糊，轮廓可见，为一只飞翔在云层中的凤凰。背面不整齐。长 60、高 30、厚 23 厘米（彩版三九九，1~3）。

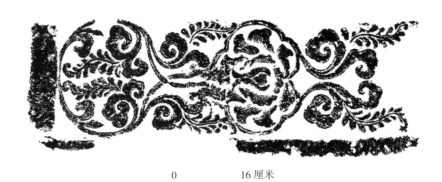

0　　　　　16 厘米

图 3-44　LSSK：200 西番莲纹

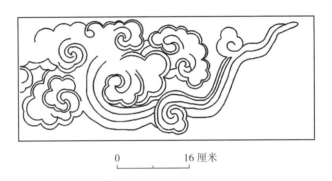

0　　　　　16 厘米

图 3-45　LSSK：201 云朵纹

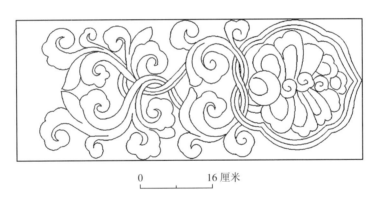

0　　　　　16 厘米

图 3-46　LSSK：224 西番莲纹

　　LSSK：232，二连方胜纹。保存完整。纹饰轮廓清楚。背面凹凸不整齐。长 42、高 22、厚 38 厘米（图 3-47；彩版四○○，1~3）。

　　LSSK：233，云凤纹。保存基本完整，有窄边线框。纹饰风化腐蚀，轮廓清楚，为一只凤凰飞翔在云层间，雕刻精美。背面不整齐。长 84、高 34、厚 27 厘米（图 3-48；彩版四○一，1~3）。

　　LSSK：234，狮子耍绣球纹。保存完整。纹饰风化腐蚀，轮廓清楚，为一只雄狮口含绶带耍绣球，缺另一半狮子，应在下一块束腰上。画面生动活泼，雕刻精湛。长 70、高 30、厚 25 厘米（彩版四○二，1~3）。

　　LSSK：237，云朵纹。保存基本完整。纹饰风化腐蚀，轮廓清楚，为一幅如意云朵纹。

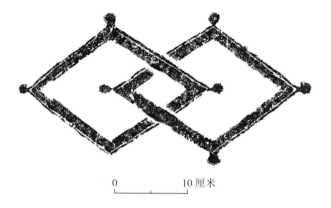

图 3-47　LSSK：232 二连方胜纹

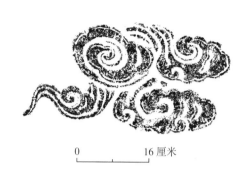

图 3-49　LSSK：237 云朵纹

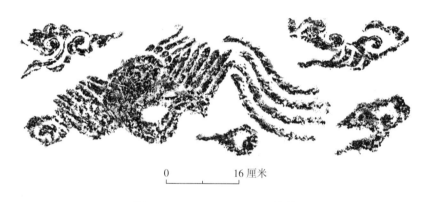

图 3-48　LSSK：233 云凤纹

图 3-50　LSSK：238 山景梅花鹿纹

背面整齐。长66、高28、厚22厘米（图3-49；彩版四〇三，1~3）。

　　LSSK：238，山景梅花鹿纹。保存完整，底边有窄边线框。纹饰风化腐蚀，细部模糊，轮廓清楚，为山景梅花鹿图案，在松柏树下卧着一只昂首、有角的雄性梅花鹿正在观赏梅花。画面温馨，雕刻精湛。背面凹凸不整齐。长98、高34、厚32厘米（图3-50；彩版四〇四，1~3）。

　　LSSK：241，西番莲纹。保存完整，一端头有窄边线框。纹饰风化腐蚀，细部模糊，轮廓基本清楚，为西番莲纹。雕刻精美。背面凹凸不整齐。长78、高30、厚32厘米（图3-51；彩版四〇五，1~3）。

　　LSSK：242，云朵纹。保存基本完整，一上角缺损。纹饰风化，轮廓基本清楚，为一幅如意云朵纹。背面整齐。长80、高30、厚26厘米（彩版四〇六，1~3）。

　　LSSK：243，连枝莲纹。保存完整，上下有窄边线框。纹饰风化腐蚀，轮廓基本清楚，为一幅连枝莲叶与莲花组合纹。背面整齐。长100、高18、厚32厘米（图3-52；彩版四〇七，1~3）。

图 3-51　LSSK：241 西番莲纹

图 3-52　LSSK：243 连枝莲纹

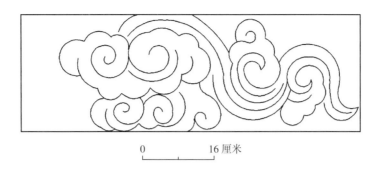

0   16 厘米

图 3-53   LSSK：247 云朵纹

LSSK：246，云龙纹。保存完整，底边有窄边线框。纹饰风化腐蚀、模糊，轮廓基本清楚，为一条龙飞翔在云层中，龙有双角、鳞和鳍，雕刻精美。背面整齐。长 88、高 24、厚 32 厘米（彩版四〇八，1~3）。

LSSK：247，云朵纹。保存基本完整，有窄边线框。纹饰风化腐蚀，轮廓清楚，为一幅有柄如意云朵纹，雕刻精美。背面凹凸不整齐。长 75、高 30、厚 35 厘米（图 3-53；彩版四〇九，1~3）。

LSSK：250，云龙纹。保存完整，底边有残损窄边线框，边角残损。纹饰风化腐蚀，轮廓清楚，为一条龙腾飞在云层中，龙有双角、鳞和鳍，雕刻精美。背面凹凸不整齐。长 70、高 33、厚 42 厘米（彩版四一〇，1~3）。

LSSK：251，凤凰牡丹纹。保存完整，底边有窄边线框。纹饰风化腐蚀，磨损比较重，细部不清楚，为一只展翅飞翔的凤凰降落在牡丹花丛中。长 82、高 32、厚 27 厘米（彩版四一一，1~4）。

LSSK：291，连枝西番莲纹。保存基本完整，上下有窄边线框。纹饰风化腐蚀、模糊，可见轮廓，为一幅三朵大花连枝西番莲纹。长 65、高 32、厚 18 厘米（彩版四一二，1）。

LSSK：293，凤凰牡丹纹。不完整，一端头残损，底边有窄边线框。纹饰风化腐蚀、模糊，轮廓基本清楚，为一只展翅飞翔的凤凰落在牡丹花丛中。长 70、高 34、厚 25 厘米（彩版四一二，2）。

LSSK：294，云凤纹。保存不完整，一端头残损，底边有窄边线框。纹饰风化腐蚀、模糊，轮廓基本清楚，为一只展翅飞翔在云层中的凤凰。长 54、高 34、厚 22 厘米（彩版四一二，3）。

LSSK：295，折枝菊花纹。保存基本完整，底边有窄边线框。纹饰风化腐蚀、模糊，轮廓可见，为一幅折枝菊花纹。长 77、高 33、厚 27 厘米（彩版四一三，1）。

LSSK：296，云朵纹。保存基本完整，底边有窄边线框，一边角有缺损。纹饰局部残损，画面风化腐蚀、模糊，轮廓可见，为一幅如意云朵纹。长 87、高 30、厚 35 厘米（彩版四一三，2）。

LSSK：297，西番莲纹。保存完整。头部纹饰超出、不完整，轮廓清楚，为西番莲纹。宽 62、高 32、厚 33 厘米（彩版四一三，3）。

LSSK：298，西番莲枝叶纹。保存基本完整，底边有窄边线框。纹饰不完整，表面风化腐蚀，轮廓清楚，为一幅西番莲的尾部两条枝叶纹。长63、高35、厚35厘米（彩版四一四，1）。

　　LSSK：299，西番莲纹。保存完整，底边有损毁的窄边线框。纹饰风化腐蚀严重，画面模糊，局部可见轮廓，为西番莲纹。背面凹凸不整齐。长75、高38、厚40厘米（彩版四一五，1~3）。

　　LSSK：300，一束莲纹。残半，底边和一端头有窄边线框。残存纹饰轮廓清楚，为一束莲纹。背面不整齐。残长36、高32、厚38厘米（彩版四一六，1~3）。

　　LSSK：305，云朵纹。保存基本完整，一端头和底边有缺损。纹饰风化腐蚀，细部模糊，轮廓基本清楚，为一幅有柄如意云朵纹。残长53、高25、厚29厘米（彩版四一四，2）。

　　LSSK：309，云朵纹。保存基本完整，有横向断裂痕。纹饰风化腐蚀、模糊，轮廓基本可见，为一幅有柄如意云朵纹。长65、高31、厚30厘米（彩版四一四，3）。

　　LSSK：310，云龙纹。一端缺失不完整，底边有窄边线框。纹饰风化腐蚀，轮廓基本清楚，为一条飞翔在云层中的龙，雕刻精美。长75、高30、厚25厘米（彩版四一五，1）。

　　LSSK：315，云朵纹。保存基本完整，底边角稍有损毁。纹饰偏向一端，画面风化腐蚀，轮廓基本清楚，为一幅如意云朵纹。长59、高31、厚30厘米（彩版四一五，2）。

　　LSSK：316，连枝牡丹莲花纹。保存基本完整，上下有窄边线框，一端头边角和窄边线框局部损毁。纹饰风化腐蚀、模糊，可见轮廓，为一幅四朵连枝牡丹、莲花组合花卉纹。长83、高19、厚37厘米（彩版四一五，3）。

　　LSSK：317，连枝牡丹纹。保存基本完整，上下有窄边线框。纹饰风化腐蚀、模糊，轮廓可见，为一幅连枝牡丹纹。长68、高22、厚37厘米（图3-54；彩版四一八，1）。

　　LSSK：328，云朵纹。保存基本完整。纹饰风化腐蚀，轮廓基本清楚，为一幅有柄如意云朵纹，雕刻精美。长71、高29、厚32厘米（彩版四一八，2）。

　　LSSK：330，连枝枝叶纹。保存基本完整，上下有窄边线框。纹饰风化腐蚀，轮廓基本清晰，为一幅连枝枝叶纹。长103、高21、厚26厘米（图3-55；彩版四一八，3）。

　　LSSK：331，连枝牡丹纹。保存不完整，两端头均有残损，上下有窄边线框。纹饰风化腐蚀有污垢，模糊，轮廓可见，为一幅连枝牡丹纹。长44、高20、厚27厘米（图3-56；彩版四一九，3）。

　　LSSK：332，云朵纹。保存基本完整，一端头残损。纹饰偏向一端头部，表面风化腐蚀，轮廓基本清楚，为一幅如意云朵纹。长118、高20、厚27厘米（彩版四一九，2）。

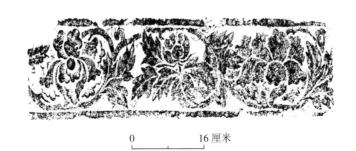

0　　　　　16厘米

图3-54　LSSK：317连枝牡丹纹

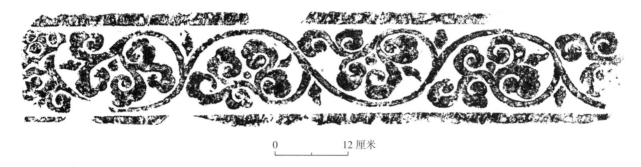

0　　　　　12厘米

图 3-55　LSSK：330 连枝枝叶纹

LSSK：333，二连方胜纹。保存不完整，一端头残损。纹饰不完整，为阳刻叠加阴刻线，画面风化腐蚀，轮廓基本清楚，为一幅二连方胜纹。长 59、高 30、厚 44 厘米（彩版四一九，3）。

LSSK：344，连枝牡丹莲花纹。保存基本完整，上下有窄边线框。纹饰风化腐蚀、模糊，轮廓可见，为一幅三朵连枝牡丹、莲花组合花卉纹。长 81、高 32、厚 20 厘米（彩版四二〇，1）。

LSSK：345，连枝牡丹莲花纹。保存基本完整，上下有窄边线框。纹饰风化腐蚀、模糊，可见局部轮廓，为一幅三朵连枝牡丹、莲花组合花卉纹。长 60、高 32、厚 18 厘米（彩版四二〇，2）。

LSSK：346，二连方胜纹。保存基本完整，一端下角损毁，有窄边线框。纹饰风化腐蚀、模糊，轮廓可见，为一幅二连方胜纹。长 67、高 33、厚 24 厘米（彩版四二〇，3）。

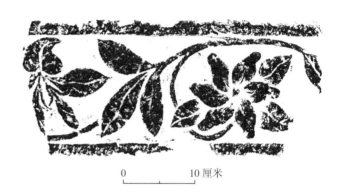

0　　　　　10厘米

图 3-56　LSSK：331 连枝牡丹纹

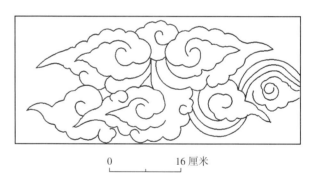

0　　　　　16厘米

图 3-57　LSSK：347 云朵纹

LSSK：347，云朵纹。保存基本完整，一角有损毁。纹饰风化腐蚀，轮廓清楚，为一幅如意云朵纹。长 63、高 29、厚 23 厘米（图 3-57；彩版四二一，1）。

LSSK：348，西番莲二连方胜组合纹。保存完整。纹饰风化腐蚀，轮廓清晰，为一幅西番莲、二连方胜、圆圈相互叠压组合纹。长 94、高 32、厚 32 厘米（图 3-58；彩版四二一，2）。

LSSK：349，西番莲纹。保存完整，一端头有素面窄边线框。纹饰风化腐蚀，画面完整，轮廓清楚，为一幅西番莲纹。长 107、高 33、厚 33 厘米（图 3-59；彩版四二一，3）。

LSSK：350，云朵纹。保存不完整，一端头残损，底边有窄边线框。纹饰不完整，画面风化腐蚀，轮廓清晰，为一幅如意云朵纹。长 60、高 32、厚 26 厘米（彩版四二二，1）。

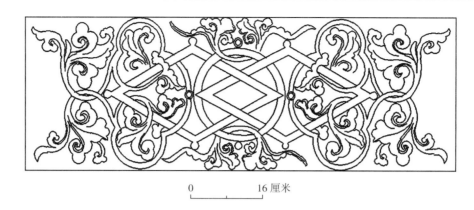

0   16 厘米

图 3-58   LSSK：348 西番莲二连方胜组合纹

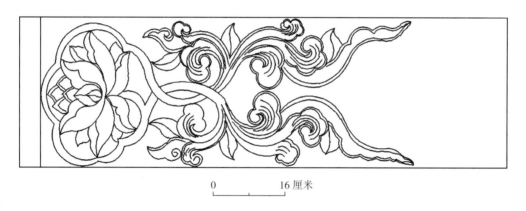

0   16 厘米

图 3-59   LSSK：349 西番莲纹

    LSSK：351，二连方胜纹。保存基本完整，底边有窄边线框。纹饰为阳刻叠加阴刻线，局部损毁，画面风化腐蚀，轮廓基本清楚，为一幅二连方胜纹。长 61、高 35、厚 34 厘米（彩版四二二，2）。

    LSSK：352，西番莲纹。保存基本完整，一端头和一长边有窄边线框。纹饰风化腐蚀，轮廓基本清晰，为西番莲纹。长 107、高 29、厚 28 厘米（彩版四二二，3）。

    LSSK：353，云龙纹。保存基本完整，有断裂，一端头有残损，四边有窄边线框。纹饰风化腐蚀、模糊，可见轮廓，为一条飞翔在云层中的龙。残长 95、高 32、厚 16 厘米（彩版四二三，1）。

    LSSK：356，二连方胜纹。保存基本完整，一端头损毁，底边有窄边线框。纹饰风化腐蚀，轮廓基本清楚，为一幅二连方胜纹。残长 55、高 36、厚 30 厘米（彩版四二三，2）。

    LSSK：357，折枝牡丹纹。残半，保存不完整。纹饰残半，画面风化腐蚀、模糊，轮廓可见，为一幅折枝牡丹纹。残长 45、高 32、厚 25 厘米（彩版四二三，3）。

    LSSK：358，连枝枝叶纹。保存基本完整，表面一端下角损毁，上下有窄边线框。纹饰风化腐蚀、模糊，轮廓可见，为一幅连枝枝叶纹。长 90、高 16、厚 33 厘米（图 3-60；彩版四二四，1）。

    LSSK：361，连枝枝叶纹。保存基本完整，边角有损毁，上下有窄边线框。纹饰风化腐蚀、

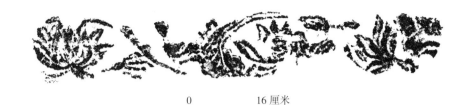

0　　　　16厘米

图 3-60　LSSK：358 连枝枝叶纹

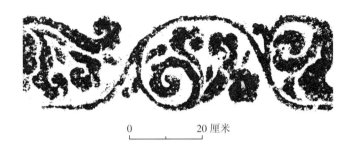

0　　　　20厘米

图 3-61　LSSK：361 连枝枝叶纹

模糊，轮廓可见，为一幅连枝枝叶纹。长 83、高 26、厚 30 厘米（图 3-61；彩版四二四，2）。

　　LSSK：363，连枝枝叶纹。保存基本完整，上下有窄边线框。纹饰风化腐蚀有污垢，轮廓基本清楚，为一幅连枝枝叶纹。长 54、高 16、厚 34 厘米（彩版四二四，3）。

　　LSSK：364，连枝枝叶纹。保存基本完整，边角略有残损，上下有窄边线框。纹饰风化腐蚀有污垢，模糊，轮廓基本清楚，为一幅连枝花卉枝叶纹。长 36、高 16、厚 21 厘米（彩版四二五，1）。

　　LSSK：368，云朵纹。保存不完整，有断裂，端头损毁。为半幅纹饰，表面风化腐蚀，画面模糊，轮廓可见，为一幅如意云朵纹。长 42、高 28、厚 24 厘米（彩版四二五，2）。

　　LSSK：369，连续云朵纹。保存完整。纹饰风化，轮廓基本清楚，为一幅横排四朵漂移的如意云朵纹。长 104、高 30、厚 34 厘米（图 3-62；彩版四二五，3）。

　　LSSK：370，云朵纹。保存基本完整。纹饰风化腐蚀、模糊，轮廓可见，为半朵云纹。长 52、高 28、厚 36 厘米（彩版四二六，1）。

　　LSSK：371，云朵纹。保存不完整，一端头残损。纹饰风化腐蚀，轮廓基本清楚，为一幅如意云朵纹。残长 56、高 26、厚 40 厘米（图 3-63；彩版四二六，2）。

　　LSSK：372，二连方胜纹。保存不完整，一端头残损，底边有窄边线框。纹饰有残损，阳刻叠加阴刻线，表面风化腐蚀，轮廓基本清楚，为一幅二连方胜纹。长 46、高 32、厚 25 厘米（图 3-64；彩版四二六，3）。

　　LSSK：373，云朵纹。保存基本完整。纹饰位于一端头边缘，表面风化腐蚀，轮廓可见，为一如意云朵纹的柄部。长 58、高 26、厚 30 厘米（彩版四二七，1）。

　　LSSK：374，云朵纹。保存基本完整。纹饰位于一端头边缘，表面风化腐蚀、模糊，尚可见轮廓，为一如意云朵纹的柄部。长 63、高 29、厚 23 厘米（彩版四二七，2）。

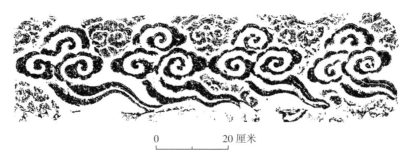

图 3-62　LSSK：369 连续云朵纹

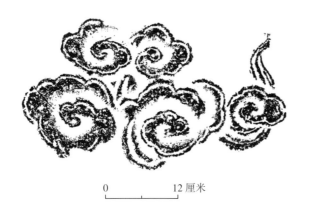

图 3-63　LSSK：371 云朵纹

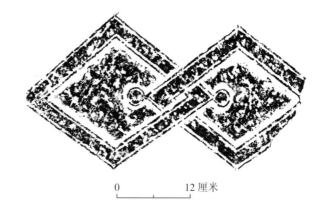

图 3-64　LSSK：372 二连方胜纹

图 3-65　LSSK：384 折枝牡丹纹

LSSK：379，连枝莲纹。保存基本完整，有断裂，上下有窄边线框。纹饰风化腐蚀有污垢，轮廓基本清楚，为连枝莲花与莲蓬组合纹。长 58、高 15、厚 30 厘米（彩版四二七，3）。

LSSK：380，连枝牡丹纹。保存不完整，一端头有损毁，上下有窄边线框。纹饰模糊，轮廓可见，为一幅连枝牡丹纹。残长 86、高 20、厚 36 厘米（彩版四二八，1）。

LSSK：381，连枝牡丹莲花纹。保存基本完整，上下有窄边线框。纹饰风化腐蚀、模糊，轮廓可见，为一幅连枝牡丹、莲花组合花卉纹。长 74、高 20、厚 40 厘米（彩版四二八，2）。

LSSK：383，连枝牡丹纹。保存基本完整，一端下边角有残损，上下有窄边线框。纹饰风化腐蚀，轮廓可见，为一幅连枝牡丹纹。长 53、高 18、厚 38 厘米（彩版四二八，3）。

LSSK：384，折枝牡丹纹。保存基本完整，边角有损毁，上下有窄边线框。纹饰风化

0 ———— 16 厘米

图 3-66　LSSK：385 连枝枝叶纹

腐蚀有污垢，轮廓可见，为一幅折枝牡丹纹。长
52、高 15、厚 35 厘米（图 3-65；彩版四二九，1）。

　　LSSK：385，连枝枝叶纹。保存基本完整，一
端头略有损毁。纹饰风化腐蚀、模糊，轮廓可见，
为一幅连枝枝叶纹。长 90、高 16、厚 44 厘米（图
3-66；彩版四二九，2）。

　　LSSK：388，连枝枝叶纹。两端头均有残损，
一端头和上下有窄边线框。纹饰风化腐蚀、模糊，
轮廓可见，为一幅连枝枝叶纹。长 62、高 18、厚
45 厘米（彩版四二九，3）。

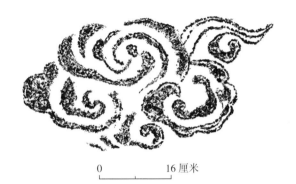

0 ———— 16 厘米

图 3-67　LSSK：391 云朵纹

　　LSSK：390，云龙纹。一端头残断。纹饰残缺不完整，表面风化腐蚀，轮廓基本清楚，
为一条龙飞翔在云层中。残长 46、高 23、厚 22 厘米（彩版四三〇，1）。

　　LSSK：391，云朵纹。保存基本完整，边角均有损毁。纹饰偏向一端头，表面风化腐蚀，
轮廓基本清楚，为一幅如意云朵纹。长 78、高 28、厚 35 厘米（图 3-67；彩版四三〇，2）。

　　LSSK：392，连枝牡丹纹。保存基本完整，边角略有损毁，上下有窄边线框。纹饰风化
腐蚀有污垢，轮廓可见，为一幅连枝牡丹纹。长 58、高 20、厚 40 厘米（彩版四三〇，3）。

二　枋枭类

　　35 件。枋枭是一整体构件，立面为"枋"，狐面为"枭"。这里发现一件单独狐面"枭"
雕刻纹构件。枋枭位于须弥座束腰上层或下层，上层称上枋上枭，下层称下枋下枭，枋、枭
之间隔线称为皮条线。中都城征集的枋枭绝大多数均雕刻纹饰，只有几件为典型的午门素面
枋枭构件。整理之前不知道是什么建筑构件，被当地人误认为是"圭角"，在比照北京故宫
大殿墙基须弥座之后，才知枋枭为须弥座石雕刻纹构件。

　　征集的有雕刻纹饰的枋枭，除枭的弧面上为固定格式的连弧花瓣纹外，枋立面上的纹饰
多为折枝花卉和连枝组合花卉等图案，有的雕刻相当精美。下面介绍以立面纹饰图案为例。

　　LSSK：59，连枝西番莲纹。构件保存完整。纹饰风化腐蚀，轮廓基本清楚，为一幅折枝
西番莲纹。长 86、高 40、厚 24 厘米（图 3-68；彩版四三一，1~3）。

　　LSSK：73，连枝菊花纹。构件保存完整。纹饰风化腐蚀，画面模糊，可见轮廓，为一幅
四朵连枝菊花纹。长 73、高 40、厚 27 厘米（彩版四三二，1~4）。

　　LSSK：92，连枝牡丹纹。构件保存完整。纹饰风化腐蚀，轮廓基本清楚，为一幅三朵连枝牡丹纹。长76、高40、厚24厘米（彩版四三三，1~3）。

　　LSSK：93，连枝花卉纹。构件保存基本完整，表面有损毁。纹饰风化腐蚀，画面模糊，可见轮廓，为一幅连枝花卉组合纹。长80、高38、厚32厘米（彩版四三四，1~3）。

　　LSSK：95，连枝花卉纹。构件保存完整。纹饰风化腐蚀，轮廓基本清楚，为一幅三朵连枝花卉组合纹。长69、高33、厚20厘米（彩版四三五，1~3）。

　　LSSK：96，连枝花卉纹。构件保存完整。纹饰风化腐蚀，轮廓基本清楚，为一幅连枝花卉纹。长58、高24、厚17厘米（图3-69；彩版四三六，1~3）。

　　LSSK：97，连枝花卉纹。构件保存完整。纹饰风化腐蚀、模糊，轮廓可见，为一幅两朵连枝花卉组合纹。长54、高35、厚20厘米（彩版四三七，1~3）。

　　LSSK：150，枭面连弧纹。构件残半，不完整。纹饰风化腐蚀，轮廓基本清楚，枭弧面雕刻连弧花瓣纹。单独的石雕刻纹枭比较少见，这里也仅见一件。长60、高48、厚20厘米（彩版四三八，1~3）。

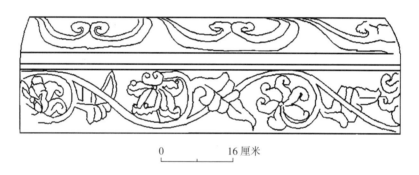

0　　　　　16厘米

图3-68　LSSK：59连弧纹与连枝西番莲纹

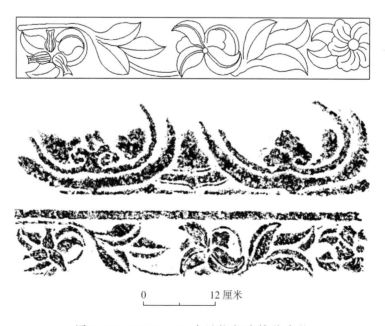

0　　　　　12厘米

图3-69　LSSK：96连弧纹与连枝花卉纹

　　LSSK：154，连枝莲纹。构件保存完整。纹饰风化腐蚀，轮廓基本清楚，为一幅连枝莲叶与莲花组合纹。长 48、高 35、厚 20 厘米（图 3-70；彩版四三九，1~4）。

　　LSSK：175，连枝牡丹纹。构件保存完整。纹饰风化腐蚀，画面模糊，轮廓可见，为一幅四朵连枝牡丹花卉纹。长 85、高 30、厚 22 厘米（彩版四四〇，1~3）。

　　LSSK：193，连枝牡丹纹。构件保存完整。纹饰风化腐蚀，轮廓基本清楚，为一幅四朵连枝牡丹纹。长 83、高 40、厚 25 厘米（彩版四四一，1~4）。

　　LSSK：209，连枝菊花纹。构件保存完整。纹饰风化腐蚀，轮廓基本清楚，为一幅三朵连枝菊花纹。长 70、高 30、厚 20 厘米（彩版四四二，1~3）。

　　LSSK：210，连枝莲纹。构件保存完整。纹饰风化腐蚀，轮廓基本清楚，为一幅连枝莲叶与莲花组合纹。长 66、高 50、厚 20 厘米（图 3-71；彩版四四三，1~4）。

　　LSSK：211，连枝菊花纹。构件保存完整。纹饰风化腐蚀，画面模糊，轮廓基本清楚，为一幅四朵连枝菊花纹。长 70、宽 33、厚 20 厘米（彩版四四四，1~4）。

　　LSSK：212，连枝莲纹。构件保存完整。纹饰风化腐蚀，轮廓基本清楚，为一幅连枝莲花与莲叶组合纹。长 75、高 35、厚 24 厘米（彩版四四五，1）。

　　LSSK：213，连枝菊花纹。构件保存完整。纹饰风化腐蚀，轮廓基本清楚，为一幅四朵连枝菊花纹。长 85、宽 33、厚 20 厘米（图 3-72；彩版四四六，1~4）。

　　LSSK：214，连枝花卉纹。构件保存完整，一端头稍有损毁。纹饰风化腐蚀，画面模糊，

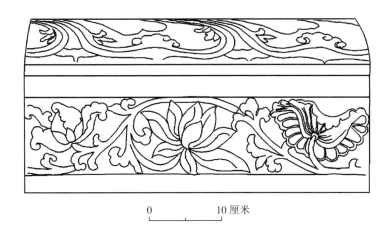

0　　　　　　　10 厘米

图 3-70　LSSK：154 连弧纹与连枝莲纹

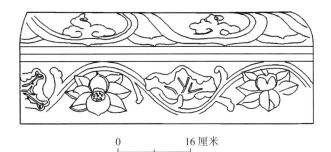

0　　　　　　　16 厘米

图 3-71　LSSK：210 连弧纹与连枝莲纹

轮廓可见，为一幅四朵连枝花卉纹。残长 70、宽 46、厚 20 厘米（彩版四四七，1~4）。

　　LSSK：215，连枝花卉纹。构件保存完整。纹饰风化腐蚀，画面模糊，可见轮廓，为一幅五朵连枝花卉纹。长 97、高 40、厚 20 厘米（彩版四四八，1~4）。

　　LSSK：245，连枝牡丹纹。构件保存完整。纹饰风化腐蚀，轮廓基本清楚，为一幅四朵连枝牡丹纹。长 98、高 18、厚 20 厘米（彩版四四九，1~3）。

　　LSSK：293，连枝牡丹纹。构件保存完整。纹饰风化腐蚀，轮廓基本清楚，为一幅连枝牡丹纹。长 88、高 38、厚 18 厘米（彩版四五〇，1~3）。

　　LSSK：297，连枝菊花纹。构件保存完整。纹饰风化腐蚀，画面模糊，可见轮廓，为一幅连枝菊花纹。长 86、高 20、厚 20 厘米（彩版四五一，1~3）。

　　LSSK：335，连枝牡丹纹。构件保存基本完整，一下角残损。纹饰风化腐蚀，轮廓基本清楚，为一幅两朵连枝牡丹纹。长 55、高 25、厚 40 厘米（图 3-73；彩版四四五，2）。

　　LSSK：336，连枝牡丹纹。构件保存完整。纹饰风化腐蚀，轮廓基本清楚，为一幅连枝牡丹纹。长 57、高 28、厚 30 厘米（图 3-74；彩版四四五，3）。

　　LSSK：337，连枝莲纹。构件保存完整。纹饰画面风化腐蚀，轮廓可见，为一幅连枝莲

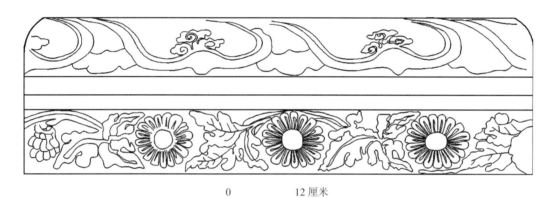

0　　　　　12 厘米

图 3-72　LSSK：213 连弧纹与连枝菊花纹

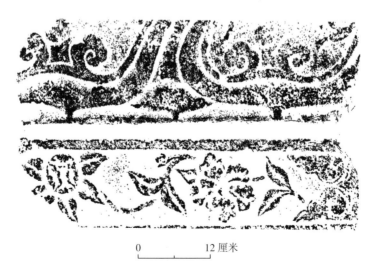

0　　　　　12 厘米

图 3-73　LSSK：335 连弧纹与连枝牡丹纹

花与莲叶组合纹。长60、高28、厚45厘米（图3-75；彩版四五二，1）。

　　LSSK：338，连枝菊花纹。构件保存完整。纹饰风化腐蚀，轮廓基本清楚，为一幅三朵连枝菊花纹。长57、高27、厚44厘米（图3-76；彩版四五二，2）。

　　LSSK：339，连枝牡丹纹。构件两端头有残损，不完整。纹饰风化腐蚀，画面模糊，轮廓可见，为一幅连枝牡丹纹。残长40、高23、厚30厘米（彩版四五二，3）。

　　LSSK：341，连枝花卉纹。构件保存完整。纹饰风化腐蚀，轮廓基本清楚，为一幅连枝花卉纹。长69、高25、厚34厘米（彩版四五三，1）。

　　LSSK：342，连枝花卉纹。构件保存完整。纹饰风化腐蚀，轮廓可见，为一幅连枝花卉纹。长65、高25、厚35厘米（彩版四五三，2）。

　　LSSK：343，连枝花卉纹。构件保存完整。纹饰风化腐蚀，轮廓可见，为一幅四朵连枝花卉纹。长65、高25、厚30厘米（彩版四五三，3）。

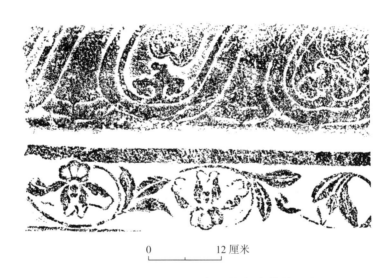

0 ⊢——————⊣ 12厘米

图3-74　LSSK：336连弧纹与连枝牡丹纹

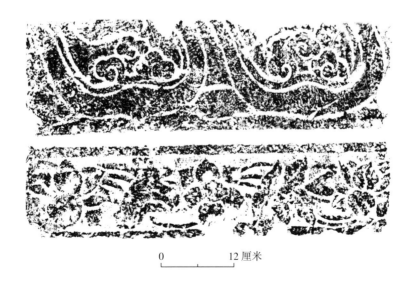

0 ⊢——————⊣ 12厘米

图3-75　LSSK：337连弧纹与连枝莲纹

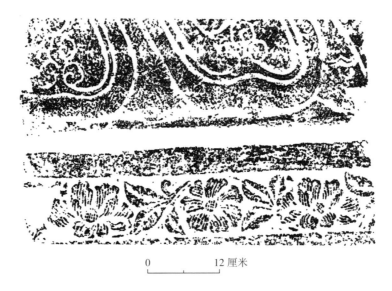

0　　　　　12厘米

图 3-76　LSSK：338 连弧纹与连枝菊花纹

LSSK：375，连枝花卉纹。构件保存完整。纹饰风化腐蚀严重，画面模糊，局部可见轮廓，为一幅四朵连枝花卉纹。长 82、高 34、厚 38 厘米（彩版四五四，1）。

LSSK：376，连枝花卉纹。构件保存基本完整，一端头有损毁。纹饰风化腐蚀严重，画面模糊，局部可见轮廓，为一幅四朵连枝花卉纹。残长 73、高 34、厚 45 厘米（彩版四五四，2）。

LSSK：377，连枝花卉纹。构件保存完整，有裂纹。纹饰风化腐蚀严重，模糊，局部可见轮廓，为一幅四朵连枝花卉纹。长 65、高 24、厚 26 厘米（彩版四五四，3）。

LSSK：378，连枝菊花纹。构件保存完整。纹饰风化腐蚀严重，画面模糊，局部可见轮廓，为一幅五朵连枝变形菊花纹。长 84、高 24、厚 28 厘米（彩版四五五，1）。

LSSK：386，连枝花卉纹。构件保存完整，有裂缝。纹饰风化腐蚀，画面模糊，轮廓可见，为一幅连枝花卉纹。长 72、高 35、厚 45 厘米（彩版四五五，2）。

LSSK：387，连枝花卉纹。构件保存基本完整，底边局部残损。纹饰风化腐蚀严重，局部可见轮廓，为一幅连枝花卉纹。长 112、高 20、厚 40 厘米（彩版四五五，3）。

三　圭角类

征集圭角类石雕刻构件 2 件。圭角为位于须弥座下枋枭之下、土衬之上的须弥座石雕刻构件。这两件圭角纹饰均为减地阳刻叠加阴线刻卷云纹图案，是典型的午门须弥座圭角类型。

LSSK：290，卷云纹。保存完整。纹饰画面清晰。长 58、高 33、厚 40 厘米（彩版四五六，1~3）。

0　　　　　12厘米

图 3-77　LSSK：295 卷云纹

LSSK：295，卷云纹。保存完整。纹饰画面清晰。长 50、高 38、厚 26 厘米（图 3-77；彩版四五七，1~3）。

四　角柱类

征集角柱类石雕刻构件 3 件。构件为方形柱体，是用在大型台基须弥座转角处、连接两个面的构件，上面承载大型龙头（大螭首）。角柱两个外立面均雕刻有窄边线框，框内雕刻云龙纹。雕刻工艺精湛，造型生动，是不可多得的石雕刻艺术珍品。角柱对内的两个立面平整，没有雕刻纹饰。

LSSK：42，云龙纹。柱体保存完整，顶部平整，底部有凸卯榫。纹饰画面遭受风化腐蚀，基本完整清楚。宽 47、高 94、厚 40 厘米（图 3-78；彩版四五八，1~4）。

LSSK：62，云龙纹。柱体保存基本完整，有一长边损毁，顶部平整，底部有凸卯榫。纹饰稍有损毁，表面风化腐蚀，轮廓基本清楚。宽 47、高 113、厚 40 厘米（彩版四五九，1~4）。

LSSK：253，云龙纹。柱体保存完整，顶部平整，底部有凸卯榫。纹饰风化腐蚀，画面模糊，轮廓基本清楚。宽 43、高 90、厚 40 厘米（图 3-79；彩版四六〇，1~4）。

0　　　　　16 厘米

0　　　　　16 厘米

图 3-78　LSSK：42 云龙纹　　　　　　图 3-79　LSSK：253 云龙纹

第四节　象眼类石雕刻遗存

征集象眼类石雕刻构件 2 件。构件呈三角状，正面雕刻纹饰，背面加工平整、没有雕刻纹饰，疑是一种镶嵌或贴面装饰构件，不是台阶扶手下面的栏板类（象眼石）。正面雕刻纹饰为如意云朵或花卉纹，因自然风化侵蚀画面有些模糊，纹饰轮廓基本清楚。这种纹饰是中都城石雕刻须弥座上常见的纹饰类，雕刻工艺精湛，造型精美。

LSSK：200-2，云朵纹。保存基本完整，有裂损。构件三角边有窄边线框，框内雕刻如意云纹。底边长 96、高 55 厘米（图 3-80；彩版四六一，1~4）。

LSSK：200-3，连枝枝叶纹。保存完整，正面中间有三角形凹槽。三角形构件上下和凹槽均有窄边线框，框内雕刻连枝枝叶纹。底边长 90、高 32 厘米（彩版四六二，1~3）。

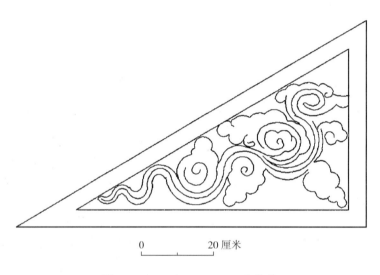

0　　　　　20 厘米

图 3-80　LSSK：200-2 云朵纹

第四章 结 语

明中都建筑群使用了大量的石雕刻纹饰构件，保存至今的有皇城午门原建筑须弥座上的石雕刻纹饰构件和流散在中都城遗址内的石雕刻纹饰构件。此次通过全面整理和分析研究，采用图文并茂的形式将其编撰成册，为研究明中都城石雕刻艺术遗存和中国石雕刻艺术史提供了翔实的资料，填补了明代都城石雕刻艺术研究的空白。

下面就中都城石雕刻艺术遗存的分类与使用、石雕刻纹饰的分类和内涵以及石料来源等问题进行初步的讨论。

第一节 石雕刻艺术遗存的分类与使用

通过认真、仔细地整理研究，弄清了这批石雕刻纹饰构件的基本情况。它们大体可分为须弥座类、角柱类、护栏类、螭首类和柱础类等不同类型。

一 须弥座类

从目前整理研究的情况看，征集的流散石雕刻须弥座上的构件和纹饰与保存在皇城午门石雕刻须弥座上的构件和纹饰有一定的区别，大多数构件纹饰不相同，只有少数与午门相同的纹饰构件。故我们将中都城须弥座石雕刻遗存分为午门类型和流散类型。

（一）午门类型

午门保留了绝大部分原建筑须弥座石雕刻纹饰构件，部分损毁和缺失构件在修复时用征集老件或素面新雕白玉石构件补齐。午门须弥座雕刻纹饰主要位于束腰上，束腰构件均满刻纹饰，束腰构件高度一致，均为32厘米。其上下枋枭均为素面，未雕刻纹饰。圭角简刻卷云纹。

午门束腰上所雕刻的纹饰种类繁多，根据纹饰图案分布情况，其使用似有非常严格的规定。午门中门洞内须弥座束腰构件上的仅有云龙纹、云凤纹、方胜纹、云朵纹四种纹饰图案。其中云龙纹和云凤纹在午门其他部位均未见使用，规格应该最高，象征皇帝和皇家的皇权威严。

午门正、背面须弥座束腰上面的纹饰图案均以西番莲纹开头和结尾，中间间隔使用方胜纹、折枝或连枝花卉纹。

午门东、西两观须弥座束腰上面的纹饰图案亦均以西番莲纹开头和结尾，中间间隔使用方胜纹、折枝或连枝花卉纹、万字纹、云朵纹、山景麒麟凤凰纹、山景梅花鹿纹、狮子耍绣球纹等不同纹饰构件。东、西两观最为热闹，增加了多种瑞兽图案。

保留在午门须弥座上的石雕刻纹饰构件是明中都城建筑群石雕刻纹饰构件的代表，是中都城石雕刻艺术最精华的部分。由此，午门类型石雕刻纹饰构件，是整理研究流散须弥座石雕刻纹饰构件可供比对的标型器，可将其作为区分不同类型石雕刻遗存的依据。

（二）流散类型

征集的须弥座束腰构件多保存较好，但比照午门类型，两者之间有相同处，更存在明显的区别。流散须弥座束腰有厚薄、宽窄之分，不像午门类型束腰均统一高 32 厘米；雕刻图案还出现有窄边线框，窄边线框还可细分为四边都有、下边有、上边有、一端有等几种情况；束腰上雕刻的纹饰主要有云龙、云凤、云朵、狮子、大象、梅花鹿、麒麟、方胜、花卉等图案，这些纹饰均没有超出午门束腰纹饰的种类范围，说明中都城不同类型和形制的须弥座束腰上均雕刻象征皇权思想或寓意吉祥、憧憬未来的纹饰图案。枋枭构件均满刻纹饰，未见素面的午门类型枋枭；另见有单独雕刻纹饰的枭构件。还发现有午门类型未见的构件类型，如角柱，角柱均呈长方立柱形，两个外立面均在四边窄线线框内满刻纹饰。

目前征集的流散石雕刻纹饰构件中大部分很明显不属于午门类型，即不是使用在午门建筑上。这些构件到底用在什么建筑基础须弥座上，因中都营建的庞大建筑群早已消失，已不得而知。

二　护栏类

护栏类石雕刻纹饰构件均为流散文物征集品，可分为栏柱、栏板两种。栏柱上部为圆形柱头，下部为方形柱体。圆体柱头均满刻纹饰，方形柱体正、背面雕刻长方框形纹饰。栏板和栏杆为一整体构件，栏板上面的栏杆多缺失或残损，仅见少数完整件。绝大多数栏板正、背两面均雕刻纹饰，栏板与栏杆连接处有花盆形或鼓形柱，栏杆雕刻呈瓜棱形。

护栏类构件上面雕刻的纹饰，主要是云龙、云凤图案和圆雕狮子图案，基本都是午门中间门洞使用的规格最高的纹饰类型。

因没有发现原建筑遗存，故不能明确这批护栏类构件是台基、桥梁或是廊道等哪类建筑上使用的构件。比照北京故宫明清建筑群，这些雕刻云龙纹、云凤纹的护栏类构件仅使用在大殿前后台基和金水桥面上。由于大殿和金水桥建筑都是明清北京都城最重要建筑，也是皇帝经常出入的地方。故我们推测，这批征集的护栏类构件也应该使用在中都城最重要的大殿台基处，象征皇权的威严，增强建筑的雄伟性。

三　螭首类

明中都城征集的石雕刻文物中有一批螭首类构件，螭首为一整体构件，头部均圆雕呈螭首（龙头）形状，后部有安装凹槽。有大、小两种。其中两件大螭首，一件为征集品，一件为皇城奉天殿遗址考古发掘品，小螭首均为征集品。

参照北京故宫明清建筑群，这些螭首构件皆使用在台基面或桥面上，功能是排水。这批螭首有大小之分，大螭首（龙头）只用于大殿台基拐角处，既体现建筑宏伟，又突出表现皇权思想。

四 柱础类

大量的石雕刻柱础散落在明中都城的各个角落，至今，在皇城午门前后和西北一个水塘边还散落有许多素面石雕刻大柱础。在皇城遗址内发现的三件巨大的蟠龙云纹石柱础，是目前国内发现最大的石雕刻柱础，可说是国宝级类文物。参照北京故宫大殿皇帝宝座前后有六根金色蟠龙的立柱现象，推测这三件蟠龙云纹石柱础也应该是中都大殿皇帝宝座旁蟠龙柱下的石柱础。不过，北京故宫太和殿内的石柱础大小只有中都蟠龙云纹石柱础的三分之一，而且还是素面的，中都城的规格明显更高。山西大同也出土过蟠龙纹小石柱础，与中都蟠龙云纹大石柱础相比，明显相形见绌。

另外说明两点。其一，这种重达 22 吨的巨大型蟠龙云纹石柱础和一些素面大石柱础被遗弃在皇城奉天殿大殿西北 150 米左右的一个小水塘（沟）边，是否说明中都大殿仅只建筑了夯土台基，大殿并未建成？其二，这三件蟠龙云纹石柱础遗存时间，似可追溯到明初兴建中都城的年代，也就是说大石柱础运到这里后就没有被移动过，这六百多年来一直裸露放置于此，如今呈倾斜状半掩埋在水沟埂里。裸露的石柱础雕刻面遭受长期的自然风化腐蚀，开裂破碎、缺损，同时也遭受近现代人为损毁。

第二节 石雕刻纹饰的分类与内涵

石雕刻构件上的每一类纹饰都是经过精心筛选确定的，其雕刻图案也是根据当时统治者的皇权思想理念，在传统寓意的基础上加以创新，以彰显中都城建筑的恢宏威严。至今保存的午门原建筑须弥座上的雕刻纹饰就是最好的实物证据。

一 分类

通过整理研究，石雕刻纹饰大体可分为动物、花卉、几何三大类。其构图是在传统绘画的基础上，结合都城建筑和石雕刻艺术特性，采用写实、写意、抽象等表现手法来雕刻纹饰。

（一）动物类

动物类雕刻纹饰有云龙、云凤、麒麟和狮子、梅花鹿、老虎、大象等，动物大多写实。

1. 龙、凤凰、麒麟这三种动物世上本来就没有，是人们自己想象出来，作为自然崇拜对象和氏族图腾，直到如今龙依然还是我们中华民族的标志。随着社会的发展，龙、凤凰成为帝王皇家专用，是身份等级的象征；麒麟是成功的标志，还寓意吉祥等。

2. 瑞兽动物，由于它们的优美外貌和讨人喜欢的温柔憨态特征，被人们赋予诸多吉祥的内容，寄托人们对美好人生和社会生活的愿景。"梅花鹿"寓意高官厚禄、吉祥如意，"狮子耍绣球"象征富贵喜庆，"狮子驮瓶""大象"象征天下太平，"老虎"象征威严等。

（二）花卉类

花卉类雕刻纹饰主要有折枝、连枝和连枝组合的牡丹、莲花、西番莲、菊花等。所选择的几种花卉均具有美丽、雍容华贵的观赏价值，深得人们的喜爱，将其制作成装饰图案并赋予美好吉祥寓意，同样可以寄托人们对美好人生和社会生活的愿景。如牡丹象征富贵，莲花象征纯洁，菊花寓意傲骨，西番莲象征吉祥等。

最值得一提的是，连枝组合形式的花卉纹，往往在一幅图案中雕刻两种或三种不同的花卉品种，如连枝牡丹和莲花，连枝牡丹和西番莲，连枝牡丹、莲花和西番莲等组合图案。这种连枝组合花卉纹很明显具有双重或多种的吉祥寓意。

（三）几何类

几何类雕刻纹饰主要有方胜、云朵、万字等。这三种几何纹具有比较深奥的内涵，往往是借其形状表达宏远、深刻的意识形态观念。

1. 方胜有二连方胜和三连方胜，均在菱角处附加方孔钱形结，有的三方胜中间还夹饰一元宝纹。这种菱形图案应用在都城建筑上，加强了它的象征性，方形叠加表示连接联通，象征国运财运通达。天圆地方，方胜的方形寓意广袤的大地莫非王土之意。

2. 云朵纹有单独云朵和组合云朵。单独云朵均为如意云朵，象征运气、命运，寓意吉祥如意。组合云朵有云龙纹、云凤纹等，尽显皇家气势，是身份的象征。

3. 万字纹。是佛教的标志符号，也是传统的吉祥纹饰，结合都城建筑，加强了它的象征性，表达天赐、天佑、祈福的寓意。

这些雕刻纹饰还各自运用写实、写意和抽象等表现手法。写实纹饰有狮子耍绣球、山景麒麟追凤凰、山景梅花鹿、大象和折枝牡丹、菊花、西番莲、一束莲等纹饰。写意纹饰有连枝牡丹、连枝牡丹与莲花、连枝牡丹与西番莲、连枝牡丹与菊花与西番莲等组合纹饰。抽象纹饰有云朵、云龙、云凤、方胜、万字纹等。明中都石雕刻纹饰视觉效果非常好，突显了都城建筑的宏伟气势，使人百看不厌，赞不绝口，难以忘怀，具有很高的石雕刻艺术观赏价值。

二　纹饰寓意

明中都城石雕刻纹饰图案共有 15 种，分别为云龙纹、云凤纹、牡丹纹、莲花纹、菊花纹、西番莲纹、云朵纹、方胜纹、万字纹和山景麒麟纹、梅花鹿纹、老虎纹、狮子纹、大象纹、人耍杂技纹（仅见一例，后文不叙）。这些纹饰应均是经过严格、精心的筛选，其物象图案寓意必须突出皇权思想，符合国家都城建筑中心理念，在继承传统的基础上有所创新，以美观的吉祥寓意物象图案来展现大明王朝的宏伟形象。特别是明中都城石雕刻动物纹饰多以山景中的松柏、梅花、瑞草和海水、云朵来衬托，应为明初统治者的一种新理念，象征国家一片祥和的景象。

（一）云龙纹

云龙纹是明中都城石雕刻纹饰中最重要、规格最高的图案之一。共收集 88 幅，其中征集流散文物中栏柱头 20 幅，栏板正、背面共 27 幅，圆雕大小螭首（龙头）12 幅，束腰 10 幅，蟠龙云纹石柱础 3 幅，角柱 3 件 6 幅；另午门中间门洞 8 幅，午门背面东、西侧各 1 幅。

龙最早是作为图腾崇拜而出现的，以象征部落的祖先和标志。进入商代以后，原始龙演绎为神兽的形象得到延伸，诸如青铜器上的夔龙、螭龙。秦汉以后，龙渐渐成为帝王的代表，地位日益尊贵。大约始自宋代，以明清两代最为严格，龙纹成为帝王独享的纹饰，代表至高无上的权贵与尊严。

龙作为中国数千年来共同的图腾，没有地域之分，没有民族之别。随着时代的发展，龙的形象越来越丰满。龙身有鳞甲，所以能下水。龙有脚爪，所以能入地。龙背、龙尾都有毛，所以能飞舞上天。龙有胡须，能感知邪恶。龙有虎牙，所以凶猛。龙有鹿角，所以行踪神秘。龙有长身，无限灵活。数千年来各族人民都将它视为神灵，虔诚地崇拜、祭祀。它是中国传统图案的代表，是上下五千年文化的象征。中国龙的神圣形象最为尊贵，被视为可以集天地之精华，是生命、力量、富贵、美德、祥瑞的象征。

龙纹作为中国传统装饰图案的代表之一，其内涵也越来越丰富。现今龙纹已演化成"人文龙"，被广泛应用于各个领域，以各种形式出现在人们的生活中，它所传达的不仅是观感美的享受，更在精神上给中华民族带来深远的影响，是中华民族的标志。

明中都城石雕刻龙纹均为飞龙与云朵构成的组合纹饰——云龙纹，是一种穿云龙纹图案，雕刻精美，画面具有强劲的力度和动感。云龙纹是中国传统神话寓意纹饰之一，也是明中都城石雕刻纹饰中比较多的一种物象图案。明中都石雕刻龙纹均是五爪龙，代表皇帝或皇家，装饰在唯有皇帝能够出入的午门中间门洞内须弥座上和皇家都城建筑栏柱与栏板上。还有罕见的蟠龙云纹石雕刻柱础等。云龙纹在突显中都城建筑的宏伟壮观的同时，也显示了皇家至高无上的权力。

（二）云凤纹

云凤纹也是中都城石雕刻纹饰中最重要、规格最高的图案之一。共收集91幅，其中征集流散文物中栏柱头22幅，栏板正、背面共39幅，束腰8幅；还有午门中间门洞20幅，东、西观各1幅。

在中国传统文化中，凤凰与龙齐名。在远古图腾时代，凤凰是鸟中之王，被视为神鸟而被人们崇拜，是原始社会人们想象中的保护神。传说凤凰五百年一生，五百年一死。死前燃起熊熊大火，凤凰与百鸟共同围火舞蹈歌唱，然后凤凰投入烈火自焚而获得新生，从火中飞出一只五彩缤纷、华丽无比的新凤凰，谓之"凤凰涅槃"。凤凰的形象综合了各种禽鸟最优秀的特点，是人们幻想化和神奇化了的神禽，百鸟之王，祥瑞之鸟。头像天，目像日，背像月，翼像风，足像地，尾像纬，"蛇头燕颔，龟背鳖腹，鹤顶鸡喙，鸿前鱼尾，青首骈翼，鹭立而鸳思"。最早称"凤鸟"，有冠、有羽、有尾，形象简约、朴拙、自然，为凤凰的雏形期。商周时期为抽象的"夔凤"。夔"状如牛，苍身而无角，一足，出入水则必有风雨，其光如日月"。西周晚期，凤鸟身上的鳞纹、云纹、喙与眼更为具体。随着时间推移，凤凰循着鹰鸠类→鹰鸠类+孔雀类→孔雀类的次序不断地进化、蜕变，逐步发展演变成"百鸟之王"——凤凰。

秦汉之际，分别以青龙、朱雀、白虎、玄武、北斗来代表东、南、西、北、中五方神位，又分别以青、赤、白、黑、黄五种颜色来表示。其中的朱雀就是凤凰，它是南方之神，以赤色为代表。唐代出现半人凤身的飞天伎乐壁画。宋代出现为人们所喜闻乐见的"丹凤朝阳""百鸟朝凤""龙飞凤舞"等吉祥喜庆图案。

明清时期，凤凰装饰延续宋元风格，显得繁缛、华美，开始出现"首如锦鸡，冠似如意，头如藤云，翅似仙鹤"和"凤眼长、腿长、尾长"精湛细腻的写实技艺，普遍追求吉祥如意的效果。

明代凤凰纹饰图案延续至今天成为凤阳地方特色画种——凤画，其特征是蛇头龟背，九尾十八翅、如意冠、鸡爪鹤腿、美人眼、山羊胡、鹰嘴、鸳鸯翅、鱼尾等。凤画的传统题材有丹凤朝阳、百鸟朝凤、五伦图、带子上朝、凤撵麒麟、五凤楼、四扇屏、龙凤呈祥等。画面背景除了继承过去牡丹、莲花、梧桐、太阳、祥云外，现在更加广泛借鉴唐卡、年画、油画等艺术形式来描绘纷繁复杂的美丽图景。

在中国封建社会，皇家多以龙、凤冠之，皇帝称龙，后妃（皇后）称凤，是一种皇家独享的图案，显示皇家至高无上的权贵与尊严。以龙对应男性，凤对应女性，男女婚配，借指为"龙凤呈祥"。

明中都城石雕刻凤纹大部分为凤凰与云朵构成的组合纹饰——云凤纹，其主要表现形式是穿云飞翔的凤凰纹，有一只或两只飞翔在云层中的凤凰，还有麒麟追凤凰纹等。明中都城云凤纹石雕刻构件多安放在皇帝经常出入的午门中间门洞上，是皇家的标志，提升了中国都城建筑的宏伟气势。凤凰与麒麟相配，则象征祥瑞，并具有驱妖辟邪之功能。

（三）麒麟纹

共收集 3 幅，均为山景中的麒麟，有 2 幅位于午门东、西两观内面须弥座束腰上，另外1 幅在征集的须弥座束腰构件上。午门东、西两观的均为山景中的麒麟与凤凰，不同的是东观为山景中凤凰追麒麟，而西观为山景中麒麟追凤凰。流散征集品为山景松柏树下一坐姿麒麟，身上有火纹，背景为崇山峻岭，有松柏、花草、云朵等衬托。

麒麟，是一种神话祥瑞神兽。无种而生，可活三千岁，雄性称麒，雌性称麟。其外形为马（龙）头，长颈，独角，牛耳，虎眼，鹿身，马蹄，牛尾，满身鳞甲，身上有翼，能对着日月飞，为天上星宿。麒麟外表怪异，内在仁厚，性情温良，有角而不用，是为仁慈、吉祥之瑞兽。麒麟饱满宽阔的前额表示聪明智慧，独角表示威武，牛耳寓意名列魁首，虎眼表示威严，鹿身表示灵巧和长寿，马蹄表示快速，牛尾象征富贵，鱼鳞象征神奇，身上火焰象征辟邪（火麒麟，传说中一种神兽，浑身充满火焰，极度凶残，天生大力，可御空飞行）。

《礼记·礼运第九》："麟、凤、龟、龙，谓之四灵"，可见麒麟地位与龙、凤等同。麒麟纹是中国传统纹饰之一，常见的有麒麟送子、麟凤呈祥等。麒麟象征天下太平，又有长寿之意。中都城午门两观须弥座束腰上选择和使用了麒麟纹饰，凝聚了种种美好愿望，寄托了对国家未来的美好憧憬。

（四）梅花鹿纹

共收集 10 幅，均为山景梅花鹿纹。其中位于午门东、西两观须弥座束腰上 6 幅（东观南面 1 幅，东观西面 2 幅，西观南面 1 幅，西观东面 2 幅），征集流散文物石雕刻须弥座束腰上 4 幅。其中征集流散的 2 幅为单鹿，余均为双鹿。背景均为崇山峻岭，有松柏、花草、云朵等纹饰衬托。

梅花鹿纹是中国传统纹饰之一。"鹿"谐音"禄"，具有高官厚禄、吉祥如意的隐喻。鹿又表示长寿，常和寿星组成吉祥图案。一幅松鹿图，象征福如东海长流水、寿比南山不老松的愿望。"鹿"又和"路"谐音,又可寓意路路顺利。

收集的梅花鹿纹图案,多为双鹿,代表福禄双全。又与松柏、灵芝、梅花、仙草、海水等结合,象征大明江山稳固和长治久安的希望和祝愿。

（五）狮子纹

共收集 14 幅,其中双狮耍绣球纹共 11 幅,有 5 幅位于午门东、西两观须弥座束腰上,东观 2 幅、西观 3 幅,征集的两块栏板正、背面共 4 幅和征集的两块须弥座束腰上 2 幅;另有狮子绶带纹、大小狮子（母子）耍绣球纹、人牵狮子驮花瓶纹各 1 幅。这些狮子雕刻纹分别刻在栏板和须弥座束腰上。此外,还有 3 件流散栏柱柱头上各圆雕一狮子。

狮子纹是中国传统吉祥纹饰之一。狮子身姿威武,力量强大,凶猛,有"万兽之王"的美誉。在佛教中,狮子是智慧的化身,具有护法护教和辟邪消灾的功能。在佛教文化的影响下,狮子是作为瑞兽形象进入中国人的视野的。后来,狮子被世俗化,它被赋予更多的功用和象征意义,在中国民俗文化中占据着重要的地位。古代的宫殿、官府、庙宇等随处可见造型各异的狮子形象,如威武的石雕门狮,脚踩绣球的雄狮子,象征帝王统一寰宇的权力;怀抱小狮子的母狮子,象征母爱,寓意子孙延绵。狮子还是镇宅、镇墓辟邪的吉祥神兽,广大人民群众也喜欢用狮子来保平安、祈富贵、驱邪避祟。民俗喜庆或节日流行举办狮子滚绣球等乐舞活动,寓意吉祥,祛灾祈福。大小"双狮耍绣球"又成为人类生殖仪式,象征人丁兴旺。

中都城使用的石雕刻狮子纹图案,常见狮子滚绣球,或一大一小两只狮子相互嬉戏玩耍等图案,象征吉祥、子孙绵延兴旺、太平盛世和长治久安。特别值得一提的是一幅罕见的一人牵着前后两头皆驮宝瓶的狮子纹图案,一般是大象驮宝瓶纹图案,这里是人牵狮子驮宝瓶纹图案,同样是寓意太平景象。

（六）老虎纹

共收集 2 幅,均位于征集的束腰构件上。纹饰画面均为崇山峻岭松柏树下的老虎,一幅为山景中前后一大一小两只老虎（母子）,另一幅为山景中一只老虎。

老虎,其性威猛、强悍、迅捷,乃百兽之王,常被古代人民奉为"山神",是中华民族远古先民的图腾崇拜物,也是中华民族的吉祥物。虎是猛兽,弱肉强食使它居于食物链的顶端,居高临下,由此引申其象征皇权、达官、贵族以及王法、权力、权威。古代官衙府邸中设虎门、虎杖、虎凳,都是强化统治之威。中都城建筑基础使用的石雕刻老虎纹图案,也应象征皇权威严。

《山海经》记载,西王母是亦虎亦人的神灵,是人形化的母虎,在神话中虎与人作为共同体出现,表达出一种人与大自然和谐相处且互相依托的共生关系。虎为四方神灵之一,东方属青龙,西方属白虎;龙管水族,虎管百兽;虎享有与龙同等级别的地位。正是这些特征使它成为人们的守护神,能消灾除祸,保佑平安。民间又有"云从龙,风从虎"的说法,所以虎纹又寓意风调雨顺、国泰民安。"祥云神虎"佩戴在小孩身上,既寓意像虎一样勇敢强健,又表达对小孩的期望与祝福。虎的形象和纹饰在民间表现出丰富多彩的形式,其美丽的艺术形象既起到了象征性的寓意效果,又给社会生活带来无限的乐趣,因此也很受欢迎。

（七）大象纹

仅收集 1 幅，位于征集的束腰构件上。图案为一只悠闲低回首在崇山峻岭中觅食的大象，这在中国传统纹饰图案中少见。

大象为陆地上最大的哺乳动物，体高约三米，多功能的筒形长鼻，发达的象牙，寿命极长，可达两百余年，被人看作瑞兽。是观音菩萨的坐骑，随观音消灾、辟邪、佑护正义。因"象"谐音"祥"，又寓意吉祥如意，人们借此寄托各种美好愿景，希望能带来祥瑞、富贵和幸福。大象力大魁梧，性灵却温和柔顺，是智慧、力量、团结和天下太平的象征。由此创造了独具中国特色的大象吉祥文化，如：大象驮宝瓶，象征太平有象；大象驮如意，寓意吉祥如意。大象可以安置大门前镇宅挡煞，摆家中寓意出将入相和招财进宝。大象多是一雌一雄成双成对出现。石雕大象常置于宫殿、衙门、寺庙、佛塔、宅院、园林、桥梁及陵墓等处。中都城的这幅山景大象纹构图与传统的大象纹饰完全不同，说明大象纹在明代得到进一步发展和创新，它不仅丰富了大象纹饰图案的寓意内容，更提升了该纹饰图案的象征性意义。

（八）牡丹纹

共收集 74 幅，是中都城石雕刻纹饰中使用较多的一种。其构图有折枝、连枝和组合等几种形式。保留在午门须弥座上的牡丹纹有 47 幅，主要用在午门东、西两观和午门正、背面须弥座束腰上，午门三门洞内未见；征集的流散文物上有牡丹纹 27 幅。

牡丹花大而艳丽，雍容华贵，是著名的观赏花卉。其品种繁多，千姿百态，天然姣美，被冠以"花中之王"，享有"国色天香"盛誉。唐宋时人们开始崇尚牡丹，宋时被称为"富贵之花"。随着牡丹的栽培和普及，牡丹文化也广植于大江南北，具有经久不衰的生命力和艺术魅力。

牡丹纹是人们喜闻乐见的一种花卉纹饰，是中国传统寓意吉祥的纹饰之一，被视为繁荣昌盛、幸福美好的象征。其形式有交枝、折枝、串枝、连（缠）枝等。连枝（缠枝）牡丹纹，又名"万寿藤"，在明清时期尤为盛行，寓意吉庆，因其结构连绵不断，故又具"生生不息"之意。牡丹纹还经常与其他纹饰组合使用，如与石头或梅花组合，寓意长命富贵；牡丹与白头翁（鸟）组合，象征长寿富贵或富贵姻缘；牡丹与玉兰组合，象征玉堂富贵，即寓意富贵之家等。

牡丹纹是经过历代传承而又不断创新的产物，根植于传统文化之中，与人民大众的普遍情感紧密相连，又作为传统心理的载体，表现了民族心态，体现了人文精神，具有浓郁的民族气息和民族精神。中都城使用各种不同形态的牡丹纹图案，象征中华民族繁荣昌盛、幸福美好。

（九）莲花纹

共收集 28 幅，亦是中都城石雕刻纹饰中使用较多的一种。主要有三种构图形式：其一为单纯的连枝莲纹，即莲叶、莲花、莲蓬果等画面；其二为一束莲纹饰，即用绶带扎成一捆的莲叶、莲花、花蕾、菱角、水草等组合纹饰图案；其三为与牡丹、西番莲等连枝组合纹饰。其中连枝莲纹 9 幅，一束莲纹 6 幅，组合莲花纹 13 幅。

纯洁美丽的莲花与伞形莲叶清新诱人，清水出芙蓉，天然去雕饰。它不仅具有观赏、食用价值，更重要的是借莲出淤泥而不染的纯洁，象征君子清廉高尚的品德，寓意超脱和洁身自好。

莲花纹是我国传统寓意吉祥纹饰之一。春秋战国时便已用作装饰纹样，后随着佛教的兴起和广泛传播，莲花纹逐渐流行，并成为佛教艺术中主要的装饰题材。以后历代都较盛行，在石刻、铜镜、瓷器、壁画彩绘、瓦当和建筑上到处可见。在民间，莲花还象征生殖崇拜，有"莲生贵子"之意。

中都城石雕刻中的莲花纹饰继承了明代以前莲花纹的图案化和程式化的基本格调，在此基础上又创作出连枝、一束莲和多种花卉组合的纹饰构图形式，达到石雕刻莲花纹饰最高的艺术效果。

（十）菊花纹

共收集 9 幅，其构图均为折枝形态，主要发现在流散束腰和枋枀构件上，午门仅在东观南面见有 1 幅，似与午门石雕刻纹饰构件类型不符。

菊花纹饰是我国传统寓意吉祥的纹饰图案之一。菊花，古代又名节华、更生、朱嬴、金蕊、周盈、延年、阴成等。菊花是多子多福的象征，自古以来颇受人们的喜爱。菊花纹是一种典型的瓷器上的纹饰，明洪武时期将菊花形状处理成扁圆形花纹。菊花纹又经常与其他纹样组合，表达福与寿、平安与吉祥等美好的愿望，如菊花和牡丹、莲花组合寓意富贵连寿。菊花美丽、高尚，有耐霜雪的傲骨特性，又象征君子不屈不挠的气节。

（十一）西番莲纹

共收集 84 幅，是中都城石雕刻纹饰中使用较多的一种。午门须弥座束腰上发现 62 幅，流散文物栏板、须弥座枋与束腰上发现 22 幅。

西番莲，是欧洲生长的一种植物，叶甚大，花朵大如中国牡丹，花色淡雅，因花蕊平铺中心能转动，又名转枝莲、转心莲。西番莲全身都是宝，具有很高的营养价值、药用价值和观赏价值，被誉为吉祥、希望之花。西番莲纹饰在明代传入我国，至清代得到广泛的应用，多以缠枝（连枝）、折枝的形态出现，瓷器、木雕、丝织品、建筑雕刻等都常使用这种纹饰。

明中都城石雕刻西番莲纹发现数量较多，样式也多。其构图形式有：连枝西番莲纹，圆形头花连着藤叶纹的西番莲纹，西番莲枝叶绞股纹（未见花，只有枝叶），西番莲与牡丹、莲花等连枝组合纹四种。圆形头花连着藤叶纹的西番莲纹主要装饰在须弥座束腰的开始和结尾部位，连枝和组合西番莲纹饰主要用于中间须弥座束腰上。其图案造型优美，寓意吉祥和美好。

（十二）云朵纹

共收集 47 幅，午门束腰上 20 幅，流散文物上 27 幅。午门在中间门洞发现 16 幅，东观西面、西观南面以及背面东、西侧束腰上各发现 1 幅。在流散文物束腰上发现 24 幅，栏板上 2 幅，象眼石上 1 幅。

云朵纹有如意云、祥云等多种称谓，是我国传统寓意吉祥纹饰之一。"云"与"运"谐音，含有运气、命运之意。云朵纹有着悠久的发展历史，在商周云雷纹的基础上，汉代新出现了丰富多彩的云气纹、卷云纹、云兽纹等；魏晋南北朝时期的流云纹，继续保持汉代云气纹的流动性和生机勃勃的气息；隋唐宋盛行朵云纹；元代朵云纹形态化，朵云呈繁复、层叠的面状展开，加上弯转曲折流畅，呈现出典型的如意云纹形态；明清云朵纹形式多样，如有灵芝形云、如意头云、风带如意形云、蝌蚪形云等。

中都城石雕刻云朵纹基本以祥云和横向如意云为主，一般由层叠茂密的勾卷云头加上弯转曲折、流动通畅的排线云躯构成，寓意吉祥如意，寄托了人们对美好生活的向往。另外，还和龙、凤组合使用，形成云龙纹和云凤纹组合纹饰，尽显皇家气势，是身份的象征。

（十三）方胜纹

共收集 174 幅，是中都城石雕刻纹饰中常用的一种，在午门正、背面须弥座束腰上发现最多。其中二连方胜纹 156 幅，三连方胜纹 18 幅，流散文物上均为二连方胜纹。

方胜纹是中国传统寓意吉祥纹饰之一。方胜是以 2 个或 3 个菱形方框压角相叠组成的几何图形或几何纹样。"方胜"指图纹方正而非圆曲，强调其并列对称关系。"方"其意为正、相当，或共同、合而为一之意。"胜"原为古时妇女用来束发或佩戴于腰间的饰物，后来演化为束发的簪。神话相传西王母蓬发戴玉胜，西汉时"胜"饰尤为盛行，用金、铜、玉质料做成的称优胜，后来还出现人胜、花胜、彩胜等。古人借"胜"驱邪保平安，是有其吉祥用意的，它是人们祈望平安、幸福等心愿的物化表现。而后，方胜则多以几何图案的形式出现，或独立作为纹样，或与其他纹饰结合，成为中国古代重要的吉祥几何装饰纹样。双菱形组合称为同心方胜，方胜结如今被称为"中国结"，在凤阳皇陵神道石人背后就有典型的"中国结"服饰图案。

明中都石雕刻方胜纹在继承传统纹样图案化格式的基础上，也有所创新，如各菱角结均为方孔钱形结，有的三连方胜纹中间还夹饰一元宝。将传统的方胜纹更明确地和都城建筑结合起来，加强寓意国运财运通达、国家富强吉祥的象征性。

（十四）万字纹

共收集 31 幅，是中都城石雕刻纹饰中使用较为频繁的一种。均发现在午门东观和西观须弥座束腰上。

万字纹即"卍"字形纹饰，是中国古代传统纹样之一。"卍"为逆时针方向，是古代的一种符咒，用作护身符或宗教标志，常被认为是太阳或火的象征。"卍"字在梵文中为吉祥之意，后引申为坚固、永恒、辟邪和吉祥如意的象征。"卍"字纹在我国可追溯到 6000 多年前的马家窑文化陶器上。东汉时期佛教传入中国后，"卍"字纹就更为流行，使用也更为普遍了。唐代武则天时采用汉字，将其读为"万"。唐代铜器、清代织锦、镂空门窗上比比皆是，均取其吉祥寓意，失去了原来符咒的含义。

明中都石雕刻万字纹继承了其传统吉祥如意的含义，更明确地将传统的万字纹和都城建筑结合起来，表达了天赐、天佑、祈福的寓意。

三　小结

明中都城石雕刻纹饰构件是中国石雕刻艺术遗存的代表之作，是中华民族灿烂石雕刻艺术文化的一个重要组成部分。

在中国历代都城建筑中，像明中都这样大量使用石雕刻纹饰构件的建筑并不多见。就拿保存最好的北京明清故宫来说，也只是在建筑台基须弥座束腰的开头、结尾或中间见少许石雕刻纹饰构件，其余大部分都是没有雕刻纹饰的素面束腰。

明中都石雕刻构件所选用的纹饰图案，各自具有不同的含义，又被装饰在中都城不同的建筑上面。主要包括：表示皇权思想的云龙纹、云凤纹、方胜纹、万字纹、云朵纹等，大多相互间隔分布、组合使用在规格等级高、为皇帝专享的建筑上，如用在皇城午门中间门洞须弥座上；表示国运昌盛、国泰民安思想的狮子纹、麒麟纹、梅花鹿纹、大象纹等；表示国强民富和人生吉祥幸福的牡丹纹、莲花纹、西番莲纹、菊花纹等。

明中都城所精心选择、使用的这些石雕刻纹饰图案承袭了中华传统吉祥纹饰的特定文化内涵和精华——"图必有意，意必吉祥"，并综合考虑国家都城建筑中心这一政治考量，因此许多纹饰图案还同时具有象征皇权和国家层面的政治内涵。在营建明中都建筑群时，使用如此多的石雕刻纹饰构件，既增强了都城建筑的宏伟、精美、气派、华丽的效果，也体现出中都是大明国家政治中心的重要思想。工匠们用数不尽的斧凿之功将冥顽不化的玉石进行改造或创新，不论是动物的羽毛、鳞片，还是植物花卉的枝叶、花瓣，都毫不含糊地加以精雕细刻，从而雕琢出一件件精细、华美的石雕刻艺术品。纹饰线条流畅，简练有力，形象生动，给人以自由、奔放的感觉和蓬勃向上的力量。

第三节　石料来源

关于中都城石雕刻建筑构件石料来源有不同的说法，有人甚至说产自北京，与明清北京都城建筑构件所用石料为同一产地。在明代，开采和搬运石料是一项非常艰巨和困难的工程，当时既没有机械，又没有运输车辆，仍处于原始的人力开凿、运输阶段。一块几吨甚至几十吨重的石料从开采地搬运到都城并非易事，如果路途太遥远就更不可想象。因此，北京明清都城所使用的石料只能产于北京附近大山中。如，在保和殿后有一块故宫中最大的丹陛石，由一块完整的石头雕琢而成。这块石头来自于北京西南郊70千米左右房山的大石窝或北京西郊40千米左右门头沟区的青白口，这里从明清两代跨越600年，直到现在还在生产汉白玉。这块巨大的石头是如何运到北京来的呢？明朝史料有关于这块丹陛石石料开采和运输过程的记载。开采石料就动用了一万多名民工和六千多名士兵，而将其运往京城则更加艰巨。数万名民工，在运送石料的道路两旁，填坑修路。每隔一里左右掘一口井，在严寒隆冬滴水成冰的日子，从井里汲水泼成冰道。二万民工一千多头骡子，用了整整28天时间，才将其运到京城。同样，营建凤阳明中都所使用的石料其来源也只能在凤阳附近寻找，绝不可能到千里之外去找产地。

凤阳明中都建筑群使用大量的汉白玉石建筑材料，所用石材结构细密坚硬，色质洁白。考古调查资料显示，明中都所使用的石料均产自凤阳县境内栗山和独山两处。栗山位于凤阳县西南25千米左右，独山位于凤阳县东中都外城垠百十米左右，至今在栗山和独山还保存有当年的采石坑遗迹和废石料。在栗山西北土岗上有采石场遗址，这里留下数十处较大的采石坑，采石坑的边缘有凿印痕迹。多处采石坑还遗留有当年开凿的石料坯或加工成型的石柱础。独山姚湾采石场遗址，采石坑在高岗北端，东为湾地，长90、宽50米，面积4500平方米。原塘口处有洗凿的条石20余块和石柱础8块，第三次文物普查时这些遗迹已不复存在。两处石料颜色深浅、质地密度与明中都城、皇陵石雕刻构件一致（彩版四七四，1、2；彩版四七五，1、2）。

要将从栗山和独山两处采石场采出来的石坯料或制作的半成品、成品石雕刻构件运往中都城或皇陵，在当时也是非常困难的。因为，这些构件或石料个头大，重达几吨甚至几十吨，靠当时的木轮车是根本无法运走的。文献没有这方面的记载，传说是趁滴水结冰的严寒冬天，沿途掘井汲水泼成冰道，将石构件装在木架上，顺冰道用众多役夫和马骡牛合力推拉缓慢前行，大约要数十日或更长时间才能将一块大型石料或构件运到目的地。可想而知，当年为了营建中都城，需要征调多少役夫、石工、军人、骡马牛进行石料开采、雕刻和运输等，是中都建设中最艰巨的一项工程。

《国权》记载：中都建筑所用石雕刻构件都要求"雕饰奇巧"。《明实录》记载洪武六年（1373年）六月辛巳："中都皇城。御道踏级纹用九龙、四凤、云朵；丹陛前御道纹用龙、凤、海马、海水、云朵。"朱元璋洪武八年（1375年）四月丁巳"诏罢中都役作"，其理由是"劳费"。之后改建南京大内宫殿，"但求安固，不事华丽，凡雕饰奇巧，一切不用，唯朴素坚壮，可传永久"。并规定，自此以后"吾后世子孙，守以为法"。这里"不事华丽"应该指的是殿宇与木作金碧辉煌彩绘，"雕饰奇巧"指的是石雕刻纹饰构件。由此可见，凤阳中都因雕饰奇巧、华丽营建六年时间才初见规模，后因劳费艰辛，国力不支，役重伤人，劳工斗争而罢建。之后改建南京城和兴建北京城均"不事华丽"，不用"雕饰奇巧"[1]。

[1] 王剑英：《明中都研究》第34页，中国青年出版社，2005年。

附表一 明中都皇城内石雕刻柱础遗存登记表

编号	构件名称	尺寸（长×宽×高cm）	纹饰	备注
HPLS:1	石柱础	262×252×125	蟠龙云纹	基本完整，有裂损
HPLS:2	石柱础	235×250×125	蟠龙云纹	基本完整，有裂损
HPLS:3	石柱础	270×270×125	蟠龙云纹	基本完整，有裂损
HSSC:1	石柱础	113×113×40	素面	完整
HSSC:2	石柱础	112×112×38	素面	完整

附表二 明中都皇城午门须弥座石雕刻纹饰构件登记表

编号（WMSK）	发现位置	名称	尺寸（长×高cm）	纹饰	备注
1	东观南面	束腰	90×32	二连方胜纹	完整
2	东观南面	束腰	80×32	折枝菊花纹	完整
3	东观南面	束腰	66×32	二连方胜纹	基本完整
4	东观南面	束腰	32×32	万字纹	基本完整
5	东观南面	束腰	90×32	云凤纹	完整
6	东观南面	束腰	65×32	二连方胜纹	基本完整
7	东观南面	束腰	68×32	折枝牡丹纹	完整
8	东观南面	束腰	66×32	二连方胜纹	完整
9	东观南面	束腰	30×32	万字纹	完整
10	东观南面	束腰	83×32	连枝西番莲纹	完整
11	东观南面	束腰	64×32	二连方胜纹	完整
12	东观南面	束腰	96×32	山景梅花鹿纹	完整
13	东观南面	束腰	62×32	二连方胜纹	完整
14	东观南面	束腰	62×32	二连方胜纹	完整
15	东观西面	束腰	35×32	万字纹	完整
16	东观西面	束腰	77×32	狮子耍绣球纹	完整
17	东观西面	束腰	82×32	连枝牡丹莲花纹	完整
18	东观西面	束腰	80×32	二连方胜纹	完整
19	东观西面	束腰	63×32	折枝牡丹纹	完整
20	东观西面	束腰	65×32	山景梅花鹿纹	完整
21	东观西面	束腰	58×32	山景梅花鹿纹	完整
22	东观西面	束腰	32×32	万字纹	完整
23	东观西面	束腰	69×32	二连方胜纹	完整
24	东观西面	束腰	72×32	连枝西番莲莲花纹	完整
25	东观西面	束腰	66×32	二连方连纹	完整
26	东观西面	束腰	32×32	万字纹	完整
27	东观西面	束腰	68×32	二连方胜纹	完整

续附表二

编号（WMSK）	发现位置	名称	尺寸（长 × 高 cm）	纹饰	备注
28	东观西面	束腰	107 × 32	连枝西番莲纹	完整
29	东观西面	束腰	60 × 32	二连方胜纹	完整
30	东观西面	束腰	28 × 32	万字纹	稍残
31	东观西面	束腰	66 × 32	二连方胜纹	完整
32	东观西面	束腰	91 × 32	折枝牡丹纹	完整
33	东观西面	束腰	78 × 32	二连方胜纹	完整
34	东观西面	束腰	29 × 32	万字纹	基本完整
35	东观西面	束腰	118 × 32	连枝西番莲纹	完整
36	东观西面	束腰	66 × 32	二连方胜纹	完整
37	东观西面	束腰	84 × 32	一束莲纹	完整
38	东观西面	束腰	30 × 32	万字纹	完整
39	东观西面	束腰	74 × 32	二连方胜纹	完整
40	东观西面	束腰	76 × 32	连枝西番莲纹	完整
41	东观西面	束腰	57 × 32	二连方胜纹	完整
42	东观西面	束腰	29 × 32	万字纹	完整
43	东观西面	束腰	87 × 32	折枝牡丹纹	完整
44	东观西面	束腰	82 × 32	折枝牡丹纹	完整
45	东观西面	束腰	33 × 32	万字纹	完整
46	东观西面	束腰	97 × 32	云朵纹	完整
47	东观西面	束腰	63 × 32	二连方胜纹	完整
48	东观西面	束腰	97 × 32	折枝牡丹纹	完整
49	东观西面	束腰	28 × 32	万字纹	稍残
50	东观西面	束腰	88 × 32	二连方胜纹	完整
51	东观西面	束腰	84 × 32	折枝牡丹纹	完整
52	东观西面	束腰	28 × 32	万字纹	稍残
53	东观西面	束腰	92 × 32	山景凤凰追麒麟纹	完整
54	东观西面	束腰	105 × 32	连枝西番莲纹	完整
55	东观西面	束腰	28 × 32	万字纹	稍残
56	东观西面	束腰	73 × 32	二连方胜纹	完整
57	东观西面	束腰	72 × 32	折枝牡丹纹	完整
58	东观西面	束腰	101 × 32	狮子耍绣球纹	完整
59	东观西面	束腰	105 × 32	二连方胜纹	完整
60	东观西面	束腰	84 × 32	西番莲纹	完整
61	东腋门南侧	束腰	60 × 32	西番莲纹	完整
61-1	东腋门南侧	束腰	44 × 32	西番莲纹	完整
62	西观南面	束腰	62 × 32	二连方胜纹	完整
63	西观南面	束腰	33 × 32	万字纹	完整

续附表二

编号（WMSK）	发现位置	名称	尺寸（长 × 高 cm）	纹饰	备注
64	西观南面	束腰	95 × 32	折枝牡丹纹	完整
65	西观南面	束腰	80 × 32	二连方胜纹	完整
66	西观南面	束腰	85 × 32	折枝牡丹纹	完整
67	西观南面	束腰	96 × 32	一束莲纹	完整
68	西观南面	束腰	72 × 32	二连方胜纹	完整
69	西观南面	束腰	32 × 32	万字纹	完整
70	西观南面	束腰	75 × 32	二连方胜纹	完整
71	西观南面	束腰	77 × 32	云凤纹	完整
72	西观南面	束腰	73 × 32	二连方胜纹	完整
73	西观南面	束腰	35 × 32	万字纹	完整
74	西观南面	束腰	75 × 32	二连方胜纹	完整
75	西观南面	束腰	87 × 32	折枝牡丹纹	完整
76	西观南面	束腰	84 × 32	二连方胜纹	完整
77	西观南面	束腰	35 × 32	万字纹	完整
78	西观南面	束腰	107 × 32	山景梅花鹿纹	完整
79	西观南面	束腰	85 × 32	二连方胜纹	完整
80	西观南面	束腰	32 × 32	万字纹	完整
81	西观南面	束腰	100 × 32	折枝牡丹纹	完整
82	西观南面	束腰	30 × 32	万字纹	完整
83	西观南面	束腰	85 × 32	折枝牡丹纹	完整
84	西观南面	束腰	66 × 32	二连方胜纹	完整
85	西观南面	束腰	29 × 32	万字纹	完整
86	西观南面	束腰	53 × 32	折枝牡丹纹	稍残
87	西观南面	束腰	55 × 32	折枝牡丹纹	残缺
88	西观南面	束腰	104 × 32	折枝牡丹纹	残缺
89	西观南面	束腰	70 × 32	二连方胜纹	完整
90	西观南面	束腰	92 × 32	云朵纹	完整
91	西观南面	束腰	74 × 32	二连方胜纹	完整
92	西观南面	束腰	73 × 32	二连方胜纹	完整
93	西观南面	束腰	66 × 32	二连方胜纹	完整
94	西观东面	束腰	63 × 32	二连方胜纹	完整
95	西观东面	束腰	106 × 32	连枝西番莲莲花纹	完整
96	西观东面	束腰	85 × 32	二连方胜纹	完整
97	西观东面	束腰	133 × 32	一束莲纹	完整
98	西观东面	束腰	72 × 32	二连方胜纹	完整
99	西观东面	束腰	34 × 32	万字纹	完整
100	西观东面	束腰	60 × 32	二连方胜纹	完整

续附表二

编号（WMSK）	发现位置	名称	尺寸（长 × 高 cm）	纹饰	备注
101	西观东面	束腰	148 × 32	双狮耍绣球纹	完整
102	西观东面	束腰	62 × 32	二连方胜纹	完整
103	西观东面	束腰	30 × 32	万字纹	完整
104	西观东面	束腰	68 × 32	二连方胜纹	完整
105	西观东面	束腰	93 × 32	折枝牡丹纹	完整
106	西观东面	束腰	69 × 32	二连方胜纹	完整
107	西观东面	束腰	31 × 32	万字纹	完整
108	西观东面	束腰	90 × 32	二连方胜纹	完整
109	西观东面	束腰	95 × 32	山景梅花鹿纹	完整
110	西观东面	束腰	44 × 32	山景梅花鹿纹	稍残
111	西观东面	束腰	30 × 32	万字纹	完整
112	西观东面	束腰	91 × 32	二连方胜纹	完整
113	西观东面	束腰	111 × 32	折枝牡丹纹	完整
114	西观东面	束腰	76 × 32	二连方胜纹	完整
115	西观东面	束腰	33 × 32	万字纹	完整
116	西观东面	束腰	68 × 32	二连方胜纹	完整
117	西观东面	束腰	83 × 32	一束莲纹	完整
118	西观东面	束腰	76 × 32	二连方胜纹	完整
119	西观东面	束腰	30 × 32	万字纹	完整
120	西观东面	束腰	68 × 32	二连方胜纹	完整
121	西观东面	束腰	116 × 32	双狮耍绣球纹	完整
122	西观东面	束腰	66 × 32	二连方胜纹	完整
123	西观东面	束腰	30 × 32	万字纹	完整
124	西观东面	束腰	70 × 32	二连方胜纹	完整
125	西观东面	束腰	104 × 32	折枝牡丹纹	完整
126	西观东面	束腰	57 × 32	二连方胜纹	完整
127	西观东面	束腰	35 × 32	万字纹	完整
128	西观东面	束腰	88 × 32	二连方胜纹	完整
129	西观东面	束腰	94 × 32	折枝牡丹纹	完整
130	西观东面	束腰	76 × 32	二连方胜纹	完整
131	西观东面	束腰	32 × 32	万字纹	完整
132	西观东面	束腰	65 × 32	二连方胜纹	完整
133	西观东面	束腰	132 × 32	折枝牡丹纹	完整
134	西观东面	束腰	83 × 32	二连方胜纹	完整
135	西观东面	束腰	30 × 32	万字纹	完整
136	西观东面	束腰	62 × 32	二连方胜纹	完整
137	西观东面	束腰	74 × 32	山景凤凰纹	完整

续附表二

编号（WMSK）	发现位置	名称	尺寸（长×高 cm）	纹饰	备注
138	西观东面	束腰	83×32	山景麒麟纹	完整
139	西观东面	束腰	82×32	二连方胜纹	完整
140	西观东面	束腰	103×32	折枝牡丹纹	完整
141	西观东面	束腰	27×32	万字纹	残缺
142	西观东面	束腰	76×32	二连方胜纹	完整
143	西观东面	束腰	100×32	西番莲纹	完整
144	西观东面	束腰	75×32	二连方胜纹	完整
145	西观东面	束腰	86×32	狮子耍绣球纹	完整
146	西观东面	束腰	95×32	狮子耍绣球纹	完整
147	西观东面	束腰	96×32	二连方胜纹	完整
148	西观东面	束腰	94×32	西番莲纹	完整
149	西观东面	束腰	70×32	西番莲纹	完整
149-1	西观东面	束腰	66×32	西番莲纹	有裂缝
150	西掖门	束腰	35×32	西番莲纹	完整
151	西掖门	束腰	88×32	西番莲纹	完整
152	西掖门	束腰	66×32	西番莲纹	完整
153	西掖门	束腰	37×32	西番莲纹	完整
154	正面东侧	束腰	102×32	三连方胜纹	完整
155	正面东侧	束腰	74×32	连枝牡丹莲花纹	完整
156	正面东侧	束腰	60×32	二连方胜纹	完整
157	正面东侧	束腰	53×32	折枝花卉纹	完整
158	正面东侧	束腰	93×32	三连方胜纹	完整
159	正面东侧	束腰	104×32	连枝牡丹莲花纹	完整
160	正面东侧	束腰	120×32	三连方胜纹	完整
161	正面东侧	束腰	92×32	连枝牡丹莲花纹	完整
162	正面东侧	束腰	72×32	二连方胜纹	完整
163	正面东侧	束腰	85×32	二连方胜纹	完整
164	正面东侧	束腰	92×32	连枝牡丹莲花纹	完整
165	正面东侧	束腰	93×32	西番莲纹	完整
166	东腋门北侧	束腰	65×32	西番莲纹	完整
167	东腋门北侧	束腰	56×32	西番莲纹	完整
168	正面西侧	束腰	110×32	西番莲纹	完整
169	正面西侧	束腰	71×32	连枝牡丹纹	完整
170	正面西侧	束腰	74×32	二连方胜纹	完整
171	正面西侧	束腰	98×32	连枝西番莲莲花纹	完整
172	正面西侧	束腰	68×32	二连方胜纹	完整
173	正面西侧	束腰	108×32	折枝花卉纹	完整

续附表二

编号（WMSK）	发现位置	名称	尺寸（长×高cm）	纹饰	备注
174	正面西侧	束腰	75×32	二连方胜纹	完整
175	正面西侧	束腰	72×32	二连方胜纹	完整
176	正面西侧	束腰	78×32	连枝牡丹莲花纹	完整
177	正面西侧	束腰	82×32	二连方胜纹	完整
178	正面西侧	束腰	68×32	连枝花卉纹	完整
179	正面西侧	束腰	95×32	连枝花卉纹	完整
180	正面西侧	束腰	135×32	西番莲纹	完整
181	正面西侧	束腰	80×32	二连方胜纹	完整
182	正面西侧	束腰	73×32	二连方胜纹	完整
183	正面西侧	束腰	85×32	二连方胜纹	完整
184	正面西侧	束腰	90×32	连枝牡丹西番莲纹	完整
185	正面西侧	束腰	90×32	二连方胜纹	完整
186	正面西侧	束腰	90×32	连枝牡丹西番莲纹	完整
187	正面西侧	束腰	74×32	二连方胜纹	完整
188	正面西侧	束腰	72×32	二连方胜纹	完整
189	正面西侧	束腰	98×32	折枝花卉纹（钙化层不清楚）	完整
190	正面西侧	束腰	96×32	二连方胜纹	完整
191	正面西侧	束腰	80×32	花卉纹（钙化层不清楚）	完整
192	正面西侧	束腰	90×32	花卉纹（钙化层不清楚）	完整
193	正面西侧	束腰	70×32	西番莲纹	完整
194	中门洞东侧	束腰	74×32	云凤纹	完整
195	中门洞东侧	束腰	66×32	二连方胜纹	完整
196	中门洞东侧	束腰	92×32	云龙纹	完整
197	中门洞东侧	束腰	105×32	云朵纹	完整
198	中门洞东侧	束腰	87×32	云凤纹	完整
199	中门洞东侧	束腰	128×32	三连方胜纹	完整
200	中门洞东侧	束腰	58×32	云凤纹	完整
201	中门洞东侧	束腰	73×32	云凤纹	完整
202	中门洞东侧	束腰	81×32	二连方胜纹	完整
203	中门洞东侧	束腰	98×32	云朵纹	完整
204	中门洞东侧	束腰	92×32	云龙纹	完整
208	中门洞西侧	束腰	60×32	云朵纹	完整
209	中门洞西侧	束腰	108×32	云龙纹	完整
210	中门洞西侧	束腰	91×32	云凤纹	完整
211	中门洞西侧	束腰	98×32	云凤纹	完整
212	中门洞西侧	束腰	91×32	三连方胜纹	完整
213	中门洞西侧	束腰	73×32	云凤纹	完整

续附表二

编号（WMSK）	发现位置	名称	尺寸（长×高 cm）	纹饰	备注
214	中门洞西侧	束腰	70×32	云凤纹	完整
215	中门洞西侧	束腰	74×32	二连方胜纹	完整
216	中门洞西侧	束腰	68×32	云朵纹	完整
217	中门洞西侧	束腰	110×32	云龙纹	完整
218	中门洞西侧	束腰	75×32	云朵纹	完整
219	中门洞西侧	束腰	75×32	二连方胜纹	完整
220	中门洞西侧	束腰	74×32	云凤纹	完整
221	中门洞西侧	束腰	90×32	云凤纹	完整
222	中门洞西侧	束腰	64×32	二连方胜纹	完整
223	中门洞西侧	束腰	122×32	云朵纹	完整
224	中门洞西侧	束腰	77×32	二连方胜纹	完整
225	中门洞西侧	束腰	52×32	二连方胜纹	完整
226	中门洞西侧	束腰	97×32	云朵纹	完整
227	中门洞西侧	束腰	118×32	云朵纹	完整
228	中门洞西侧	束腰	112×32	云凤纹	完整
229	中门洞西侧	束腰	83×32	云凤纹	完整
230	中门洞西侧	束腰	93×32	云凤纹	完整
231	中门洞西侧	束腰	100×32	云朵纹	完整
232	中门洞西侧	束腰	63×32	二连方胜纹	完整
233	中门洞西侧	束腰	73×32	云朵纹	完整
235	背面东侧	束腰	73×32	西番莲纹	完整
236	背面东侧	束腰	90×32	云龙纹	完整
237	背面东侧	束腰	48×32	云朵纹	完整
238	背面东侧	束腰	61×32	西番莲纹	完整
239	背面东侧	束腰	91×32	西番莲纹	完整
240	背面东侧	束腰	77×32	二连方胜纹	完整
241	背面东侧	束腰	70×32	二连方胜纹	完整
242	背面东侧	束腰	86×32	连枝花卉纹	完整
243	背面东侧	束腰	57×32	二连方胜纹	完整
244	背面东侧	束腰	57×32	二连方胜纹	完整
245	背面东侧	束腰	97×32	三连方胜纹	完整
246	背面东侧	束腰	49×32	二连方胜纹	完整
247	背面东侧	束腰	81×32	连枝花卉纹	完整
248	背面东侧	束腰	64×32	二连方胜纹	完整
249	背面东侧	束腰	97×32	三连方胜纹	完整
250	背面东侧	束腰	56×32	西番莲纹	完整
251	背面东侧	束腰	100×32	连枝花卉纹	完整

续附表二

编号（WMSK）	发现位置	名称	尺寸（长 × 高 cm）	纹饰	备注
252	背面东侧	束腰	87 × 32	二连方胜纹	完整
253	背面东侧	束腰	87 × 32	二连方胜纹	完整
254	背面东侧	束腰	66 × 32	折枝牡丹纹	完整
255	背面东侧	束腰	108 × 32	西番莲枝叶绞股纹	完整
256	背面东侧	束腰	78 × 32	二连方胜纹	完整
257	背面东侧	束腰	102 × 32	连枝花卉纹	完整
258	背面东侧	束腰	99 × 32	连枝花卉纹	完整
259	背面东侧	束腰	74 × 32	二连方胜纹	完整
260	背面东侧	束腰	109 × 32	三连方胜纹	完整
261	背面东侧	束腰	85 × 32	连枝牡丹纹	完整
262	背面东侧	束腰	76 × 32	二连方胜纹	完整
263	背面东侧	束腰	95 × 32	三连方胜纹	完整
264	背面东侧	束腰	81 × 32	二连方胜纹	完整
265	背面东侧	束腰	52 × 32	二连方胜纹	完整
266	背面东侧	束腰	89 × 32	连枝西番莲纹	完整
267	背面东侧	束腰	69 × 32	二连方胜纹	完整
268	背面东侧	束腰	107 × 32	三连方胜纹	完整
269	背面东侧	束腰	68 × 32	西番莲纹	完整
270	背面东侧	束腰	86 × 32	西番莲纹	完整
271	背面东侧	束腰	96 × 32	二连方胜纹	完整
272	背面东侧	束腰	65 × 32	二连方胜纹	完整
273	背面东侧	束腰	92 × 32	二连方胜纹	完整
274	背面东侧	束腰	79 × 32	连枝西番莲纹	完整
275	背面东侧	束腰	92 × 32	二连方胜纹	完整
276	背面东侧	束腰	85 × 32	二连方胜纹	完整
277	背面东侧	束腰	83 × 32	连枝西番莲纹	完整
278	背面东侧	束腰	92 × 32	连枝西番莲纹	完整
279	背面东侧	束腰	83 × 32	二连方胜纹	完整
280	背面东侧	束腰	65 × 32	二连方胜纹	完整
281	背面东侧	束腰	87 × 32	连枝西番莲纹	完整
282	背面东侧	束腰	100 × 32	连枝西番莲纹	完整
283	背面东侧	束腰	92 × 32	连枝西番莲纹	完整
284	背面东侧	束腰	95 × 32	三连方胜纹	完整
285	背面东侧	束腰	64 × 32	二连方胜纹	完整
286	背面东侧	束腰	94 × 32	折枝牡丹纹	完整
287	背面东侧	束腰	77 × 32	折枝牡丹纹	完整
288	背面东侧	束腰	120 × 32	连枝西番莲纹	完整

续附表二

编号（WMSK）	发现位置	名称	尺寸（长×高cm）	纹饰	备注
289	背面东侧	束腰	92×32	二连方胜纹	完整
290	背面东侧	束腰	107×32	三连方胜纹	完整
291	背面东侧	束腰	80×32	连枝西番莲纹	完整
292	背面东侧	束腰	100×32	连枝西番莲纹	完整
293	背面东侧	束腰	54×32	折枝牡丹纹	完整
294	背面东侧	束腰	94×32	三连方胜纹	完整
295	背面东侧	束腰	118×32	三连方胜纹	完整
296	背面东侧	束腰	90×32	连枝牡丹纹	完整
297	背面东侧	束腰	75×32	折枝牡丹纹	完整
298	背面东侧	束腰	73×32	连枝牡丹西番莲纹	完整
299	背面东侧	束腰	76×32	连枝西番莲纹	完整
300	背面东侧	束腰	68×32	折枝牡丹纹	完整
301	背面东侧	束腰	108×32	三连方胜纹	完整
302	背面东侧	束腰	91×32	三连方胜纹	完整
303	背面东侧	束腰	110×32	连枝牡丹纹	完整
304	背面东侧	束腰	78×32	连枝牡丹纹	完整
305	背面东侧	束腰	70×32	三连方胜纹	完整
306	背面东侧	束腰	69×32	二连方胜纹	完整
307	背面东侧	束腰	98×32	西番莲纹	完整
308	背面西侧	束腰	102×32	云龙纹	完整
309	背面西侧	束腰	100×32	云朵纹	完整
310	背面西侧	束腰	96×32	西番莲纹	完整
311	背面西侧	束腰	88×32	二连方胜纹	完整
312	背面西侧	束腰	96×32	一束莲纹	完整
313	背面西侧	束腰	67×32	二连方胜纹	完整
314	背面西侧	束腰	80×32	三连方胜纹	完整
315	背面西侧	束腰	117×32	连枝西番莲纹	完整
316	背面西侧	束腰	111×32	三连方胜纹	完整
317	背面西侧	束腰	71×32	二连方胜纹	完整
318	背面西侧	束腰	93×32	连枝西番莲纹	完整
319	背面西侧	束腰	70×32	二连方胜纹	完整
320	背面西侧	束腰	85×32	二连方胜纹	完整
321	背面西侧	束腰	59×32	折枝牡丹纹	完整
322	背面西侧	束腰	65×32	西番莲纹	完整
323	背面西侧	束腰	76×32	二连方胜纹	完整
324	背面西侧	束腰	97×32	西番莲枝叶绞股纹	完整
325	背面西侧	束腰	68×32	二连方胜纹	完整

续附表二

编号（WMSK）	发现位置	名称	尺寸（长 × 高 cm）	纹饰	备注
326	背面西侧	束腰	71×32	二连方胜纹	完整
327	背面西侧	束腰	108×32	连枝花卉纹	完整
328	背面西侧	束腰	105×32	连枝花卉纹	完整
329	背面西侧	束腰	94×32	二连方胜纹	完整
330	背面西侧	束腰	78×32	二连方胜纹	完整
331	背面西侧	束腰	114×32	连枝西番莲纹	完整
332	背面西侧	束腰	57×32	二连方胜纹	完整
333	背面西侧	束腰	81×32	二连方胜纹	完整
334	背面西侧	束腰	92×32	折枝牡丹纹	完整
335	背面西侧	束腰	48×32	二连方胜纹	完整
336	背面西侧	束腰	55×32	二连方胜纹	完整
337	背面西侧	束腰	72×32	连枝西番莲莲花纹	完整
338	背面西侧	束腰	97×32	一束莲纹	完整
339	背面西侧	束腰	67×32	二连方胜纹	完整
340	背面西侧	束腰	62×32	二连方胜纹	完整
341	背面西侧	束腰	97×32	西番莲纹	完整
342	背面西侧	束腰	53×32	西番莲纹	完整
343	背面西侧	束腰	73×32	二连方胜纹	完整
344	背面西侧	束腰	75×32	折枝牡丹纹	完整
345	背面西侧	束腰	62×32	二连方胜纹	完整
346	背面西侧	束腰	108×32	二连方胜纹	完整
347	背面西侧	束腰	112×32	连枝西番莲纹	完整
348	背面西侧	束腰	63×32	二连方胜纹	完整
349	背面西侧	束腰	76×32	二连方胜纹	完整
350	背面西侧	束腰	85×32	连枝西番莲纹	完整
351	背面西侧	束腰	74×32	二连方胜纹	完整
352	背面西侧	束腰	87×32	二连方胜纹	完整
353	背面西侧	束腰	75×32	连枝西番莲纹	完整
354	背面西侧	束腰	81×32	二连方胜纹	完整
355	背面西侧	束腰	81×32	二连方胜纹	完整
356	背面西侧	束腰	92×32	西番莲纹	完整
357	背面西侧	束腰	81×32	二连方胜纹	完整
358	背面西侧	束腰	82×32	二连方胜纹	完整
359	背面西侧	束腰	92×32	折枝花卉纹	完整
360	背面西侧	束腰	84×32	二连方胜纹	完整
361	背面西侧	束腰	72×32	二连方胜纹	完整
362	背面西侧	束腰	83×32	连枝牡丹纹	完整

续附表二

编号（WMSK）	发现位置	名称	尺寸（长 × 高 cm）	纹饰	备注
363	背面西侧	束腰	72×32	二连方胜纹	完整
364	背面西侧	束腰	85×32	二连方胜纹	完整
365	背面西侧	束腰	92×32	连枝西番莲纹	完整
366	背面西侧	束腰	96×32	二连方胜纹	完整
367	背面西侧	束腰	71×32	二连方胜纹	完整
368	背面西侧	束腰	86×32	连枝西番莲纹	完整
369	背面西侧	束腰	95×32	二连方胜纹	完整
370	背面西侧	束腰	118×32	西番莲纹	完整
371	西门洞西侧	束腰	100×32	西番莲纹	完整
372	西门洞西侧	束腰	70×32	二连方胜纹	完整
373	西门洞西侧	束腰	68×32	折枝牡丹纹	完整
374	西门洞西侧	束腰	90×32	连枝牡丹纹	完整
375	中门洞东侧	束腰	87×32	云朵纹	完整
376	中门洞东侧	束腰	107×32	云凤纹	完整
377	中门洞东侧	束腰	71×32	二连方胜纹	完整
378	中门洞东侧	束腰	88×32	云凤纹	完整
379	中门洞东侧	束腰	65×32	二连方胜纹	完整
380	中门洞东侧	束腰	138×32	云龙纹	完整
381	中门洞东侧	束腰	80×32	云凤纹	完整
382	中门洞东侧	束腰	70×32	二连方胜纹	完整
383	中门洞东侧	束腰	96×32	云凤纹	完整
384	中门洞东侧	束腰	84×32	二连方胜纹	完整
385	中门洞东侧	束腰	61×32	云朵纹	完整
386	中门洞东侧	束腰	150×32	云龙纹	完整
387	中门洞东侧	束腰	84×32	云朵纹	完整
388	中门洞东侧	束腰	90×32	云凤纹	完整
389	中门洞东侧	束腰	80×32	云朵纹	完整
390	中门洞东侧	束腰	108×32	云龙纹	完整
391	中门洞东侧	束腰	74×32	二连方胜纹	完整
392	中门洞东侧	束腰	64×32	云凤纹	完整
393	中门洞东侧	束腰	73×32	云凤纹	完整
394	中门洞东侧	束腰	86×32	二连方胜纹	完整
395	中门洞东侧	束腰	94×32	云朵纹	完整
396	中门洞东侧	束腰	118×32	云龙纹	完整
397	中门洞东侧	束腰	57×32	云朵纹	完整
398	中门洞东侧	束腰	114×32	二连方胜纹	完整

附表三　明中都城流散石雕刻纹饰构件登记表

编号（LSSK）	构件名称	尺寸（长 × 宽 cm）	纹饰	备注
螭首类石雕刻遗存（12件）				
221	圆雕大螭首	175×63	大龙头	完整
329	圆雕大螭首	175×58	大龙头	有残损
20	圆雕小螭首	105×28	小龙头	完整
264	圆雕小螭首	104×30	小龙头	完整
265	圆雕小螭首	106×28	小龙头	完整
266	圆雕小螭首	100×28	小龙头	完整
280	圆雕小螭首	105×30	小龙头	完整
282	圆雕小螭首	100×27	小龙头	完整
283	圆雕小螭首	70×28	小龙头	完整
285	圆雕小螭首	83×28	小龙头	完整
287	圆雕小螭首	97×27	小龙头	完整
289	圆雕小螭首	115×27	小龙头	完整
护栏类石雕刻遗存（93件）				
44	栏柱	140×27	云龙纹	完整
46	栏柱	140×29	云凤纹	完整
48	栏柱	140×27	云龙纹	完整
53	栏柱	140×27	云凤纹	完整
55	栏柱	140×28	云龙纹	完整
57	栏柱	140×27	云凤纹	完整
90	栏柱	140×30	云凤纹	完整
91	栏柱	140×29	云龙纹	完整
94	栏柱	140×28	云龙纹	基本完整
107	栏柱	140×28	云龙纹	完整
109	栏柱	140×32	云龙纹	完整
111	栏柱	140×30	云龙纹	完整
113	栏柱	140×29	云龙纹	完整
115	栏柱	140×29	云龙纹	完整
117	栏柱	140×28	云龙纹	有裂缝
119	栏柱	140×28	云龙纹	完整
121	栏柱	140×28	云龙纹	完整
124	栏柱	140×30	云凤纹	完整
155	栏柱	140×28	云凤纹	完整
157	栏柱	140×28	云凤纹	完整
159	栏柱	140×28	云凤纹	完整
161	栏柱	140×29	云凤纹	完整
164	栏柱	140×27	云凤纹	完整

续附表三

编号（LSSK）	构件名称	尺寸（长×宽cm）	纹饰	备注
166	栏柱	140×29	云龙纹	完整
226	栏柱头	62×28	云龙纹	残缺
227	栏柱头	65×25	云凤纹	残缺
228	栏柱头	37×27	云凤纹	残缺
229	栏柱头	50×30	云龙纹	残缺
230	栏柱头	39×28	云凤纹	残缺
257	栏柱	90×28	云凤纹	残缺
258	栏柱	90×28	云龙纹	残缺
259	栏柱	90×28	云龙纹	残缺
260	栏柱	67×29	云凤纹	残缺
267	栏柱	130×25	圆雕狮子纹	完整
269	栏柱	140×25	圆雕狮子纹	完整
270	栏柱	147×26	圆雕狮子纹	完整
271	栏柱	85×27	云凤纹	残缺
274	栏柱	130×28	云凤纹	基本完整
277	栏柱	140×29	云凤纹	基本完整
281	栏柱	144×28	云凤纹	基本完整
286	栏柱	140×27	云龙纹	完整
292	栏柱	98×30	阴线方框纹	柱头残缺
294	栏柱	112×28	云凤纹	残缺
301	栏柱头残件	46×28	云凤纹	残缺
340	栏柱头残件	14×50	云凤纹	残缺
393	栏柱头残件	13×35	云龙纹	残缺
47	栏杆和栏板	140×45	正、背面云龙纹	缺栏杆
54	栏杆和栏板	140×42	正、背面云凤纹	缺栏杆
56	栏杆和栏板	112×80	正面云凤纹，背面云龙纹	断裂
108	栏杆和栏板	125×46	正、背面云凤纹	缺栏杆
112	栏杆和栏板	92×44	正面云凤纹	缺栏杆
114	栏杆和栏板	104×46	正、背面云凤纹	缺栏杆，栏板稍残
116	栏杆和栏板	126×46	正面云凤纹	完整
118	栏杆和栏板	126×46	正面云龙纹	缺栏杆
128	栏杆和栏板	77×42	正面云凤纹	缺栏杆，栏板残半
156	栏杆和栏板	117×38	正、背面云凤纹	缺栏杆
158	栏杆和栏板	128×46	正、背面云凤纹	缺栏杆
160	栏杆和栏板	133×45	正、背面云凤纹	缺栏杆
163	栏杆和栏板	145×45	正、背面云凤纹	缺栏杆
165	栏杆和栏板	132×42	正、背面双狮耍绣球纹	缺栏杆，栏板断裂

续附表三

编号（LSSK）	构件名称	尺寸（长×宽cm）	纹饰	备注
175	栏杆和栏板	85×30	正、背面云龙纹	缺栏杆，栏板一端残损
200-1	栏杆和栏板	138×40	正、背面云龙纹	缺栏杆
206	栏杆和栏板	130×42	正、背面阴刻线方框纹	缺栏杆
223	栏杆和栏板	64×31	正面连枝西番莲纹	缺栏杆
240	栏杆和栏板	140×42	正、背面云龙纹	残损
244	栏杆和栏板	70×40	正、背面云龙纹	缺栏杆，栏板缺半
255	栏杆和栏板	130×45	正、背面云龙纹	缺栏杆
256	栏杆和栏板	120×40	正、背面双狮耍绣球纹	缺栏杆
261	栏杆和栏板	113×40	正、背面连枝花卉纹	缺栏杆
262	栏杆和栏板	110×45	正、背面云凤纹	缺栏杆，栏板一端残损
263	栏杆和栏板	105×45	正、背面云凤纹	缺栏杆，栏板一端残损
273	栏杆和栏板	87×80	正、背面云朵纹	残半
276	栏杆和栏板	63×46	正面云龙纹，背面云凤纹	缺栏杆，栏板残半
279	栏杆和栏板	113×43	正面云龙纹，背面云凤纹	缺栏杆
284	栏杆和栏板	140×45	正面云凤纹	缺栏杆
288	栏杆和栏板	37×27	正、背面云龙纹	缺栏杆
291	栏杆和栏板	140×42	正、背面云凤纹	缺栏杆
296	栏杆和栏板	71×42	正、背面云凤纹	缺栏杆，栏板残断
298	栏杆和栏板	78×38	正面云龙纹，背面云凤纹	缺栏杆，栏板缺半
302	栏杆和栏板	82×38	正面云凤纹	缺栏杆，栏板残半
318	栏杆和栏板	82×38	正面云龙纹	缺栏杆，栏板残半
318-1	栏杆和栏板	70×38	正面云凤纹	缺栏杆，栏板残半
319	栏杆和栏板	76×38	正、背面云凤纹	缺栏杆，栏板残半
320	栏杆和栏板	76×38	正面云龙纹	缺栏杆，栏板残损
321	栏杆和栏板	45×38	正面云龙纹	缺栏杆，栏板残半
322	栏杆和栏板	52×38	正面云凤纹	缺栏杆，栏板残半
323	栏杆和栏板	82×38	正面云龙纹	缺栏杆，栏板残半
324	栏杆和栏板	78×40	正面云凤纹	缺栏杆，栏板残半
326	栏杆和栏板	38×38	正面云凤纹	残存中间
327	栏杆和栏板	79×38	正面云凤纹	缺栏杆，栏板残半
382	栏杆和栏板	114×82	正面云龙纹	基本完整
392	栏杆和栏板	86×40	正面云龙纹	缺栏杆，栏板一端残损
400	栏杆和栏板	140×80	正、背面云龙纹	基本完整
须弥座类石雕刻遗存（166件）				
1	束腰	77×31	云凤纹	完整
2	束腰	91×35	云凤纹	完整
3	束腰	96×35	云龙纹	完整

续附表三

编号（LSSK）	构件名称	尺寸（长 × 宽 cm）	纹饰	备注
4	束腰	108 × 32	云龙纹	完整
5	束腰	67 × 35	狮子绶带纹	完整
7	束腰	73 × 40	二连方胜纹	完整
8	束腰	88 × 32	西番莲纹	完整
9	束腰	81 × 35	山景麒麟纹	完整
10	束腰	80 × 36	山景大象纹	完整
11	束腰	95 × 34	山景梅花鹿纹	完整
12	束腰	96 × 35	山景老虎纹	完整
13	束腰	67 × 33	连枝牡丹莲花纹	完整
14	束腰	100 × 35	山景梅花鹿纹	完整
15	束腰	72 × 33	连枝花卉纹	完整
16	束腰	102 × 34	狮子耍绣球纹	完整
17	束腰	77 × 23	云凤纹	完整
18	束腰	84 × 32	西番莲枝叶绞股纹	完整
19	束腰	113 × 34	山景梅花鹿纹	完整
21	束腰	93 × 35	山景老虎纹	完整
22	束腰	122 × 32	云凤纹	完整
23	束腰	111 × 31	折枝牡丹纹	完整
27	束腰	140 × 37	云龙纹	基本完整
35	束腰	86 × 20	连枝牡丹莲花纹	完整
39	束腰	54 × 20	连枝牡丹纹	完整
41	束腰	86 × 30	折枝牡丹纹	完整
69	束腰	106 × 40	山景人耍杂技纹	完整
71	束腰	75 × 20	连枝莲纹	完整
77	束腰	85 × 30	西番莲枝叶绞股纹	完整
79	束腰	68 × 19	连枝莲纹	完整
80	束腰	67 × 18	连枝牡丹莲花纹	完整
82	束腰	69 × 20	连枝牡丹莲花纹	完整
89	束腰	73 × 30	云朵纹	完整
98	束腰	90 × 30	云龙纹	完整
100	束腰	80 × 30	西番莲纹	完整
101	束腰	75 × 35	西番莲纹	完整
102	束腰	83 × 32	连枝西番莲纹	完整
103	束腰	71 × 32	西番莲纹	完整
104	束腰	72 × 34	折枝花卉纹	完整
105	束腰	82 × 34	西番莲纹	完整
106	束腰	77 × 30	云朵纹	完整

续附表三

编号（LSSK）	构件名称	尺寸（长 × 宽 cm）	纹饰	备注
122	束腰	67×28	云朵纹	完整
123	束腰	90×25	云朵纹	完整
140	束腰	80×19	连枝莲纹	完整
145	束腰	80×19	连枝牡丹莲花纹	完整
146	束腰	112×28	云朵纹	完整
151	束腰	90×20	折枝菊花纹	完整
162	束腰	100×43	云龙纹	基本完整
169	束腰	60×27	云朵纹	完整
170	束腰	52×35	二连方胜纹	完整
174	束腰	140×35	人牵狮子驮瓶纹	完整
196	束腰	130×28	连枝牡丹莲花纹	完整
198	束腰	100×32	西番莲纹	完整
199	束腰	94×30	西番莲纹	完整
200	束腰	90×32	西番莲纹	完整
201	束腰	65×27	云朵纹	完整
202	束腰	70×34	西番莲纹	完整
224	束腰	76×30	西番莲纹	完整
225	束腰	70×30	云凤纹	完整
231	束腰	60×30	云凤纹	完整
232	束腰	42×22	二连方胜纹	完整
233	束腰	84×34	云凤纹	完整
234	束腰	70×30	狮子耍绣球纹	完整
237	束腰	66×28	云朵纹	完整
238	束腰	98×34	山景梅花鹿纹	完整
241	束腰	78×30	西番莲纹	完整
242	束腰	80×30	云朵纹	完整
243	束腰	100×18	连枝莲纹	完整
246	束腰	88×24	云龙纹	完整
247	束腰	75×30	云朵纹	完整
250	束腰	70×33	云龙纹	完整
251	束腰	82×32	凤凰牡丹纹	完整
291	束腰	65×32	连枝西番莲纹	完整
293	束腰	70×34	凤凰牡丹纹	残损
294	束腰	54×34	云凤纹	残损
295	束腰	77×33	折枝菊花纹	完整
296	束腰	87×30	云朵纹	残损
297	束腰	62×32	西番莲纹	完整

续附表三

编号（LSSK）	构件名称	尺寸（长×宽cm）	纹饰	备注
298	束腰	63×35	西番莲枝叶纹	完整
299	束腰	75×38	西番莲纹	完整
300	束腰	36×32	一束莲纹	残缺
305	束腰	53×25	云朵纹	残损
309	束腰	65×31	云朵纹	完整
310	束腰	75×30	云龙纹	残损
315	束腰	59×31	云朵纹	完整
316	束腰	83×19	连枝牡丹莲花纹	残损
317	束腰	68×22	连枝牡丹纹	完整
328	束腰	71×29	云朵纹	完整
330	束腰	103×21	连枝枝叶纹	完整
331	束腰	44×20	连枝牡丹纹	残损
332	束腰	118×20	云朵纹	完整
333	束腰	59×30	二连方胜纹	残损
344	束腰	81×32	连枝牡丹莲花纹	完整
345	束腰	60×32	连枝牡丹莲花纹	完整
346	束腰	67×33	二连方胜纹	残损
347	束腰	63×29	云朵纹	完整
348	束腰	94×32	西番莲二连方胜组合纹	完整
349	束腰	107×33	西番莲纹	完整
350	束腰	60×32	云朵纹	残损
351	束腰	61×35	二连方胜纹	完整
352	束腰	107×29	西番莲纹	完整
353	束腰	95×32	云龙纹	略残损
356	束腰	55×36	二连方胜纹	完整
357	束腰	45×32	折枝牡丹纹	残损
358	束腰	90×16	连枝枝叶纹	残损
361	束腰	83×26	连枝枝叶纹	残损
363	束腰	54×16	连枝枝叶纹	完整
364	束腰	36×16	连枝枝叶纹	残损
368	束腰	42×28	云朵纹	残损
369	束腰	104×30	连续云朵纹	完整
370	束腰	52×28	云朵纹	完整
371	束腰	56×26	云朵纹	残损
372	束腰	46×32	二连方胜纹	残损
373	束腰	58×26	云朵纹	残损
374	束腰	63×29	云朵纹	完整

续附表三

编号（LSSK）	构件名称	尺寸（长×宽 cm）	纹饰	备注
379	束腰	58×15	连枝莲纹	完整
380	束腰	86×20	连枝牡丹纹	残损
381	束腰	74×20	连枝牡丹莲花纹	完整
383	束腰	53×18	连枝牡丹纹	残损
384	束腰	52×15	折枝牡丹纹	完整
385	束腰	90×16	连枝枝叶纹	略残损
388	束腰	62×18	连枝枝叶纹	残损
390	束腰	46×23	云龙纹	残损
391	束腰	78×28	云朵纹	基本完整
392	束腰	58×20	连枝牡丹纹	基本完整
59	枋枭	86×40	连枝西番莲纹 + 连弧纹	完整
73	枋枭	73×40	连枝菊花纹 + 连弧纹	完整
92	枋枭	76×40	连枝牡丹纹 + 连弧纹	完整
93	枋枭	80×38	连枝花卉纹 + 连弧纹	完整
95	枋枭	69×33	连枝花卉纹 + 连弧纹	完整
96	枋枭	58×24	连枝花卉纹 + 连弧纹	完整
97	枋枭	54×35	连枝花卉纹 + 连弧纹	完整
150	枋枭	60×48	连弧纹	完整
154	枋枭	48×35	连枝莲纹 + 连弧纹	完整
175	枋枭	85×30	连枝牡丹纹 + 连弧纹	完整
193	枋枭	83×40	连枝牡丹纹 + 连弧纹	完整
209	枋枭	70×30	连枝菊花纹 + 连弧纹	完整
210	枋枭	66×50	连枝莲纹 + 连弧纹	完整
211	枋枭	70×33	连枝菊花纹 + 连弧纹	完整
212	枋枭	75×35	连枝莲纹 + 连弧纹	完整
213	枋枭	85×33	连枝菊花纹 + 连弧纹	微残损
214	枋枭	70×46	连枝花卉纹 + 连弧纹	完整
215	枋枭	97×40	连枝花卉纹 + 连弧纹	完整
245	枋枭	98×18	连枝牡丹纹 + 连弧纹	完整
293	枋枭	88×38	连枝牡丹纹 + 连弧纹	完整
297	枋枭	86×20	连枝菊花纹 + 连弧纹	完整
335	枋枭	55×25	连枝牡丹纹 + 连弧纹	完整
336	枋枭	57×28	连枝牡丹纹 + 连弧纹	完整
337	枋枭	60×28	连枝莲纹 + 连弧纹	完整
338	枋枭	57×27	连枝菊花纹 + 连弧纹	完整
339	枋枭	40×23	连枝牡丹纹 + 连弧纹	残损
341	枋枭	69×25	连枝花卉纹 + 连弧纹	完整

续附表三

编号（LSSK）	构件名称	尺寸（长 × 宽 cm）	纹饰	备注
342	枋枭	65×25	连枝花卉纹 + 连弧纹	完整
343	枋枭	65×25	连枝花卉纹 + 连弧纹	完整
375	枋枭	82×34	连枝花卉纹 + 连弧纹	完整
376	枋枭	73×34	连枝花卉纹 + 连弧纹	完整
377	枋枭	65×24	连枝花卉纹 + 连弧纹	完整
378	枋枭	84×24	连枝菊花纹 + 连弧纹	完整
386	枋枭	72×35	连枝花卉纹 + 连弧纹	完整
387	枋枭	112×20	连枝花卉纹 + 连弧纹	完整
290	圭角	58×33	垂帘叠阴线卷云纹	完整
295	圭角	50×38	垂帘叠阴线卷云纹	完整
42	角柱	94×47	云龙纹	完整
62	角柱	113×47	云龙纹	完整
253	角柱	90×43	云龙纹	完整
200–2	象眼石	96×34	云朵纹	完整
200–3	象眼石	90×32	连枝枝叶纹	完整

后　记

　　凤阳是一个文物大县，也是我从事文物考古与博物馆工作最早的地方。1975年秋，凤阳县举办明中都城遗址文物保护学习班，我应凤阳县文化局文物干部刘剑桥先生邀请为学习班学员授课。当年凤阳县"革委会"对中都城的保护非常重视，学习班主要着力培养中都城所在地的基层业余文物保护员，这是凤阳的一个伟大创举。后来，国家文物局在青阳县召开全国文物工作会议时，还推广了业余文物保护员制度。那次凤阳之行使我对明中都城城墙与午门石雕刻纹饰构件留下了深刻的印象，对皇陵神道石像生群感到非常震撼。此后多年，我又多次参加明中都城与皇陵的保护和申报国保单位的多项考古发掘工作等。

　　2006年以来，我在蚌埠双墩主持春秋钟离君柏墓的考古发掘，同时还抽时间领队主持了凤阳新城区的考古勘探、金董大古堆新石器至商周时期遗址的考古发掘、春秋钟离国大东关墓出土器物的考古调查、卞庄钟离康墓的发掘。2011~2012年，在整理双墩春秋钟离君柏墓发掘资料期间，我开始着手收集、整理与研究明皇陵，完成了《凤阳明皇陵建制与石刻艺术》专著的编写与出版。2013年至今，我应凤阳县文物管理所唐更生所长的邀请，开始对馆藏明中都城字砖、石雕刻、墓志等文物进行分类整理与研究。2014年，对凤阳县新建博物馆陈列大纲提出整体思路和具体意见。2015~2016年，对展陈大纲文本进行深化撰写，并对展览公司设计施工提出改进意见，指导展览公司根据展览内容分割展厅空间布局设计与效果图创作，并参与馆内以唐更生馆长为主的文物布展工作等。2016年，由唐更生、阚绪杭主编出版《凤阳明中都字砖》专著一部，并完成《凤阳明中都石雕刻艺术遗存考古调查报告》的基础材料收集、整理工作。

　　凤阳明中都石雕刻艺术遗存是中国都城建筑最重要的遗存之一。可惜至今没有引起研究者和艺术家们的重视，也未见专门报道和研究文章。为使这批珍贵的建筑瑰宝早日公之于众，为中国石雕刻艺术和都城建筑史研究增添新资料，2013年，我们开始对凤阳县文物管理所征集的大量流散石雕刻纹饰构件进行清洗、编号、测量尺寸、拍照、登记造册，并选取部分雕刻纹饰进行打拓，同时对保存在皇城午门须弥座上的石雕刻束腰纹饰依次进行现场记录与拍照。2016~2018年，完成对明中都石雕刻艺术遗存的梳理，撰写《凤阳明中都石雕刻艺术遗存考古调查报告》书稿并进行插图绘制和图版编排工作。本书首次以考古调查报告的形式，使用大量的线图、拓片和照片，翔实、系统地公布了明中都城午门须弥座石雕刻纹饰构件和凤阳县文物管理所征集的大量流散中都城石雕刻纹饰构件的第一手资料。此书是我们继《凤阳明皇陵建制与石刻艺术》（文物出版社，2012年）和《凤阳明中都字砖》（文物出版社，2016年）两部专著之后又一部关于明代中都城文化遗存的重要研究成果，为研究中国石雕刻艺术史和都城建筑史增添了新资料。

　　本书由原安徽省文物考古研究所二级研究员阚绪杭和凤阳县文物管理所唐更生所长主编，朱传贤、朱江、唐更生、阚绪杭、孙洋等负责石雕刻构件的清洗、编号和登记工作，照相由原蚌埠市博物馆王维凤先生担任，拓片邀请安徽省博物馆金春刚先生等完成，线描图由凤阳科技学院吴伟东老师等绘制。

　　整理、研究工作期间得到凤阳县委、县政府、县文化局领导的大力支持，特别是得到凤阳县文物管理所和博物馆同志们的大力帮助，在此深表最诚挚的感谢。本书收集的资料虽只是中都城石雕刻纹饰构件遗存中的一小部分，但足以证明当年中都建筑的宏伟。

　　本书稿付梓出版，我如释重负。终于实现了我二十多年来一直希望的能把明中都城石雕刻艺术遗存整理研究公布于世的心愿，也总算没有辜负凤阳县政府、县文化局领导和唐更生所长邀请我来共同整理、研究凤阳明中都文化遗存的初心。由于个人学识浅薄，知识面也有局限，深入研究尚显不够，草成此稿出版，错漏、不足之处难免，敬请专家学者和同行们勘正。

阚绪杭于凤阳县博物馆

2018 年 12 月 18 日

彩版一　明中都城与皇陵遗址

1. 午门正面航拍全景

2. 午门正面门洞全景

3. 午门俯视航拍全景

彩版二　明中都城午门全景

1. 明中都城考古遗址公园效果图

2. 明中都皇陵复原设计效果图

彩版三　明中都城与皇陵复原设计效果图

1. 采石坑一角

2. 采石坑遗留的开凿痕迹

彩版四　凤阳栗山明代采石坑遗存

1. 采石场遗址一角

2. 采石坑遗迹

3. 采石坑石料遗存

彩版五　凤阳独山窑湾明代采石场遗存

彩版六　明中都皇城遗址内水塘旁散落的众多石柱础遗存

1. HPLS：1石柱础遗存清理现场

2. HPLS：2石柱础遗存清理现场

3. 清理现场工作照（唐更生、阚绪杭、朱江）

4. HPLS：3石柱础遗存清理现场
（左起：朱江、阚绪杭、唐更生）

彩版七　明中都皇城内水塘旁散落的三件蟠龙云纹石柱础遗存清理现场

1. 凤阳县博物馆南部西院堆放
   的石雕刻文物

2. 凤阳县博物馆南部西院堆放
   的石雕刻文物

3. 凤阳县文管所院内堆放的石
   雕刻文物

彩版八　征集的石雕刻文物

1. 博物馆门内左侧道路旁竖立
   的栏柱

2. 博物馆外北侧临时堆放的石
   雕刻文物

3. 博物馆外北侧临时堆放的石
   雕刻文物

彩版九　征集的石雕刻文物

1. 博物馆北院露天陈列的石雕
刻文物

2. 博物馆北院露天陈列的石雕
刻文物

3. 博物馆北院露天陈列的石雕刻文物　　　　4. 博物馆北院露天陈列的石雕刻文物

彩版一〇　凤阳县博物馆北院露天陈列的石雕刻文物

1. 博物馆北院露天陈列的石雕
刻文物

2. 博物馆北院露天陈列的石雕
刻文物

3. 博物馆北院露天陈列的石雕
刻文物

彩版一一　凤阳县博物馆北院露天陈列的石雕刻文物

1. 博物馆南部东院露天陈列的
石雕刻文物

2. 博物馆南部东院露天陈列的
石雕刻文物

3. 博物馆南部东院露天陈列的
石雕刻文物

彩版一二　凤阳县博物馆南部东院露天陈列的石雕刻文物

1. 序厅中陈列的蟠龙云纹石柱础（HPLS：1）

2. 中都厅陈列的石雕刻文物

3. 中都厅陈列的石雕刻文物

彩版一三　凤阳县博物馆中陈列的石雕刻文物

1. 中都厅陈列的石雕刻栏板、栏柱

2. 中都厅陈列的石雕刻束腰

4. 中都厅陈列的石雕刻栏板、栏柱

3. 中都厅陈列的石雕刻束腰

彩版一四　凤阳县博物馆中都厅陈列的石雕刻文物

1. 整理堆放在院内的石雕刻文物

2. 整理堆放在院内的石雕刻文物

3. 整理堆放在院内的石雕刻文物

4. 整理堆放在院内的石雕刻文物

5. 王维凤拍摄石雕刻文物

6. 王维凤拍摄石雕刻文物

彩版一五　整理征集的石雕刻文物

1. 唐更生、阚绪杭整理大型螭首石雕刻文物

2. 唐更生、阚绪杭编撰石雕刻遗存书稿

彩版一六　整理征集的石雕刻文物

1. 发掘现场清洗蟠龙云纹石柱础面上泥土

2. 出土现场

彩版一七　蟠龙云纹石柱础HPLS：1出土现场

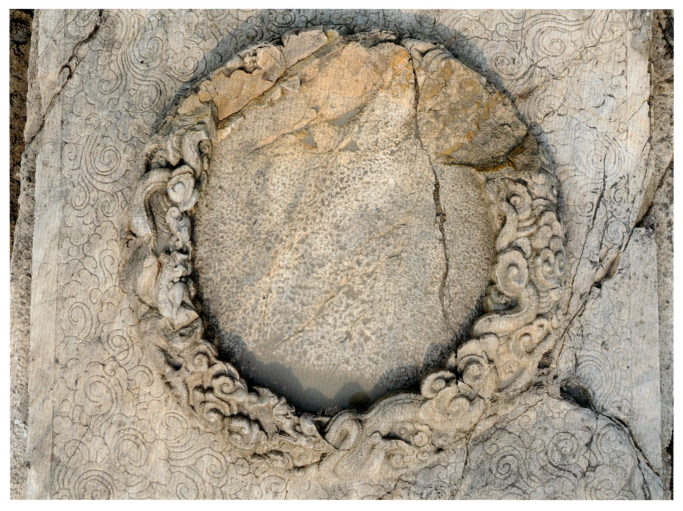

1. 蟠龙纹

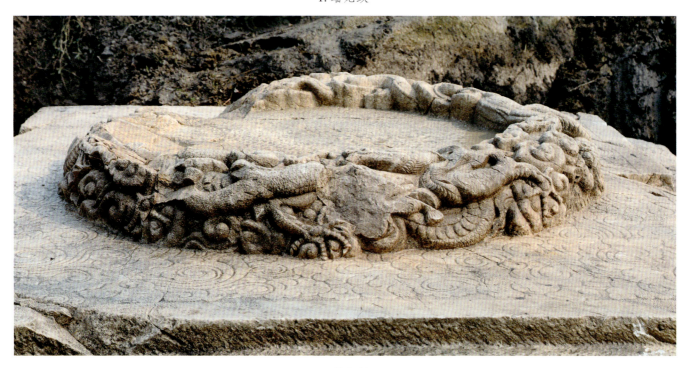

2. 蟠龙纹

彩版一八　蟠龙云纹石柱础HPLS：1雕刻纹饰

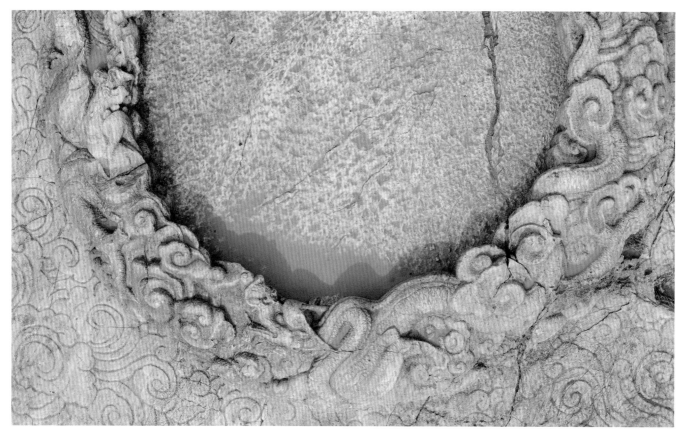

1. 局部雕刻纹饰

2. 局部蟠龙龙首纹

彩版一九 蟠龙云纹石柱础HPLS：1局部雕刻纹饰

1. 遗存出露现场

2. 清理表土层现场

彩版二〇　蟠龙云纹石柱础HPLS：2出土现场

1. 蟠龙纹

2. 云纹局部

彩版二一　蟠龙云纹石柱础HPLS：2雕刻纹饰

1. 蟠龙纹局部

2. 蟠龙纹局部

3. 一角云纹局部

彩版二二　蟠龙云纹石柱础HPLS：2局部雕刻纹饰

1. 出土现场

2. 一角雕刻云纹

彩版二三　蟠龙云纹石柱础HPLS：3出土现场及局部雕刻纹

1. 素面石柱础HSSC：1

2. 皇城内水塘旁素面石柱础HSSC：1、2出土现场

3. 午门后出土的一批损毁石柱础

彩版二四　素面石柱础和午门后一批损毁的石柱础遗存出土现场

1. 东观南面须弥座全景

2. 东观西面须弥座全景

彩版二五　明中都皇城午门东观须弥座全景

1. 西观南面须弥座全景

2. 西观东面须弥座全景

彩版二六　明中都皇城午门西观须弥座全景

1. 全景（由西向东拍摄）

2. 局部（由西向东拍摄）

彩版二七　明中都皇城午门背面须弥座保存状况

1. 午门正面外景

2. 午门西观外景

3. 午门西观东面须弥座局部

4. 午门正面西侧须弥座拐角局部

彩版二八　明中都皇城午门正面与城墙须弥座

1. 全景

2. 局部

彩版二九　午门东观南面须弥座全景及局部

1. WMSK：1～5纹饰与圭角卷云纹

2. WMSK：6～10纹饰与圭角卷云纹

彩版三〇　午门东观南面须弥座束腰WMSK：1～10

1. WMSK：1二连方胜纹

2. WMSK：2折枝菊花纹

彩版三一　午门东观南面须弥座束腰WMSK：1、2

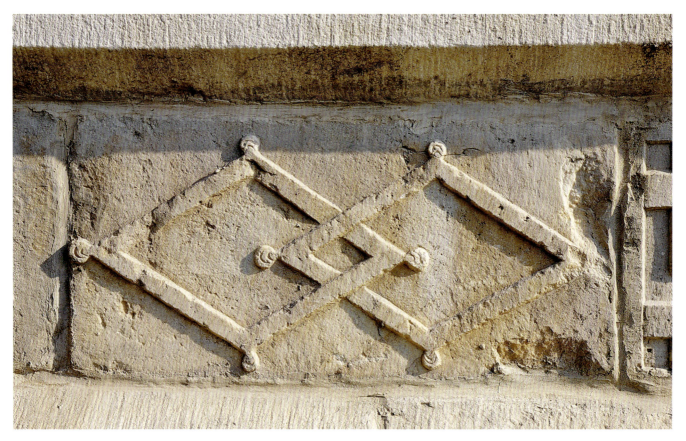

1. WMSK：3二连方胜纹

2. WMSK：4万字纹

彩版三二　午门东观南面须弥座束腰WMSK：3、4

1. WMSK：5云凤纹

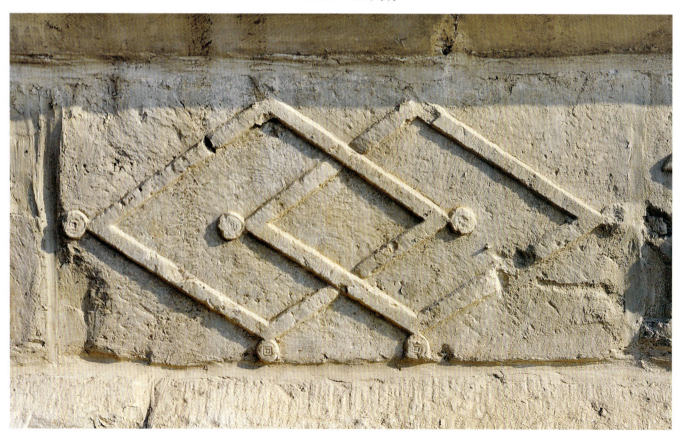

2. WMSK：6二连方胜纹

彩版三三　午门东观南面须弥座束腰WMSK：5、6

1. WMSK：7折枝牡丹纹

2. WMSK：8二连方胜纹

彩版三四　午门东观南面须弥座束腰WMSK：7、8

1. WMSK：9万字纹

2. WMSK：10连枝西番莲纹

彩版三五　午门东观南面须弥座束腰WMSK：9、10

1. WMSK：11二连方胜纹

2. WMSK：12山景梅花鹿纹

彩版三六　午门东观南面须弥座束腰WMSK：11、12

1. WMSK：13二连方胜纹

2. WMSK：14二连方胜纹

彩版三七　午门东观南面须弥座束腰WMSK：13、14

1. 全景

2. 局部修复状况

彩版三八　午门东观西面须弥座全景与局部修复状况

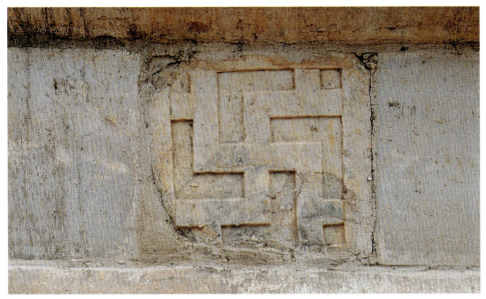

1. WMSK：15万字纹

2. WMSK：16狮子耍绣球纹

3. WMSK：17连枝牡丹莲花纹

彩版三九　午门东观西面须弥座束腰WMSK：15、16、17

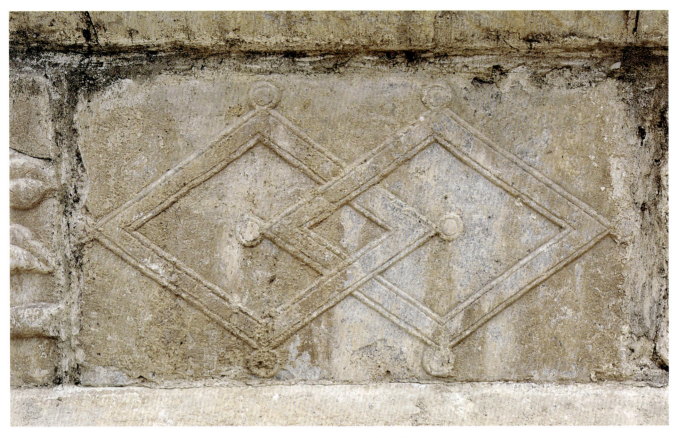

1. WMSK：18二连方胜纹

2. WMSK：19折枝牡丹纹

彩版四〇　午门东观西面须弥座束腰WMSK：18、19

1. WMSK：20山景梅花鹿纹

2. WMSK：21山景梅花鹿纹

彩版四一　午门东观西面须弥座束腰WMSK：20、21

1. WMSK：22万字纹

2. WMSK：23二连方胜纹

彩版四二　午门东观西面须弥座束腰WMSK：22、23

1. 连枝西番莲莲花纹

2. 圭角卷云纹

彩版四三　午门东观西面须弥座束腰WMSK：24

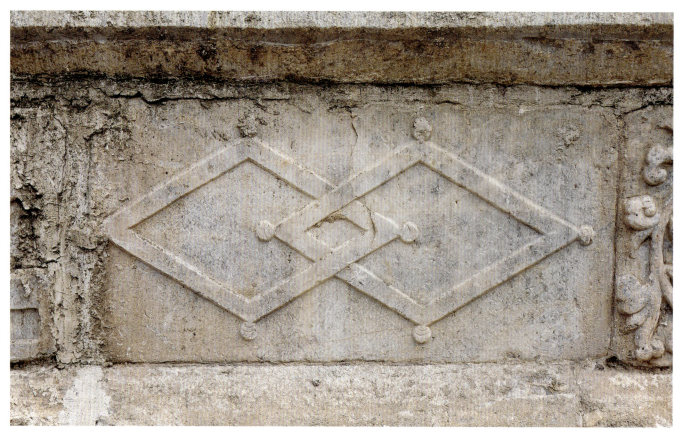

1. WMSK：25二连方胜纹

2. WMSK：26万字纹

彩版四四　午门东观西面须弥座束腰WMSK：25、26

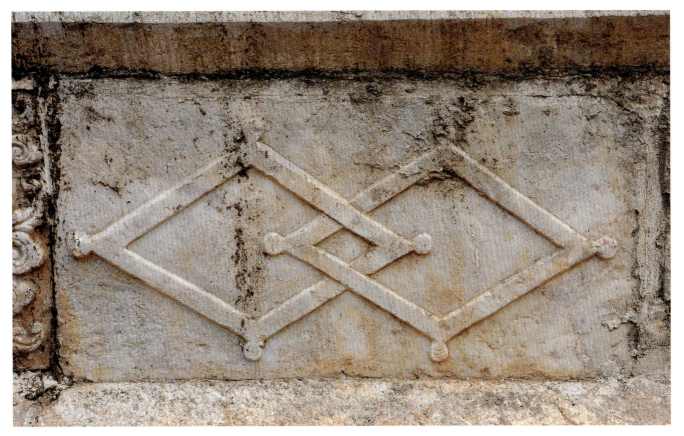

1. WMSK：27二连方胜纹

2. WMSK：28连枝西番莲纹

彩版四五　午门东观西面须弥座束腰WMSK：27、28

1. WMSK：29二连方胜纹

2. WMSK：30万字纹

彩版四六　午门东观西面须弥座束腰WMSK：29、30

1. WMSK：31二连方胜纹

2. WMSK：32折枝牡丹纹

彩版四七　午门东观西面须弥座束腰WMSK：31、32

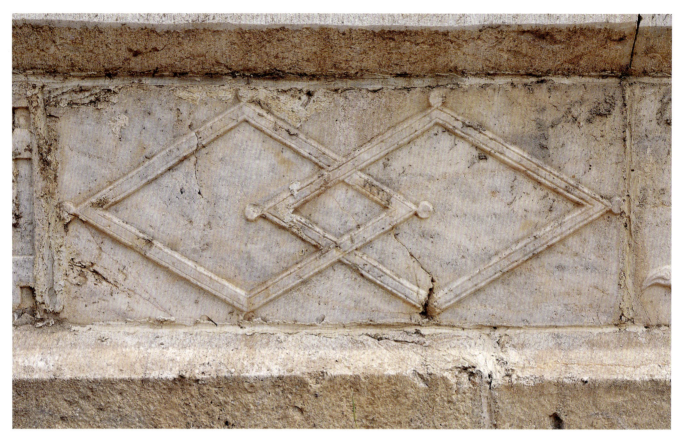

1. WMSK：33二连方胜纹

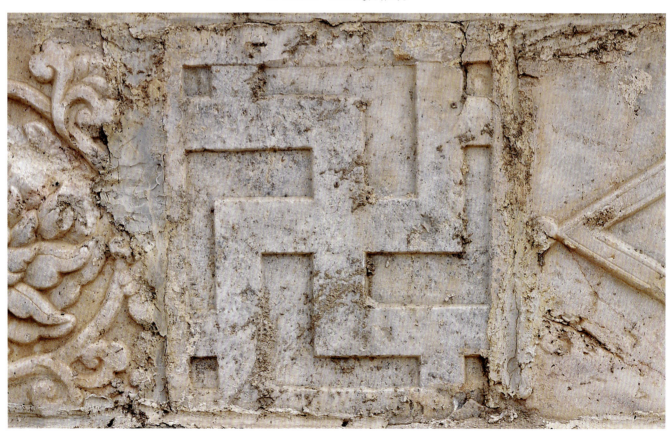

2. WMSK：34万字纹

彩版四八　午门东观西面须弥座束腰WMSK：33、34

1. WMSK：35连枝西番莲纹

2. WMSK：36二连方胜纹

彩版四九　午门东观西面须弥座束腰WMSK：35、36

1. WMSK：37 一束莲纹

2. WMSK：38 万字纹

彩版五〇　午门东观西面须弥座束腰 WMSK：37、38

1. WMSK：39二连方胜纹

2. WMSK：40连枝西番莲纹

彩版五一　午门东观西面须弥座束腰WMSK：39、40

1. WMSK：41二连方胜纹

2. WMSK：42万字纹

彩版五二　午门东观西面须弥座束腰WMSK：41、42

1. WMSK：43折枝牡丹纹

2. WMSK：44折枝牡丹纹

彩版五三　午门东观西面须弥座束腰WMSK：43、44

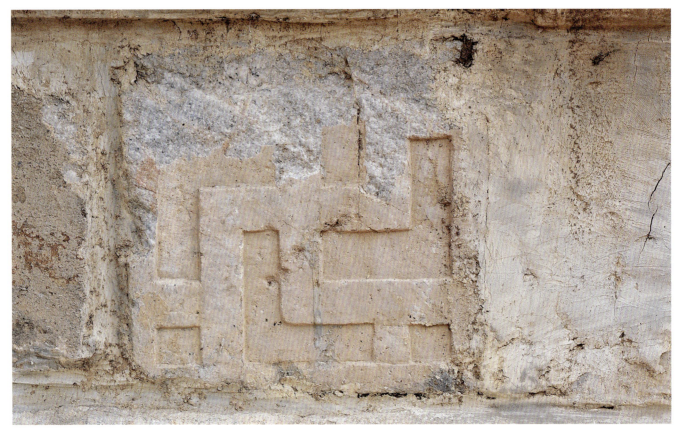

1. WMSK：45万字纹

2. WMSK：46云朵纹

彩版五四　午门东观西面须弥座束腰WMSK：45、46

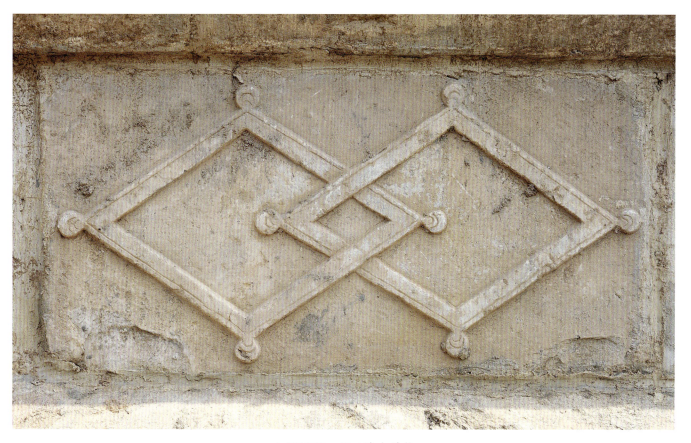

1. WMSK：47二连方胜纹

2. WMSK：48折枝牡丹纹

彩版五五　午门东观西面须弥座束腰WMSK：47、48

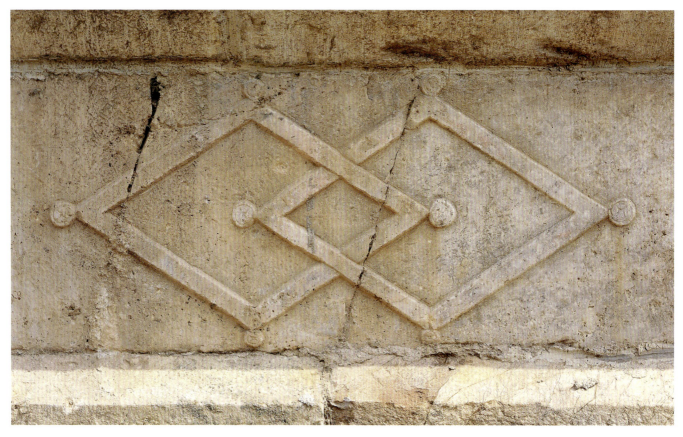

1. 二连方胜纹

2. 圭角卷云纹

彩版五六　午门东观西面须弥座束腰WMSK：50

1. WMSK：51折枝牡丹纹

2. WMSK：52万字纹

彩版五七　午门东观西面须弥座束腰WMSK：51、52

1. WMSK：53山景凤凰追麒麟纹

2. WMSK：54连枝西番莲纹

彩版五八　午门东观西面须弥座束腰WMSK：53、54

1. WMSK：55万字纹

2. WMSK：56二连方胜纹

彩版五九　午门东观西面须弥座束腰WMSK：55、56

1. WMSK：57折枝牡丹纹

2. WMSK：58狮子耍绣球纹

彩版六〇　午门东观西面须弥座束腰WMSK：57、58

1. WMSK：59二连方胜纹

2. WMSK：60西番莲纹

彩版六一　午门东观西面须弥座束腰WMSK：59、60

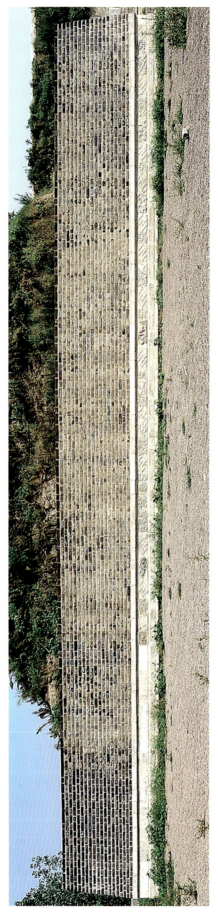

1. 正面全景

2. 侧面全景

彩版六二　午门西观须弥座全景

1. WMSK：62二连方胜纹

2. WMSK：63万字纹

彩版六三　午门西观南面须弥座束腰WMSK：62、63

1. WMSK：64折枝牡丹纹

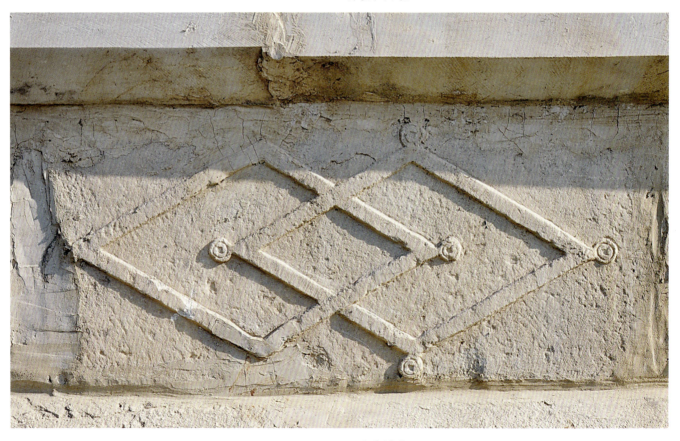

2. WMSK：65二连方胜纹

彩版六四　午门西观南面须弥座束腰WMSK：64、65

1. WMSK：66折枝牡丹纹

12. WMSK：67一束莲纹

彩版六五　午门西观南面须弥座束腰WMSK：66、67

1. WMSK：68二连方胜纹

2. WMSK：69万字纹

彩版六六　午门西观南面须弥座束腰WMSK：68、69

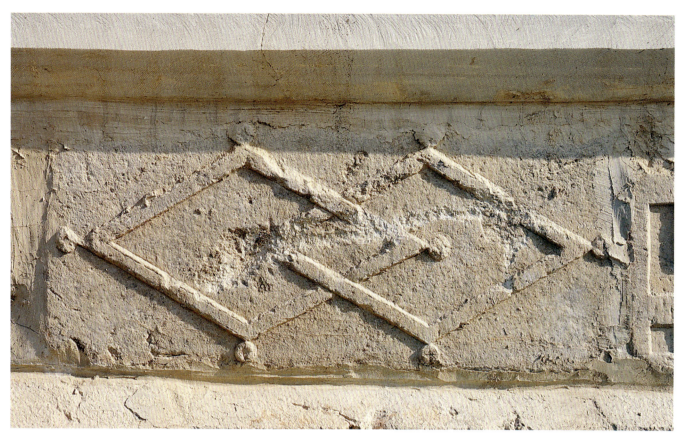

1. WMSK：70二连方胜纹

2. WMSK：71云凤纹

彩版六七　午门西观南面须弥座束腰WMSK：70、71

1. WMSK：72二连方胜纹

2. WMSK：73万字纹

彩版六八　午门西观南面须弥座束腰WMSK：72、73

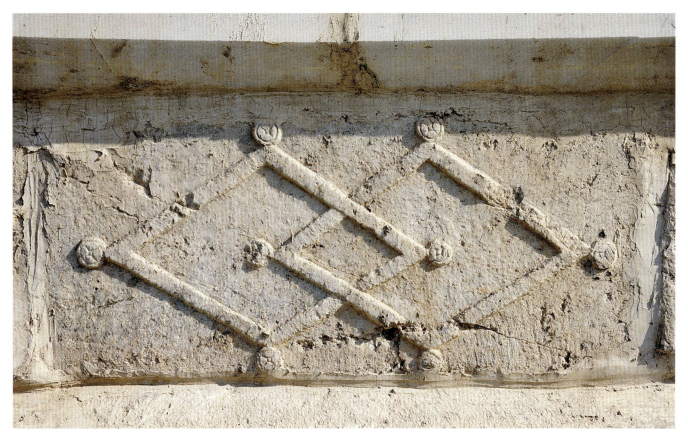

1. WMSK：74二连方胜纹

2. WMSK：75折枝牡丹纹

彩版六九　午门西观南面须弥座束腰WMSK：74、75

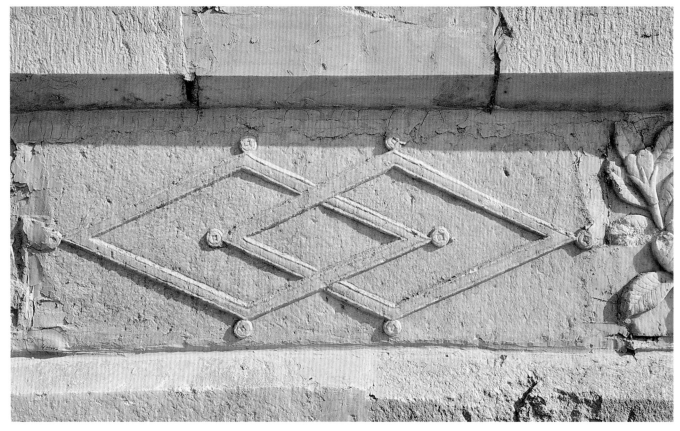

1. WMSK：76二连方胜纹

2. WMSK：77万字纹

彩版七○　午门西观南面须弥座束腰WMSK：76、77

1. WMSK：78山景梅花鹿纹

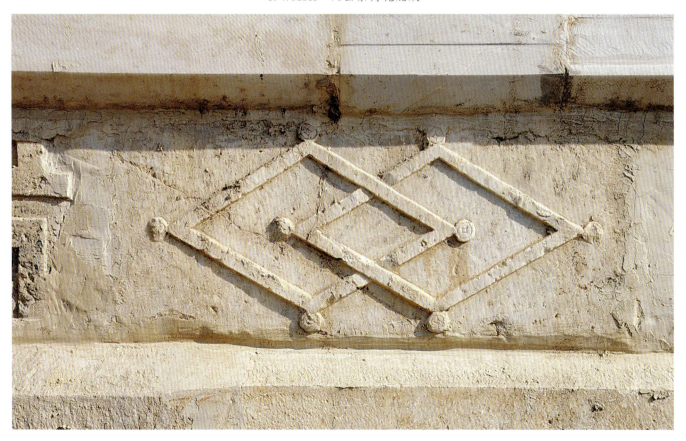

2. WMSK：79二连方胜纹

彩版七一　午门西观南面须弥座束腰WMSK：78、79

1. WMSK：80万字纹

2. WMSK：81折枝牡丹纹

彩版七二　午门西观南面须弥座束腰WMSK：80、81

1. WMSK：82万字纹

2. WMSK：83折枝牡丹纹

彩版七三　午门西观南面须弥座束腰WMSK：82、83

1. WMSK：84二连方胜纹

2. WMSK：85万字纹

彩版七四　午门西观南面须弥座束腰WMSK：84、85

1. WMSK：86折枝牡丹纹

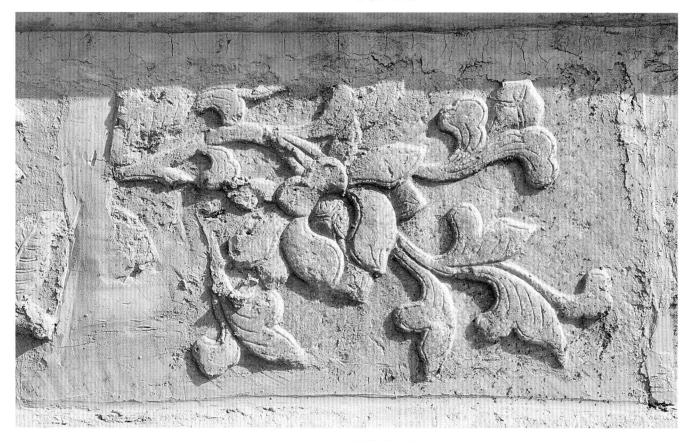

2. WMSK：87折枝牡丹纹

彩版七五　午门西观南面须弥座束腰WMSK：86、87

1. WMSK：88折枝牡丹纹

2. WMSK：89二连方胜纹

彩版七六　午门西观南面须弥座束腰WMSK：88、89

1. WMSK：90云朵纹

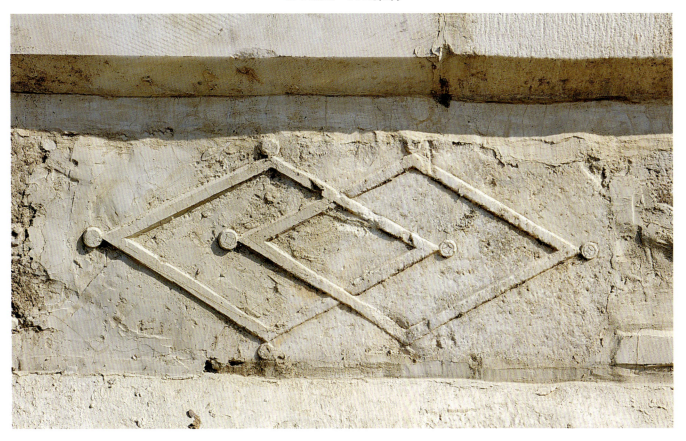

2. WMSK：91二连方胜纹

彩版七七　午门西观南面须弥座束腰WMSK：90、91

1. WMSK：92二连方胜纹

2. WMSK：93二连方胜纹

彩版七八　午门西观南面须弥座束腰WMSK：92、93

1. 全景

2. 转角圭角卷云纹

彩版七九　午门西观东面须弥座全景与转角圭角卷云纹

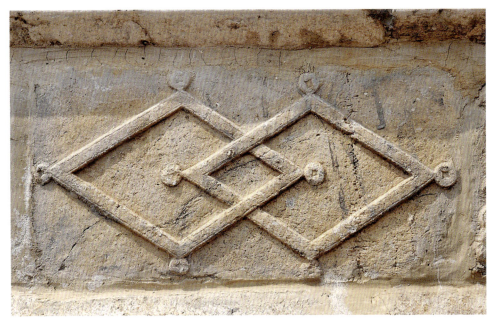

1. WMSK：94二连方胜纹

2. WMSK：95连枝西番莲
莲花纹

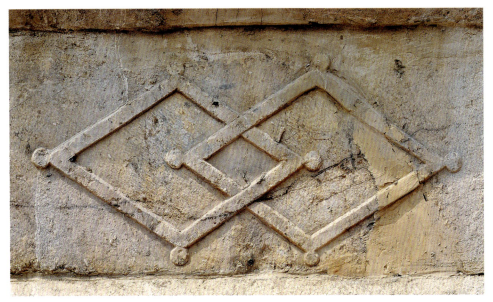

3. WMSK：96二连方胜纹

彩版八〇　午门西观东面须弥座束腰WMSK：94、95、96

1. WMSK：97一束莲纹

2. WMSK：98二连方胜纹

彩版八一　午门西观东面须弥座束腰WMSK：97、98

1. WMSK：99万字纹

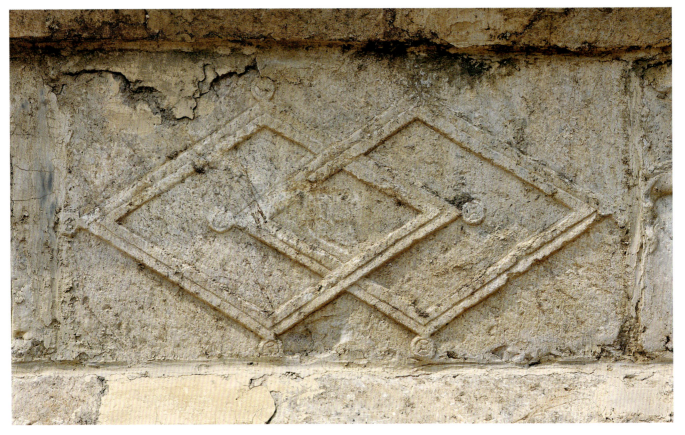

2. WMSK：100二连方胜纹

彩版八二　午门西观东面须弥座束腰WMSK：99、100

1. WMSK：101双狮耍绣球纹

2. WMSK：102二连方胜纹

彩版八三　午门西观东面须弥座束腰WMSK：101、102

1. WMSK：103万字纹

2. WMSK：104二连方胜纹

彩版八四　午门西观东面须弥座束腰WMSK：103、104

1. WMSK：105折枝牡丹纹

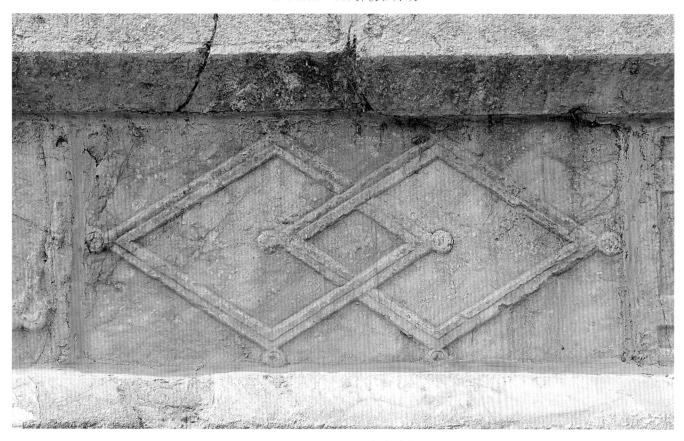

2. WMSK：106二连方胜纹

彩版八五　午门西观东面须弥座束腰WMSK：105、106

1. WMSK：107万字纹

2. WMSK：108二连方胜纹

彩版八六　午门西观东面须弥座束腰WMSK：107、108

1. WMSK：109、110山景梅花鹿纹

2. WMSK：109山景梅花鹿纹

3. WMSK：110山景梅花鹿纹

彩版八七　午门西观东面须弥座束腰WMSK：109、110

1. WMSK：111万字纹

2. WMSK：112二连方胜纹

彩版八八　午门西观东面须弥座束腰WMSK：111、112

1. WMSK：113折枝牡丹纹

2. WMSK：114二连方胜纹

彩版八九　午门西观东面须弥座束腰WMSK：113、114

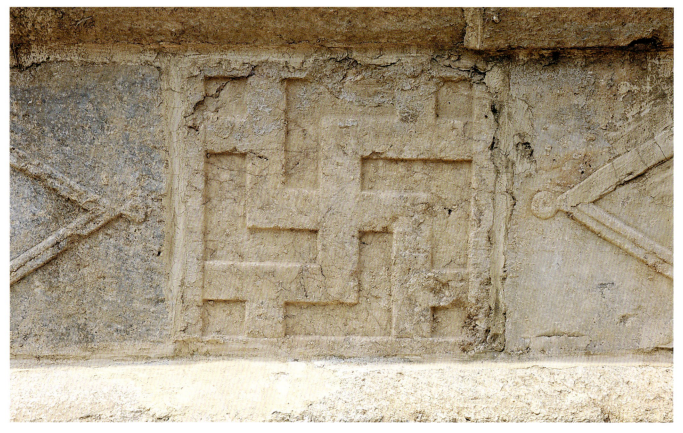

1. WMSK：115万字纹

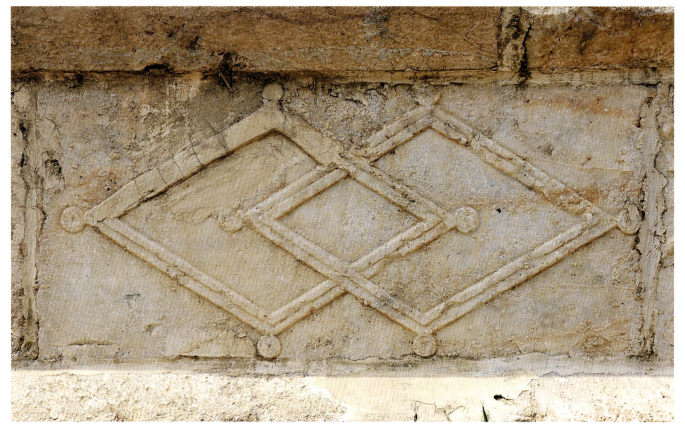

2. WMSK：116二连方胜纹

彩版九〇　午门西观东面须弥座束腰WMSK：115、116

1. WMSK：117一束莲纹

2. WMSK：118二连方胜纹

彩版九一　午门西观东面须弥座束腰WMSK：117、118

1. WMSK：119万字纹

2. WMSK：120二连方胜纹

彩版九二　午门西观东面须弥座束腰WMSK：119、120

1. WMSK：121双狮耍绣球纹

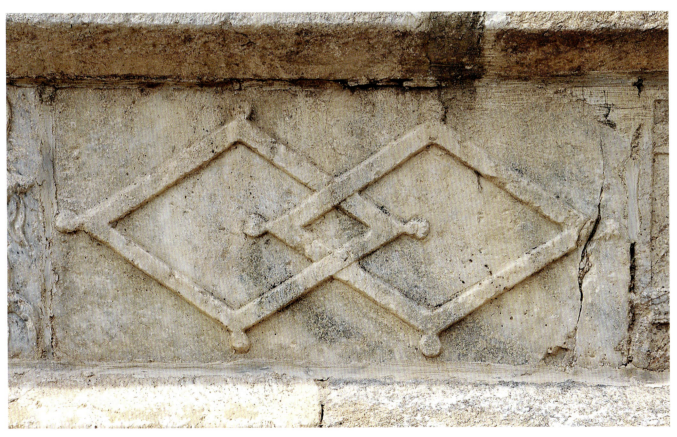

2. WMSK：122二连方胜纹

彩版九三　午门西观东面须弥座束腰WMSK：121、122

1. WMSK：123万字纹

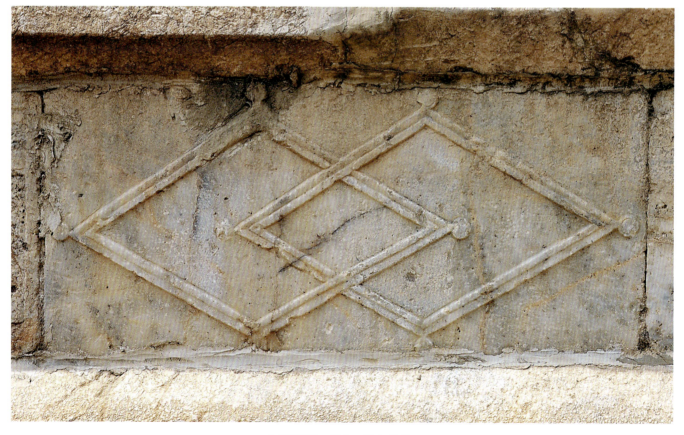

2. WMSK：124二连方胜纹

彩版九四　午门西观东面须弥座束腰WMSK：123、124

1. 折枝牡丹纹

2. 圭角卷云纹

彩版九五　午门西观东面须弥座束腰WMSK：125

1. WMSK：126二连方胜纹

2. WMSK：127万字纹

彩版九六　午门西观东面须弥座束腰WMSK：126、127

1. WMSK：128二连方胜纹

2. WMSK：129折枝牡丹纹

彩版九七　午门西观东面须弥座束腰WMSK：128、129

1. WMSK：130二连方胜纹

2. WMSK：131万字纹

彩版九八　午门西观东面须弥座束腰WMSK：130、131

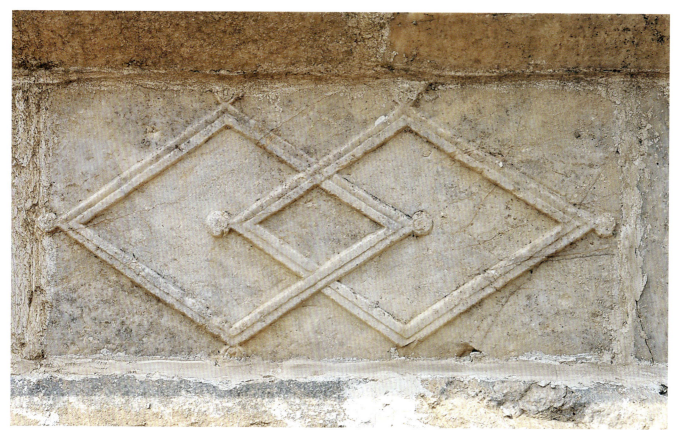

1. WMSK：132二连方胜纹

2. WMSK：133折枝牡丹纹

彩版九九　午门西观东面须弥座束腰WMSK：132、133

1. WMSK：133～136纹饰与圭角卷云纹

2. WMSK：137、138山景麒麟凤凰纹

彩版一○○　午门西观东面须弥座束腰 WMSK：133～138

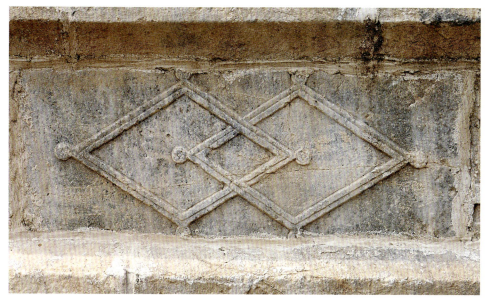

1. WMSK：134二连方胜纹

2. WMSK：135万字纹

3. WMSK：136二连方胜纹

彩版一〇一　午门西观东面须弥座束腰WMSK：134、135、136

1. WMSK：137山景鳳凰纹

2. WMSK：138山景麒麟纹

彩版一〇二　午门西观东面须弥座束腰WMSK：137、138

1. WMSK：139二连方胜纹

2. WMSK：140折枝牡丹纹

彩版一〇三　午门西观东面须弥座束腰WMSK：139、140

1. WMSK：141万字纹

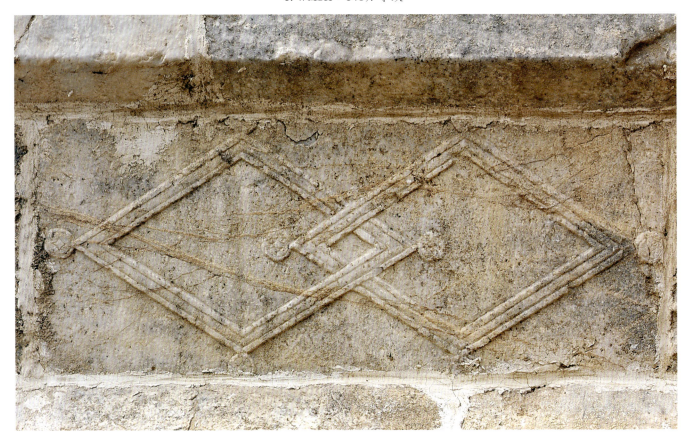

2. WMSK：142二连方胜纹

彩版一〇四　午门西观东面须弥座束腰WMSK：141、142

1. WMSK：142二连方胜纹与圭角卷云纹

2. WMSK：143西番莲纹

1. WMSK：145、146双狮耍绣球纹

2. WMSK：144二连方胜纹

3. WMSK：147二连方胜纹

彩版一○六　午门西观东面须弥座束腰WMSK：144~147

1. WMSK：148西番莲纹

2. WMSK：149西番莲纹

3. WMSK：149-1西番莲纹

1. 午门正面东侧须弥座全景

2. 全国重点文物保护碑

彩版一〇八　午门正面东侧须弥座全景与全国重点文物保护碑

1. WMSK：154三连方胜纹

2. WMSK：155连枝牡丹莲花纹

彩版一○九　午门正面东侧须弥座束腰WMSK：154、155

1. WMSK：156二连方胜纹

2. WMSK：157折枝花卉纹

彩版——一〇　午门正面东侧须弥座束腰WMSK：156、157

1. WMSK：158三连方胜纹

2. WMSK：159连枝牡丹莲花纹

彩版一一一　午门正面东侧须弥座束腰WMSK：158、159

1. WMSK：160三连方胜纹

2. WMSK：161连枝牡丹莲花纹

彩版——二　午门正面东侧须弥座束腰WMSK：160、161

1. WMSK：162二连方胜纹

2. WMSK：163二连方胜纹

彩版一一三　午门正面东侧须弥座束腰WMSK：162、163

1. WMSK：164连枝牡丹莲花纹

2. WMSK：165西番莲纹

彩版——四　午门正面东侧须弥座束腰WMSK：164、165

彩版——五 午门正面西侧须弥座全景

1. 西番莲纹

2. 西番莲纹与圭角卷云纹

彩版——六　午门正面西侧须弥座束腰WMSK：168

1. WMSK：169连枝牡丹纹

2. WMSK：170二连方胜纹

彩版一一七 午门正面西侧须弥座束腰WMSK：169、170

1. WMSK：171连枝西番莲莲花纹

2. WMSK：172二连方胜纹

1. WMSK：173折枝花卉纹

2. WMSK：174二连方胜纹

彩版一一九　午门正面西侧须弥座束腰WMSK：173、174

1. WMSK：175二连方胜纹

2. WMSK：176连枝牡丹莲花纹

彩版一二〇　午门正面西侧须弥座束腰WMSK：175、176

1. WMSK：177二连方胜纹

2. WMSK：178连枝花卉纹

彩版一二一　午门正面西侧须弥座束腰WMSK：177、178

1. WMSK：179连枝花卉纹

2. WMSK：180西番莲纹

彩版一二二　午门正面西侧须弥座束腰WMSK：179、180

1. WMSK：181二连方胜纹

2. WMSK：182二连方胜纹

彩版一二三　午门正面西侧须弥座束腰WMSK：181、182

1. WMSK：183二连方胜纹

2. WMSK：184连枝牡丹西番莲纹

彩版一二四　午门正面西侧须弥座束腰WMSK：183、184

1. WMSK：185二连方胜纹

2. WMSK：186连枝牡丹西番莲纹

彩版一二五　午门正面西侧须弥座束腰WMSK：185、186

1. WMSK：187二连方胜纹

2. WMSK：188二连方胜纹

彩版一二六　午门正面西侧须弥座束腰WMSK：187、188

1. WMSK：189折枝花卉纹

2. WMSK：190二连方胜纹

彩版一二七　午门正面西侧须弥座束腰WMSK：189、190

1. WMSK：191花卉纹

2. WMSK：192花卉纹

彩版一二八　午门正面西侧须弥座束腰WMSK：191、192

1. 三门洞前景

2. 中间门洞东面须弥座现状

彩版一二九　午门三门洞前景和中间门洞东面须弥座现状

1. WMSK：195、194

2. WMSK：194云凤纹

彩版一三○　午门中门洞东侧须弥座束腰WMSK：194、195

1. WMSK：195二连方胜纹

2. WMSK：196云龙纹

彩版一三一　午门中门洞东侧须弥座束腰WMSK：195、196

1. WMSK：197云朵纹

2. WMSK：198云凤纹

彩版一三二　午门中门洞东侧须弥座束腰WMSK：197、198

1. WMSK：199三连方胜纹

2. WMSK：200云凤纹

彩版一三三　午门中门洞东侧须弥座束腰WMSK：199、200

1. WMSK：201云凤纹

2. WMSK：202二连方胜纹

彩版一三四　午门中门洞东侧须弥座束腰WMSK：201、202

1. WMSK：203云朵纹

2. WMSK：204云龙纹

彩版一三五　午门中门洞东侧须弥座束腰WMSK：203、204

1. WMSK：375云朵纹

2. WMSK：376云凤纹

彩版一三六　午门中门洞东侧须弥座束腰WMSK：375、376

1. WMSK：377二连方胜纹

2. WMSK：378云凤纹

彩版一三七　午门中门洞东侧须弥座束腰WMSK：377、378

1. WMSK：379二连方胜纹

2. WMSK：380云龙纹

彩版一三八　午门中门洞东侧须弥座束腰WMSK：379、380

1. WMSK：381云凤纹

2. WMSK：382二连方胜纹

彩版一三九　午门中门洞东侧须弥座束腰WMSK：381、382

1. WMSK：383云凤纹

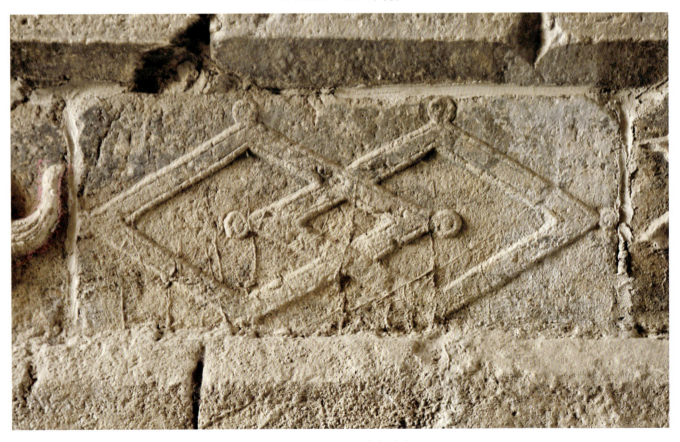

2. WMSK：384二连方胜纹

彩版一四〇　午门中门洞东侧须弥座束腰WMSK：383、384

1. WMSK：385云朵纹

2. WMSK：387云朵纹

3. WMSK：386云龙纹

彩版一四一　午门中门洞东侧须弥座束腰WMSK：385、386、387

1. WMSK：388云凤纹

2. WMSK：389云朵纹

彩版一四二　午门中门洞东侧须弥座束腰WMSK：388、389

1. WMSK：390云龙纹

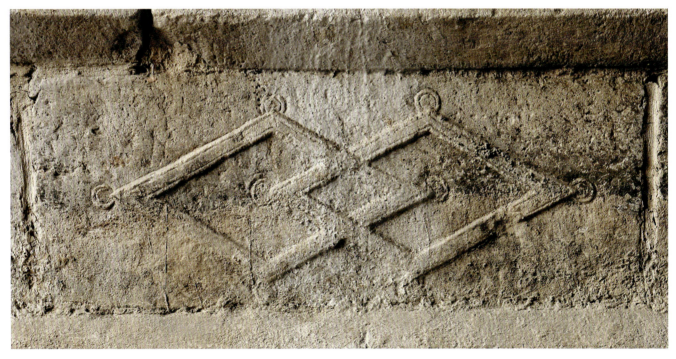

2. WMSK：391二连方胜纹

彩版一四三　午门中门洞东侧须弥座束腰WMSK：390、391

1. WMSK：392云凤纹

2. WMSK：393云凤纹

彩版一四四　午门中门洞东侧须弥座束腰WMSK：392、393

1. WMSK：394二连方胜纹

2. WMSK：395云朵纹

彩版一四五　午门中门洞东侧须弥座束腰WMSK：394、395

1. WMSK：396云龙纹

2. WMSK：397云朵纹

彩版一四六　午门中门洞东侧须弥座束腰WMSK：396、397

1. 二连方胜纹

2. 圭角卷云纹

彩版一四七　午门中门洞东侧须弥座束腰WMSK：398

1. 须弥座全景

2. 圭角卷云纹

彩版一四八　午门中门洞西侧须弥座全景与圭角卷云纹

1. WMSK：208云朵纹

2. WMSK：209云龙纹

彩版一四九　午门中门洞西侧须弥座束腰WMSK：208、209

1. WMSK：210云凤纹

2. WMSK：211云凤纹

彩版一五〇　午门中门洞西侧须弥座束腰WMSK：210、211

1. WMSK：212三连方胜纹

2. WMSK：213云凤纹

彩版一五一　午门中门洞西侧须弥座束腰WMSK：212、213

1. WMSK：214云凤纹

2. WMSK：215二连方胜纹

彩版一五二　午门中门洞西侧须弥座束腰WMSK：214、215

1. WMSK：216云朵纹

2. WMSK：217云龙纹

彩版一五三　午门中门洞西侧须弥座束腰WMSK：216、217

1. WMSK：218云朵纹

2. WMSK：219二连方胜纹

彩版一五四　午门中门洞西侧须弥座束腰WMSK：218、219

1. WMSK：220云凤纹

2. WMSK：221云凤纹

彩版一五五　午门中门洞西侧须弥座束腰WMSK：220、221

1. WMSK：222二连方胜纹

2. WMSK：223云朵纹

彩版一五六　午门中门洞西侧须弥座束腰WMSK：222、223

1. WMSK：224二连方胜纹

2. WMSK：225二连方胜纹

彩版一五七　午门中门洞西侧须弥座束腰WMSK：224、225

1. WMSK：226云朵纹

2. WMSK：227云朵纹

彩版一五八　午门中门洞西侧须弥座束腰WMSK：226、227

1. WMSK：228云凤纹

2. WMSK：229云凤纹

彩版一五九　午门中门洞西侧须弥座束腰WMSK：228、229

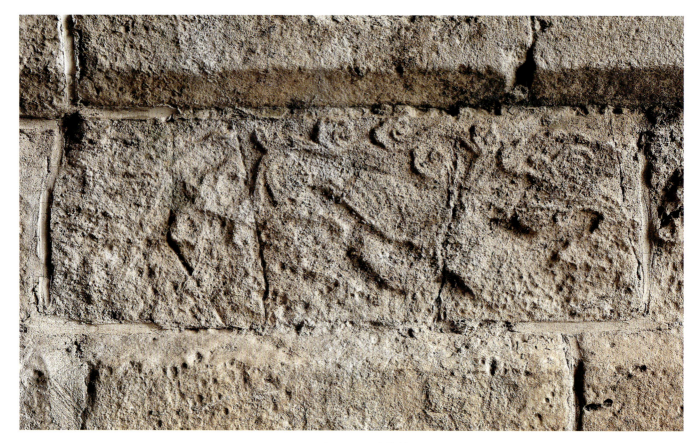

1. WMSK：230云凤纹

2. WMSK：231云朵纹

彩版一六〇　午门中门洞西侧须弥座束腰WMSK：230、231

1. WMSK：232二连方胜纹

2. WMSK：233云朵纹

彩版一六一　午门中门洞西侧须弥座束腰WMSK：232、233

1. 须弥座全景

2. 须弥座束腰和局部雕刻纹

彩版一六二　午门西门洞西侧须弥座全景与局部雕刻纹

1. WMSK：371西番莲纹

2. WMSK：372二连方胜纹

彩版一六三　午门西门洞西侧须弥座束腰WMSK：371、372

1. WMSK：373折枝牡丹纹

2. WMSK：374连枝牡丹纹

彩版一六四　午门西门洞西侧须弥座束腰WMSK：373、374

凤阳明中都

石雕刻艺术遗存考古调查报告（下）

凤阳县文物管理所　编著

阚绪杭　唐更生　主编

文物出版社

北京·2019

西番莲纹

1. WMSK：166西番莲纹

2. WMSK：167西番莲纹

彩版一六六　午门东掖门北侧须弥座束腰WMSK：166、167

1. WMSK：150、151西番莲纹

2. WMSK：152、153西番莲纹

彩版一六七　午门西掖门须弥座束腰WMSK：150~153

彩版一六八　午门背面东侧城墙与须弥座全景

1. WMSK：235西番莲纹

2. WMSK：236云龙纹

彩版一六九　午门背面东侧须弥座束腰WMSK：235、236

1. WMSK：237云朵纹

2. WMSK：238西番莲纹与圭角卷云纹

彩版一七〇　午门背面东侧须弥座束腰WMSK：237、238

1. WMSK：239西番莲纹与圭角卷云纹

2. WMSK：240二连方胜纹

1. WMSK：241二连方胜纹

2. WMSK：242连枝花卉纹

彩版一七二　午门背面东侧须弥座束腰WMSK：241、242

1. WMSK：243二连方胜纹

2. WMSK：244二连方胜纹

彩版一七三　午门背面东侧须弥座束腰WMSK：243、244

1. WMSK：245三连方胜纹

2. WMSK：246二连方胜纹

彩版一七四　午门背面东侧须弥座束腰WMSK：245、246

1. WMSK：247连枝花卉纹

2. WMSK：248二连方胜纹

彩版一七五　午门背面东侧须弥座束腰WMSK：247、248

1. WMSK：249三连方胜纹

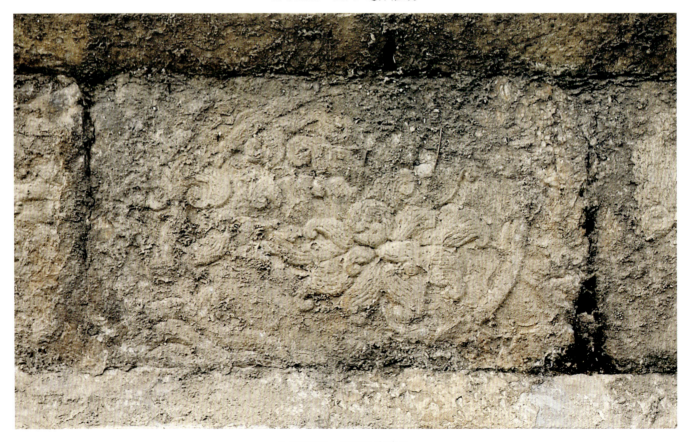

2. WMSK：250西番莲纹

彩版一七六　午门背面东侧须弥座束腰WMSK：249、250

1. WMSK：251连枝花卉纹

2. WMSK：252二连方胜纹

彩版一七七　午门背面东侧须弥座束腰WMSK：251、252

1. WMSK：253二连方胜纹

2. WMSK：254折枝牡丹纹

彩版一七八　午门背面东侧须弥座束腰WMSK：253、254

1. WMSK：255西番莲枝叶绞股纹

2. WMSK：256二连方胜纹

彩版一七九　午门背面东侧须弥座束腰WMSK：255、256

1. WMSK：257连枝花卉纹

2. WMSK：258连枝花卉纹

彩版一八〇　午门背面东侧须弥座束腰WMSK：257、258

1. WMSK：259二连方胜纹

2. WMSK：260三连方胜纹

彩版一八一　午门背面东侧须弥座束腰WMSK：259、260

1. WMSK：261连枝牡丹纹

2. WMSK：262二连方胜纹

彩版一八二　午门背面东侧须弥座束腰WMSK：261、262

1. WMSK：263三连方胜纹

2. WMSK：264二连方胜纹

彩版一八三　午门背面东侧须弥座束腰WMSK：263、264

1. WMSK：265二连方胜纹

2. WMSK：266连枝西番莲纹

彩版一八四　午门背面东侧须弥座束腰WMSK：265、266

1. WMSK：267二连方胜纹

2. WMSK：268三连方胜纹

彩版一八五　午门背面东侧须弥座束腰WMSK：267、268

1. WMSK：269西番莲纹

2. WMSK：270西番莲纹

彩版一八六　午门背面东侧须弥座束腰WMSK：269、270

1. WMSK：271二连方胜纹

2. WMSK：272二连方胜纹

彩版一八七　午门背面东侧须弥座束腰WMSK：271、272

1. WMSK：274连枝西番莲纹

2. WMSK：275二连方胜纹

彩版一八八　午门背面东侧须弥座束腰WMSK：274、275

1. WMSK：276二连方胜纹

2. WMSK：277连枝西番莲纹

彩版一八九　午门背面东侧须弥座束腰WMSK：276、277

1. WMSK：278连枝西番莲纹

2. WMSK：279二连方胜纹

彩版一九〇　午门背面东侧须弥座束腰WMSK：278、279

1. WMSK：280二连方胜纹

2. WMSK：281连枝西番莲纹

彩版一九一　午门背面东侧须弥座束腰WMSK：280、281

1. WMSK：282连枝西番莲纹

2. WMSK：283连枝西番莲纹

彩版一九二　午门背面东侧须弥座束腰WMSK：282、283

1. WMSK：284三连方胜纹

2. WMSK：285二连方胜纹

彩版一九三　午门背面东侧须弥座束腰WMSK：284、285

1. WMSK：286折枝牡丹纹

2. WMSK：287折枝牡丹纹

彩版一九四　午门背面东侧须弥座束腰WMSK：286、287

1. WMSK：288连枝西番莲纹

2. WMSK：289二连方胜纹

彩版一九五　午门背面东侧须弥座束腰WMSK：288、289

1. WMSK：290三连方胜纹

2. WMSK：291连枝西番莲纹

彩版一九六　午门背面东侧须弥座束腰WMSK：290、291

1. WMSK：292连枝西番莲纹

2. WMSK：293折枝牡丹纹

彩版一九七　午门背面东侧须弥座束腰WMSK：292、293

1. WMSK：294三连方胜纹

2. WMSK：295三连方胜纹

彩版一九八　午门背面东侧须弥座束腰WMSK：294、295

1. WMSK：296连枝牡丹纹

2. WMSK：297折枝牡丹纹

彩版一九九　午门背面东侧须弥座束腰WMSK：296、297

1. WMSK：305三连方胜纹

2. WMSK：306二连方胜纹

彩版二〇〇　午门背面东侧须弥座束腰WMSK：305、306

1. 西番莲纹

2. 西番莲纹与圭角卷云纹

彩版二〇一　午门背面东侧须弥座束腰 WMSK：307

彩版二〇三　午门背面西侧城墙与须弥座全景

1. 午门背面中、西门之间隔墙须弥座修复状况

2. WMSK：308云龙纹

3. WMSK：309云朵纹

彩版二〇三　午门背面西侧须弥座束腰WMSK：308、309

1. 西番莲纹

2. 西番莲纹与圭角卷云纹

彩版二〇四　午门背面西侧须弥座束腰WMSK：310

1. WMSK：311二连方胜纹

2. WMSK：312一束莲纹

彩版二〇五　午门背面西侧须弥座束腰WMSK：311、312

1. WMSK：313二连方胜纹

2. WMSK：314三连方胜纹

彩版二〇六　午门背面西侧须弥座束腰WMSK：313、314

1. WMSK：315连枝西番莲纹

2. WMSK：316三连方胜纹

彩版二〇七　午门背面西侧须弥座束腰WMSK：315、316

1. WMSK：317二连方胜纹

2. WMSK：318连枝西番莲纹

彩版二〇八　午门背面西侧须弥座束腰WMSK：317、318

1. WMSK：319二连方胜纹

2. WMSK：320二连方胜纹

彩版二〇九　午门背面西侧须弥座束腰WMSK：319、320

1. WMSK：321折枝牡丹纹

2. WMSK：322西番莲纹

彩版二一○　午门背面西侧须弥座束腰WMSK：321、322

1. WMSK：323二连方胜纹

2. WMSK：324西番莲枝叶绞股纹

彩版二——　午门背面西侧须弥座束腰WMSK：323、324

1. WMSK：325二连方胜纹

2. WMSK：326二连方胜纹

彩版二一二　午门背面西侧须弥座束腰WMSK：325、326

1. WMSK：327连枝花卉纹

2. WMSK：328连枝花卉纹

彩版二一三　午门背面西侧须弥座束腰WMSK：327、328

1. WMSK：329二连方胜纹

2. WMSK：330二连方胜纹

彩版二一四　午门背面西侧须弥座束腰WMSK：329、330

1. WMSK：331连枝西番莲纹

2. WMSK：332二连方胜纹

彩版二一五　午门背面西侧须弥座束腰WMSK：331、332

1. WMSK：333二连方胜纹

2. WMSK：334折枝牡丹纹

彩版二一六　午门背面西侧须弥座束腰WMSK：333、334

1. WMSK：335二连方胜纹

2. WMSK：336二连方胜纹

彩版二一七　午门背面西侧须弥座束腰WMSK：335、336

1. WMSK：337连枝西番莲莲花纹

2. WMSK：338一束莲纹

彩版二一八　午门背面西侧须弥座束腰WMSK：337、338

1. WMSK：339二连方胜纹

2. WMSK：340二连方胜纹

彩版二一九　午门背面西侧须弥座束腰WMSK：339、340

1. WMSK：341西番莲纹

2. WMSK：342西番莲纹与圭角
卷云纹

彩版二二〇　午门背面西侧须弥座束腰WMSK：341、342

1. WMSK：343二连方胜纹

2. WMSK：344折枝牡丹纹

彩版二二一　午门背面西侧须弥座束腰WMSK：343、344

1. WMSK：345二连方胜纹

2. WMSK：346二连方胜纹

彩版二二二　午门背面西侧须弥座束腰WMSK：345、346

1. WMSK：347连枝西番莲纹

2. WMSK：348二连方胜纹

彩版二二三　午门背面西侧须弥座束腰WMSK：347、348

1. WMSK：349二连方胜纹

2. WMSK：350连枝西番莲纹

彩版二二四　午门背面西侧须弥座束腰WMSK：349、350

1. WMSK：351二连方胜纹

2. WMSK：352二连方胜纹

彩版二二五　午门背面西侧须弥座束腰WMSK：351、352

1. WMSK：353连枝西番莲纹

2. WMSK：354二连方胜纹

彩版二二六　午门背面西侧须弥座束腰WMSK：353、354

1. WMSK：355二连方胜纹

2. WMSK：356西番莲纹

彩版二二七　午门背面西侧须弥座束腰WMSK：355、356

1. WMSK：357二连方胜纹

2. WMSK：358二连方胜纹

彩版二二八 午门背面西侧须弥座束腰WMSK：357、358

1. WMSK：359折枝花卉纹

2. WMSK：360二连方胜纹

彩版二二九　午门背面西侧须弥座束腰WMSK：359、360

1. WMSK：361二连方胜纹

2. WMSK：362连枝牡丹纹

彩版二三〇　午门背面西侧须弥座束腰WMSK：361、362

1. WMSK：363二连方胜纹

2. WMSK：364二连方胜纹

彩版二三一　午门背面西侧须弥座束腰WMSK：363、364

1. WMSK：365连枝西番莲纹

2. WMSK：366二连方胜纹

彩版二三二　午门背面西侧须弥座束腰WMSK：365、366

1. WMSK：367二连方胜纹

2. WMSK：368连枝西番莲纹

彩版二三三　午门背面西侧须弥座束腰WMSK：367、368

1. WMSK：369二连方胜纹

2. WMSK：370西番莲纹

彩版二三四　午门背面西侧须弥座束腰WMSK：369、370

1. 东华门遗址全景（由南向北拍摄）

2. 东华门门洞西面砖雕须弥座修复现状

彩版二三五　明中都皇城东华门门洞与砖雕须弥座现状

1. 局部砖雕须弥座修复状况

2. 局部砖雕须弥座修复状况

3. 局部砖雕须弥座修复状况

彩版二三六　明中都皇城东华门门洞局部砖雕须弥座现状

1. 西华门外中景

2. 西华门外近景

3. 西华门内近景

彩版二三七　明中都皇城西华门内外景

1.门洞内局部砖雕须弥座

2.门洞中间隔墙转角砖雕须弥座

彩版二三八　明中都皇城西华门门洞局部砖雕须弥座

1. 门洞隔墙外砖雕须弥座

2. 西华门北面外砖雕须弥座

3. 西华门南面外转角砖雕须弥座

彩版二三九　明中都皇城西华门局部砖雕须弥座

1. 右前侧面

2. 正前面

彩版二四〇　流散大型螭首LSSK：221

1. 左侧面

2. 后俯视

彩版二四一　流散大型螭首LSSK：221

1. 右前侧面

2. 俯视

3. 正前面

4. 后侧视

彩版二四二　流散大型螭首LSSK：329

1. 右侧俯视

2. 右侧面

3. 俯视

彩版二四三　流散螭首LSSK：20

1. 左侧面

2. 背底面

3. 顶面

4. 底面

彩版二四四　流散螭首LSSK：20

1. 右前侧面

2. 左侧面

3. 右侧面

彩版二四五 流散螭首LSSK：264

1. 俯视

2. 头部正面

3. 底面

4. 背底面

彩版二四六　流散螭首LSSK：264

1. 右前侧面

2. 右侧面

3. 背底面

彩版二四七　流散螭首LSSK：265

1. 左侧面

2. 头部正面

3. 底面

4. 俯视

彩版二四八　流散螭首LSSK：265

1.右前侧面

2.左侧面

彩版二四九　流散螭首LSSK：266

1. 俯视

2. 头部正面

3. 底面

4. 背底面

彩版二五〇　流散螭首LSSK：266

1. 左前侧视

2. 右侧面

3. 俯视

彩版二五一　流散螭首LSSK：280

1. 右侧俯视

2. 右侧面

3. 左侧面

彩版二五二　流散螭首LSSK：282

1. 俯视

2. 头部正面

3. 底面

4. 背底面

彩版二五三　流散螭首LSSK：282

1. 右侧俯视

2. 右侧面

3. 左侧面

彩版二五四　流散螭首LSSK：283

1. 俯视

2. 头部正面

3. 底部残断面

4. 背底面

彩版二五五　流散螭首LSSK：283

1. 右侧俯视

2. 左侧面

3. 右侧面

彩版二五六　流散螭首LSSK：285

1. 俯视

2. 头部正面

3. 底部残断面

4. 背底面

彩版二五七　流散螭首LSSK：285

1. 左前侧视

2. 右侧面

彩版二五八　流散螭首LSSK：287

1. 左侧俯视

2. 右侧面

彩版二五九　流散螭首LSSK：289

1. 俯视

2. 头部正面

3. 底面

4. 背底面

彩版二六〇　流散螭首LSSK：289

1. 栏柱正面

2. 栏柱侧立面

3. 柱头云龙纹

4. 柱头云龙纹

彩版二六一　流散栏柱LSSK：44

1. 栏柱正面

2. 栏柱侧立面

3. 柱头云凤纹

4. 柱头云凤纹

彩版二六二　流散栏柱LSSK：46

1. 栏柱正面

2. 栏柱侧立面

3. 柱头云龙纹

4. 柱头云龙纹

彩版二六三　流散栏柱LSSK：48

1. 栏柱正面

2. 栏柱侧立面

3. 柱头云凤纹

4. 柱头云凤纹

彩版二六四 流散栏柱LSSK：53

1. 栏柱侧立面　　　　　　　　2. 栏柱正面　　　　　　　　3. 栏柱侧面

4. 柱头云龙纹

彩版二六五　流散栏柱LSSK：55

1. 栏柱正面

2. 栏柱侧立面

3. 柱头云凤纹

4. 柱头云凤纹

彩版二六六　流散栏柱LSSK：57

1. 栏柱正面

2. 栏柱侧立面

3. 柱头云凤纹

4. 柱头云凤纹

1. 栏柱正面

2. 栏柱侧立面

3. 柱头云龙纹

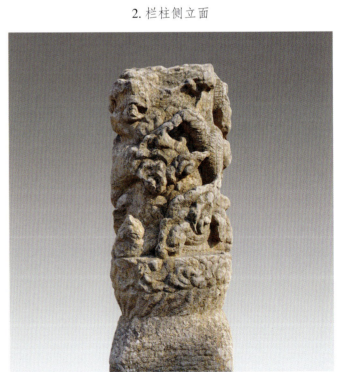

4. 柱头云龙纹

彩版二六八　流散栏柱LSSK：91

1. 栏柱正面

2. 栏柱侧立面

3. 柱头云龙纹

4. 柱头云龙纹

彩版二六九　流散栏柱LSSK：94

1. 栏柱正面

2. 栏柱侧立面

3. 柱头云龙纹

4. 柱头云龙纹

彩版二七〇　流散栏柱LSSK：107

1. 栏柱侧立面

2. 栏柱侧面

3. 柱头云龙纹

4. 柱头云龙纹

彩版二七一　流散栏柱LSSK：109

1. 栏柱正面

2. 栏柱侧立面

3. 柱头云龙纹

4. 柱头云龙纹

彩版二七二　流散栏柱LSSK：111

1. 栏柱侧立面

2. 栏柱侧面

3. 柱头云龙纹

4. 柱头云龙纹

1. 栏柱正面

2. 栏柱侧立面

3. 柱头云龙纹

4. 柱头云龙纹

1. 栏柱正面

2. 栏柱侧立面

3. 柱头云龙纹

4. 柱头云龙纹

1. 栏柱侧立面

2. 栏柱侧面

3. 柱头云龙纹

4. 柱头云龙纹

1. 栏柱侧立面

2. 柱头云龙纹

3. 柱头云龙纹

4. 柱头云龙纹

1. 栏柱侧立面

2. 栏柱侧面

3. 柱头云凤纹

4. 柱头云凤纹

彩版二七八　流散栏柱LSSK：124

1. 栏柱正面

2. 栏柱侧立面

3. 柱头云凤纹

4. 柱头云凤纹

彩版二七九　流散栏柱LSSK：155

1. 栏柱侧立面

2. 栏柱侧面

3. 柱头云凤纹

4. 柱头云凤纹

彩版二八〇　流散栏柱LSSK：157

1. 栏柱侧立面

2. 栏柱侧面

3. 柱头云凤纹

4. 柱头云凤纹

彩版二八一　流散栏柱LSSK：159

1. 栏柱侧立面

2. 栏柱侧面

3. 柱头云凤纹

4. 柱头云凤纹

彩版二八二　流散栏柱LSSK：161

1. 栏柱侧立面

2. 栏柱侧面

3. 柱头云凤纹

4. 柱头云凤纹

彩版二八三　流散栏柱LSSK：164

1. 栏柱侧立面

2. 栏柱侧面

3. 柱头云龙纹

4. 柱头云龙纹

彩版二八四　流散栏柱LSSK：166

1. LSSK：226柱头云龙纹

2. LSSK：226柱头云龙纹

3. LSSK：228柱头云凤纹

4. LSSK：228柱头云凤纹

彩版二八五　流散栏柱头LSSK：226、228

1. 柱头云凤纹

2. 柱头云凤纹

3. 柱头云凤纹

4. 柱头云凤纹

彩版二八六　流散栏柱头LSSK：227-1

1. LSSK：229柱头云龙纹

2. LSSK：229柱头云龙纹

3. LSSK：229柱头云龙纹

4. LSSK：229柱头云龙纹

5. LSSK：230柱头云凤纹

6. LSSK：230柱头云凤纹

彩版二八七　流散栏柱头LSSK：229、230

1. LSSK：257柱头云凤纹

2. LSSK：257柱头云凤纹

3. LSSK：258柱头云龙纹

4. LSSK：258柱头云龙纹

彩版二八八　流散栏柱LSSK：257、258

1. 柱头云龙纹

2. 柱头云龙纹

3. 柱顶云纹

4. 柱头云龙纹

1. 柱头云凤纹

2. 柱头云凤纹

3. 柱顶云纹

4. 柱头云凤纹

彩版二九〇　流散栏柱LSSK：260

1. 栏柱正面

2. 栏柱侧立面

3. 柱头圆雕狮子

4. 柱头圆雕狮子

彩版二九一　流散栏柱LSSK：267

1. 栏柱正面

2. 栏柱背面

3. 柱头圆雕狮子

4. 柱头圆雕狮子

彩版二九二　流散栏柱LSSK：269

1. 栏柱正面

3. 柱头圆雕狮子

2. 栏柱背面

4. 柱头圆雕狮子

彩版二九三　流散栏柱LSSK：270

1. 柱头云凤纹

2. 柱头云凤纹

3. 柱头云纹

4. 柱顶云纹

5. 残断底部

彩版二九四　流散栏柱LSSK：271

1. 栏柱侧立面

2. 栏柱侧面

3. 柱头云凤纹

4. 柱头云凤纹

彩版二九五　流散栏柱LSSK：274

1. 栏柱正面

2. 栏柱侧立面

3. 柱头云凤纹

4. 柱头云凤纹

彩版二九六　流散栏柱LSSK：277

1. 栏柱正面

2. 栏柱侧立面

3. 柱头云凤纹

4. 柱头云凤纹

彩版二九七　流散栏柱LSSK：281

1. 栏柱正面

2. 栏柱侧面

3. 栏柱侧立面

4. 柱头顶部

5. 栏柱底部

1. LSSK：292栏柱正面

2. LSSK：292栏柱侧立面

3. LSSK：301柱头云凤纹

4. LSSK：301柱头云凤纹

彩版二九九　流散栏柱LSSK：292、301

1. 栏柱正面

2. 栏柱侧立面

3. 柱头云凤纹

4. 柱头云凤纹

彩版三〇〇　流散栏柱LSSK：294

1. LSSK：340 柱头云凤纹

2. LSSK：340 柱头云凤纹

3. LSSK：393 柱头云龙纹

4. LSSK：393 柱头云龙纹

5. LSSK：393柱头云龙纹

6. LSSK：393柱头云龙纹

彩版三〇一　流散栏柱头LSSK：340、393

1. 栏板正面云龙纹

2. 栏板侧边

3. 栏板背面云龙纹

4. 栏板侧边

1. 栏板正面云凤纹

2. 栏板侧边

3. 栏板背面云凤纹

4. 栏板侧边

1. 栏板正面云凤纹

2. 栏板侧边

3. 栏板背面云龙纹

4. 栏板侧边

彩版三〇四　流散栏板LSSK：56

1. 栏板正侧立面

2. 栏板正面云凤纹

3. 栏板背面云凤纹

彩版三〇五　流散栏板LSSK：108

1. 栏板正面云凤纹

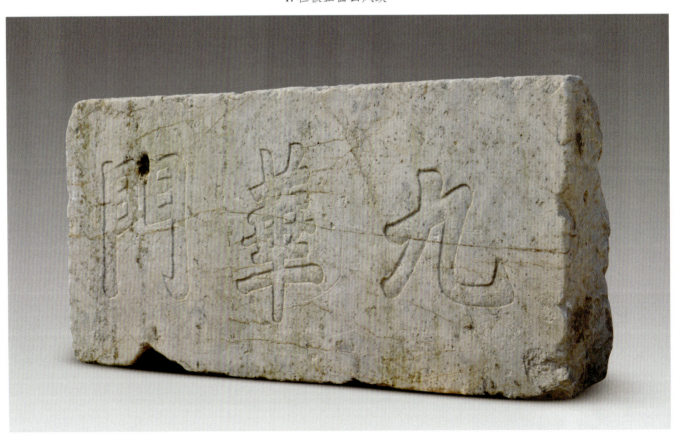

2. 栏板背面后期再利用时所刻"九华门"

1. 栏板正面云凤纹与侧边

2. 栏板背面云凤纹

彩版三〇七 流散栏板LSSK：114

1. 栏板正面云凤纹

2. 栏板侧边

3. 栏板背面

4. 栏板侧边

彩版三〇八　流散栏板LSSK：116

1. 栏板正侧面

2. 栏板正面云龙纹

彩版三〇九　流散栏板LSSK：118

1. 栏板正面云凤纹

2. 栏板背面

3. 栏板正侧立面

彩版三一〇　流散栏板LSSK：128

1. 栏板正侧立面

2. 栏板正面云凤纹

3. 栏板背面云凤纹

彩版三一一　流散栏板LSSK：156

1. 栏板正侧立面

2. 栏板正面云凤纹

3. 栏板背面云凤纹

彩版三一二　流散栏板LSSK：158

1. 栏板正侧立面

2. 栏板正面云凤纹

3. 栏板背面云凤纹

彩版三一三　流散栏板LSSK：160

1. 栏板正侧立面

2. 栏板正面云凤纹

3. 栏板背面云凤纹

彩版三一四　流散栏板LSSK：163

1. 栏板正侧立面

2. 栏板正面双狮耍绣球纹

3. 栏板背面双狮耍绣球纹

彩版三一五　流散栏板LSSK：165

1. 栏板正面云龙纹

2. 栏板顶部

3. 栏板背面云龙纹

彩版三一六　流散栏板LSSK：175

1. 栏板正面云龙纹

2. 栏板背面云龙纹

1. 栏板正侧立面

2. 栏板正面阴刻线方框纹

3. 栏板背面阴刻线方框纹

彩版三一八　流散栏板LSSK：206

1. 栏板正面连枝西番莲纹

2. 栏板顶部

3. 栏板背面

彩版三一九　流散栏板LSSK：223

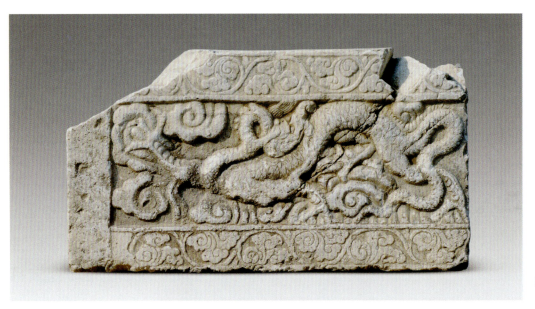

1. 栏板正面云龙纹

2. 栏板顶部

3. 栏板背面云龙纹

彩版三二〇　流散栏板LSSK：240-1

1. 栏板正面云龙纹

2. 栏板顶部

3. 栏板背面云龙纹

彩版三二一　流散栏板LSSK：244

1. 栏板正面云龙纹

2. 栏板顶部

3. 栏板背面云龙纹

彩版三二二　流散栏板LSSK：255

1. 栏板正面双狮耍绣球纹

2. 栏板顶部

3. 栏板背面狮子耍绣球纹（已磨蚀）

彩版三二三　流散栏板LSSK：256

1. 栏板正面连枝花卉纹

2. 栏板顶部

3. 栏板背面连枝花卉纹

1. 栏板正面云凤纹

2. 栏板顶部

3. 栏板背面云凤纹

彩版三二五　流散栏板 LSSK：262

1. 栏板正面云凤纹

2. 栏板顶部

3. 栏板背面云凤纹

彩版三二六　流散栏板LSSK：263

1. 栏板正面云朵纹

2. 栏板侧边

3. 栏板顶部

4. 栏板背面云朵纹

5. 栏板侧边

彩版三二七　流散栏板LSSK：273

1. 栏板正侧立面

2. 栏板正面云龙纹

3. 栏板背面云凤纹

彩版三二八　流散栏板LSSK：276

1. 栏板正面云龙纹

2. 栏板顶部

3. 栏板背面云凤纹

彩版三二九　流散栏板LSSK：279

1. 栏板正面云凤纹

2. 栏板顶部

3. 栏板背面

彩版三三〇　流散栏板LSSK：284

1. 栏板正面云龙纹

2. 栏板顶部

3. 栏板底部

4. 栏板背面云龙纹

彩版三三一　流散栏板LSSK：288

1. 栏板正面云凤纹

2. 栏板顶部

3. 栏板背面云凤纹

彩版三三二　流散栏板LSSK：291

1. 栏板正面云凤纹

2. 栏板顶部

3. 栏板背面云凤纹

彩版三三三　流散栏板LSSK：296

1. 栏板正面云龙纹

2. 栏板顶部

3. 栏板背面云凤纹

彩版三三四　流散栏板LSSK：298

1. 栏板LSSK：302正面云凤纹

2. 栏板LSSK：318正面云龙纹

3. 栏板LSSK：318-1正面云凤纹

彩版三三五　流散栏板LSSK：302、318、318-1

1. 栏板LSSK：319正面云凤纹

2. 栏板LSSK：319背面云凤纹

3. 栏板LSSK：320正面云龙纹

彩版三三六　流散栏板LSSK：319、320

1. 栏板LSSK：321正面云龙纹

2. 栏板LSSK：322正面云凤纹

3. 栏板LSSK：323正面云龙纹

彩版三三七　流散栏板LSSK：321、322、323

1. 栏板LSSK：324正面云凤纹

2. 栏板LSSK：326正面云凤纹

3. 栏板LSSK：327正面云凤纹

彩版三三八　流散栏板LSSK：324、326、327

1. 栏板LSSK：382正面云龙纹

2. 栏板LSSK：392正面云龙纹

彩版三三九　流散栏板LSSK：382、392

1. 栏板正面云龙纹

2. 栏板侧边

3. 栏板背面云龙纹

4. 栏板侧边

彩版三四〇　流散栏板LSSK：400

1. 束腰正面云凤纹

2. 束腰正侧立面

3. 束腰背面

彩版三四一　流散束腰LSSK：1

1. 束腰正面云凤纹

2. 束腰正侧立面

3. 束腰背面

彩版三四二　流散束腰LSSK：2

1. 束腰正面云龙纹

2. 束腰正侧立面

3. 束腰背面

彩版三四三　流散束腰LSSK：3

1. 束腰正面云龙纹

2. 束腰正侧立面

3. 束腰背面

彩版三四四　流散束腰LSSK∶4

1. 束腰正面狮子绶带纹

2. 束腰正侧立面

3. 束腰背面

彩版三四五　流散束腰LSSK：5

1. 束腰正面二连方胜纹

2. 束腰正侧立面

3. 束腰背面

彩版三四六　流散束腰LSSK：7

1. 束腰正面西番莲纹

2. 束腰正侧立面

3. 束腰背面

1. 束腰正面山景麒麟纹

2. 束腰正侧立面

3. 束腰背面

彩版三四八　流散束腰LSSK：9

1. 束腰正面山景大象纹

2. 束腰正侧立面

3. 束腰背面

彩版三四九　流散束腰LSSK：10

1. 束腰正面山景麒麟纹

2. 束腰正侧立面

3. 束腰背面

彩版三五〇　流散束腰LSSK：11

1. 束腰正面山景老虎纹

2. 束腰正侧立面

3. 束腰背面

1. 束腰正面连枝牡丹莲
   花纹

2. 束腰正侧立面

3. 束腰背面

彩版三五二　流散束腰LSSK：13

1. 束腰正面山景梅花鹿纹

2. 束腰正侧立面

3. 束腰背面

彩版三五三　　流散束腰LSSK：14

1. 束腰正面连枝花卉纹

2. 束腰正侧立面

3. 束腰背面

彩版三五四　流散束腰LSSK：15

1. 束腰正面狮子耍绣球纹

2. 束腰正侧立面

3. 束腰背面

彩版三五五　流散束腰LSSK：16

1. 束腰正面云凤纹

2. 束腰正侧立面

3. 束腰背面

1. 束腰正面西番莲枝叶绞
股纹

2. 束腰正侧立面

3. 束腰背面

彩版三五七　流散束腰LSSK：18

1. 束腰正面山景梅花鹿纹

2. 束腰正侧立面

3. 束腰背面

1. 束腰正面山景老虎纹

2. 束腰正侧立面

3. 束腰背面

彩版三五九　流散束腰LSSK：21

1. 束腰正面云凤纹

2. 束腰正侧立面

3. 束腰背面

彩版三六〇　流散束腰LSSK：22

1. 束腰正面折枝牡丹纹

2. 束腰正侧立面

3. 束腰背面

彩版三六一　流散束腰LSSK：23

1. 束腰正面云龙纹

2. 束腰正侧立面

3. 束腰背面

彩版三六二　流散束腰LSSK：27

1. 束腰正面连枝牡丹莲花纹

2. 束腰正侧立面

3. 束腰背面

彩版三六三　流散束腰LSSK：35

1. 束腰正面连枝牡丹纹

2. 束腰正侧立面

3. 束腰背面

彩版三六四　流散束腰LSSK：39

1. 束腰正面折枝牡丹纹

2. 束腰正侧立面

3. 束腰背面

彩版三六五　流散束腰LSSK：41

1. 束腰正面山景人耍杂技纹

2. 束腰正侧立面

3. 束腰背面

彩版三六六　流散束腰LSSK：69

1. 束腰正面连枝莲纹

2. 束腰正侧立面

3. 束腰背面

1. 束腰正面西番莲枝叶绞股纹

2. 束腰正侧立面

3. 束腰背面

1. 束腰正面连枝莲纹

2. 束腰正侧立面

3. 束腰背面

彩版三六九　流散束腰LSSK：79

1. 束腰正面连枝牡丹莲花纹

2. 束腰正侧立面

3. 束腰背面

彩版三七〇　流散束腰LSSK：80

1. 束腰正面连枝牡丹莲花纹

2. 束腰正侧立面

3. 束腰背面

彩版三七一　流散束腰LSSK：82

1. 束腰正面云朵纹

2. 束腰正侧立面

3. 束腰背面

彩版三七二　流散束腰LSSK：89

1. 束腰正面云龙纹

2. 束腰正侧立面

3. 束腰背面

彩版三七三　流散束腰LSSK：98

1. 束腰正面西番莲纹

2. 束腰正侧立面

3. 束腰背面

彩版三七四　流散束腰LSSK：100

1. 束腰正面西番莲纹

2. 束腰正侧立面

3. 束腰背面

彩版三七五　流散束腰LSSK：101

1. 束腰正面连枝西番莲纹

2. 束腰正侧立面

3. 束腰背面

彩版三七六　流散束腰LSSK：102

1. 束腰正面西番莲纹

2. 束腰正侧立面

3. 束腰背面

彩版三七七　流散束腰LSSK：103

1. 束腰正面折枝花卉纹

2. 束腰正侧立面

3. 束腰侧面

彩版三七八　流散束腰LSSK：104

1. 束腰正面西番莲纹

2. 束腰正侧立面

3. 束腰背面

彩版三七九　流散束腰LSSK：105

1. 束腰正面云朵纹

2. 束腰正侧立面

3. 束腰背面

彩版三八〇　流散束腰LSSK：106

1. 束腰正面云朵纹

2. 束腰正侧立面

3. 束腰背面

彩版三八一　流散束腰LSSK：122

1. 束腰正面云朵纹

2. 束腰正侧立面

3. 束腰背面

彩版三八二　流散束腰LSSK：123

1. 束腰正面连枝莲纹

2. 束腰正侧立面

3. 束腰背面

1. 束腰正面连枝牡丹莲花纹

2. 束腰正侧立面

3. 束腰背面

彩版三八四　流散束腰LSSK：145

1. 束腰正面云朵纹

2. 束腰正侧立面

3. 束腰背面

彩版三八五　流散束腰LSSK：146

1. 束腰正面折枝菊花纹

2. 束腰正侧立面

3. 束腰背面

彩版三八六　流散束腰LSSK：151

1. 束腰正面云龙纹

2. 束腰正侧立面

3. 束腰背面

彩版三八七　流散束腰LSSK：162

1. 束腰正面云朵纹

2. 束腰正侧立面

3. 束腰背面

彩版三八八　流散束腰LSSK：169

1. 束腰正面二连方胜纹

2. 束腰正侧立面

3. 束腰背面

彩版三八九　流散束腰LSSK：170

1. 束腰正面人牵狮子驮瓶纹

2. 束腰正侧立面

3. 束腰背面

彩版三九〇　流散束腰LSSK：174

1. 束腰正面连枝牡丹莲花纹

2. 束腰正侧立面

3. 束腰背面

彩版三九一　流散束腰LSSK：196

1. 束腰正面西番莲纹

2. 束腰正侧立面

3. 束腰背面

彩版三九二　流散束腰LSSK：198

1. 束腰正面西番莲纹

2. 束腰正侧立面

3. 束腰背面

彩版三九三　流散束腰LSSK：199

1. 束腰正面西番莲纹

2. 束腰正侧立面

3. 束腰背面

彩版三九四　流散束腰LSSK：200

1. 束腰正面云朵纹

2. 束腰正侧立面

3. 束腰背面

彩版三九五　流散束腰LSSK：201

1. 束腰正面西番莲纹

2. 束腰正侧立面

3. 束腰背面

彩版三九六　流散束腰LSSK：202

1. 束腰正面西番莲纹

2. 束腰正侧立面

3. 束腰背面

彩版三九七　流散束腰LSSK：224

1. 束腰云凤纹

2. 束腰正侧立面

3. 束腰背面

彩版三九八　流散束腰LSSK：225

1. 束腰正面云凤纹

2. 束腰正侧立面

3. 束腰背面

彩版三九九　流散束腰LSSK：231

1. 束腰正面二连方胜纹

2. 束腰正侧立面

3. 束腰背面

彩版四〇〇　流散束腰LSSK：232

1. 束腰正面云凤纹

2. 束腰正侧立面

3. 束腰背面

彩版四〇一 流散束腰LSSK：233

1. 束腰正面狮子耍绣球纹

2. 束腰正侧立面

3. 束腰背面

彩版四〇二　流散束腰LSSK：234

1. 束腰正面云朵纹

2. 束腰正侧立面

3. 束腰背面

彩版四〇三　流散束腰LSSK：237

1. 束腰正面山景梅花鹿纹

2. 束腰正侧立面

3. 束腰背面

彩版四〇四　流散束腰LSSK：238

1. 束腰正面西番莲纹

2. 束腰正侧立面

3. 束腰背面

彩版四〇五　流散束腰LSSK：241

1. 束腰正面云朵纹

2. 束腰正侧立面

3. 束腰背面

彩版四〇六　流散束腰LSSK：242

1. 束腰正面连枝莲纹

2. 束腰正侧立面

3. 束腰背面

彩版四〇七　流散束腰LSSK：243

1. 束腰正面云龙纹

2. 束腰正侧立面

3. 束腰背面

彩版四〇八　流散束腰LSSK：246

1. 束腰正面云朵纹

2. 束腰正侧立面

3. 束腰背面

彩版四〇九　流散束腰LSSK：247

1. 束腰正面云龙纹

2. 束腰正侧立面

3. 束腰背面

彩版四一〇　流散束腰LSSK：250

1. 束腰正面凤凰牡丹纹

2. 束腰正侧立面

3. 束腰底面

4. 束腰背面

彩版四一一　　流散束腰LSSK：251

1. 束腰LSSK：291连枝
西番莲纹

2. 束腰LSSK：293凤凰牡
丹纹

3. 束腰LSSK：294云凤纹

彩版四一二　流散束腰LSSK：291、293、294

1. 束腰LSSK：295折枝
菊花纹

2. 束腰LSSK：296云朵纹

3. 束腰LSSK：297西番
莲纹

彩版四一三　流散束腰LSSK：295、296、297

1. 束腰LSSK：298西番莲
枝叶纹

2. 束腰LSSK：305云朵纹

3. 束腰LSSK：309云朵纹

彩版四一四　流散束腰LSSK：298、305、309

1. 束腰正面西番莲纹

2. 束腰正侧立面

3. 束腰背面

彩版四一五　流散束腰LSSK：299

1. 束腰正面—束莲纹

2. 束腰正侧立面

3. 束腰背面

彩版四一六　流散束腰LSSK：300

1. 束腰LSSK：310云龙纹

2. 束腰LSSK：315云朵纹

3. 束腰LSSK：316连枝
牡丹莲花纹

彩版四一七　流散束腰LSSK：310、315、316

1. 束腰LSSK：317连枝
牡丹纹

2. 束腰LSSK：328云朵纹

3. 束腰LSSK：330连枝
花卉枝叶纹

彩版四一八　流散束腰LSSK：317、328、330

1. 束腰LSSK：331连枝
牡丹纹

2. 束腰LSSK：332云朵纹

3. 束腰LSSK：333二连
方胜纹

彩版四一九　流散束腰LSSK：331、332、333

1. 束腰LSSK：344连枝
牡丹莲花纹

2. 束腰LSSK：345连枝牡
丹莲花纹

3. 束腰LSSK：346二连
方胜纹

彩版四二〇　流散束腰LSSK：344、345、346

1. 束腰LSSK：347云朵纹

2. 束腰LSSK：348西番莲
与二连方胜组合纹

3. 束腰LSSK：349西番
莲纹

彩版四二一　流散束腰LSSK：347、348、349

1. 束腰LSSK：350云朵纹

2. 束腰LSSK：351二连方
胜纹

3. 束腰LSSK：352西番
莲纹

彩版四二二　流散束腰LSSK：350、351、352

1. 束腰LSSK：353云龙纹

2. 束腰LSSK：356二连方
胜纹

3. 束腰LSSK：357折枝
牡丹纹

彩版四二三　流散束腰LSSK：353、356、357

1. 束腰LSSK：358连枝枝叶纹

2. 束腰LSSK：361连枝枝叶纹

3. 束腰LSSK：363连枝枝叶纹

彩版四二四　流散束腰LSSK：358、361、363

1. 束腰LSSK：364连枝
枝叶纹

2. 束腰LSSK：368云朵纹

3. 束腰LSSK：369连续
云朵纹

彩版四二五　流散束腰LSSK：364、368、369

1. 束腰LSSK：370云朵纹

2. 束腰LSSK：371云朵纹

3. 束腰LSSK：372二连
方胜纹

彩版四二六　流散束腰LSSK：370、371、372

1. 束腰LSSK：373云朵纹

2. 束腰LSSK：374云朵纹

3. 束腰LSSK：379连枝
莲纹

彩版四二七　流散束腰LSSK：373、374、379

1. 束腰LSSK：380莲枝
牡丹纹

2. 束腰LSSK：381连枝牡
丹莲花纹

3. 束腰LSSK：383连枝
牡丹纹

彩版四二八　流散束腰LSSK：380、381、383

1. 束腰LSSK：384折枝牡丹纹

2. 束腰LSSK：385连枝枝叶纹

3. 束腰LSSK：388连枝枝叶纹

彩版四二九　流散束腰LSSK：384、385、388

1. 束腰LSSK：390云龙纹

2. 束腰LSSK：391云朵纹

3. 束腰LSSK：392连枝
牡丹纹

彩版四三〇　流散束腰LSSK：390、391、392

1. 枋枭连弧纹与连枝西
番莲纹

2. 枋枭顶部

3. 枋枭背面

彩版四三一　流散枋枭LSSK：59

1. 枋橥连弧纹与连枝菊花纹

2. 枋橥端面一

3. 枋橥端面二

4. 枋橥背面

彩版四三二　流散枋橥LSSK：73

1. 枋枭连弧纹与连枝牡
丹纹

2. 枋枭顶部

3. 枋枭背面

彩版四三三　流散枋枭LSSK：92

1. 枋枭连弧纹与连枝花
卉纹

2. 枋枭顶部

3. 枋枭背面

1. 枋枭连弧纹与连枝花卉纹

2. 枋枭顶部

3. 枋枭背面

1. 枋枭连弧纹与连枝花
卉纹

2. 枋枭顶部

3. 枋枭背面

彩版四三六　流散枋枭LSSK：96

1. 枋枭连弧纹与连枝花
   卉纹

2. 枋枭顶部

3. 枋枭背面

彩版四三七　流散枋枭LSSK：97

1. 枭面连弧纹

2. 枋枭顶部

3. 枋枭背面

彩版四三八　流散枋枭LSSK：150

1. 枋枭连弧纹与连枝莲纹

2. 枋枭端面一

3. 枋枭端面二

4. 枋枭背面

彩版四三九　流散枋枭LSSK：154

1. 枋枭连弧纹与连枝牡丹纹

2. 枋枭顶部

3. 枋枭背面

彩版四四〇　流散枋枭LSSK：175

1. 枋袅连弧纹与连枝牡丹纹

2. 枋袅端面一

3. 枋袅端面二

4. 枋袅背面

1. 枋枭连弧纹与连枝菊
花纹

2. 枋枭顶部

3. 枋枭背面

彩版四四二　流散枋枭LSSK：209

1. 枋枭连弧纹与连枝莲纹

2. 枋枭端面一

3. 枋枭端面二

4. 枋枭正侧立面

彩版四四三 流散枋枭LSSK：210

1. 枋枭连弧纹与连枝菊花纹

2. 枋枭端面一

3. 枋枭端面二

4. 枋枭背面

1. 枋枭LSSK：212 连弧纹与连枝莲纹

2. 枋枭LSSK：335连弧纹与连枝牡丹纹

3. 枋枭LSSK：336连弧纹与连枝牡丹纹

彩版四四五　流散枋枭LSSK：212、335、336

1. 枋枭连弧纹与连枝菊花纹

2. 枋枭端面一

3. 枋枭端面二

4. 枋枭背面

1. 枋枭连弧纹与连枝花卉纹

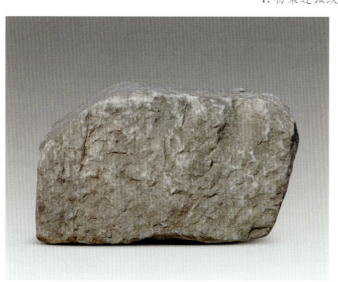

2. 枋枭端面一

3. 枋枭端面二

4. 枋枭背面

1. 枋枭连弧纹与连枝花卉纹

2. 枋枭端面一

3. 枋枭端面二

4. 枋枭背面

1. 枋枭连弧纹与连枝牡丹纹

2. 枋枭顶部

3. 枋枭背面

彩版四四九　流散枋枭LSSK：245

1. 枋枭连弧纹与连枝牡丹纹

2. 枋枭顶部

3. 枋枭背面

彩版四五〇　流散枋枭LSSK：293

1. 枋枭连弧纹与连枝菊花纹

2. 枋枭侧立面

3. 枋枭背面

1. 枋枭LSSK：337连弧
纹与连枝莲纹

2. 枋枭LSSK：338连弧纹
与连枝菊花纹

3. 枋枭LSSK：339连弧
纹与连枝牡丹纹

彩版四五二　流散枋枭LSSK：337、338、339

1. 枋枭LSSK：341连弧纹与连枝花卉纹

2. 枋枭LSSK：342连弧纹与连枝花卉纹

3. 枋枭LSSK：343连弧纹与连枝花卉纹

彩版四五三　流散枋枭LSSK：341、342、343

1. 枋枭LSSK：375连弧纹与连枝花卉纹

2. 枋枭LSSK：376连弧纹与连枝花卉纹

3. 枋枭LSSK：377连弧纹与连枝花卉纹

彩版四五四　流散枋枭LSSK：375、376、377

1. 枋枭LSSK：378连弧纹与连枝菊花纹

2. 枋枭LSSK：386连弧纹与连枝花卉纹

3. 枋枭LSSK：387连弧纹与连枝花卉纹

彩版四五五　流散枋枭LSSK：378、386、387

1. 圭角卷云纹

2. 圭角顶部

3. 圭角背面

彩版四五六　流散圭角LSSK：290

1. 圭角卷云纹

2. 圭角顶部

3. 圭角背面

彩版四五七　流散圭角LSSK：295

1. 正面云龙纹

2. 侧立面

3. 背面

4. 侧面云龙纹

彩版四五八　流散角柱LSSK：42

1. 正面云龙纹

2. 侧立面

3. 背面

4. 侧面云龙纹

彩版四五九　流散角柱LSSK：62

1. 正面云龙纹

2. 侧面云龙纹

3. 顶部

4. 底部

彩版四六〇　流散角柱LSSK：253

1. 正面云朵纹

2. 侧面

3. 背面

4. 侧面

彩版四六一　流散象眼石LSSK：200-2

1. 正面连枝枝叶纹

2. 背面

3. 侧面

彩版四六二 流散象眼石LSSK：200-3